Franz Alt

Krieg um Öl oder Frieden durch die Sonne

GOLDMANN

Umwelthinweis:
Alle bedruckten Materialien dieses Taschenbuches
sind chlorfrei und umweltschonend.

Der Goldmann Verlag ist ein Unternehmen
der Verlagsgruppe Random House GmbH

2. Auflage
Vollständige Taschenbuchausgabe September 2004
Wilhelm Goldmann Verlag, München,
in der Verlagsgruppe Random House GmbH

Redaktion: Gerhard Juckhoff
Grafiken: Ingrid Schobel, München
Umschlaggestaltung: Design Team München
Umschlagfoto: ZEFA/Collage
Druck: GGP Media GmbH, Pößneck
Verlagsnummer: 15289
KF · Herstellung: Sebastian Strohmaier
Made in Germany
ISBN 3-442-15289-5
www.goldmann-verlag.de

Die Probleme, die es in der
Welt gibt, sind nicht mit
der gleichen Denkweise zu
lösen, die sie erzeugt hat.

Albert Einstein

Inhalt

Vorwort zur Taschenbuchausgabe 11

Einführung 13

I. Krieg um Öl 15

Der 11. September, ein Vorspiel? 15

George W. Bush: mit Bibel und Bombe 21

Kein Frieden durch Massenmord 32

Pazifismus, eine pubertäre Verirrung? 34

Die westliche Welt gegen die restliche Welt 39

Kriege beleben das Geschäft 56

II. Sei klüger als dein Feind 61

Wann endlich gerechte Politik? 61

Deutsche Minen für die Welt 69

Die autistische Supermacht 77

Hollywood goes Afghanistan 90

Am atomaren Scheideweg 96

III. Öl-Wechsel 107

Öl als Waffe 107

Heute: Öl statt Kolonien 117

Dealer, Drogen, Diktatoren 125
Die tickende Zeitbombe 129

IV. Banken, Öl und Religion 137
Das Öl geht zu Ende 137
Teure Erdgasreserven 142
Die Bush-Krieger, die Politik und das Öl 147
Banken, Öl und Religion 167
Der Tanz um das ölige Kalb 175

V. Klima-Wechsel 179
Gerhard Schröder und die Kohle 179
Die Supermacht Sonne 185
Die Klimakatastrophe ist da 189

VI. Frieden durch die Sonne 201
Sonne ist Leben 201
Bürger, zur Sonne, zur Freiheit! 211
Der solare Energiemix 217
Der Sonnenpapst aus Freiburg 225
Die Stromrebellen von Schönau 239
Werden Shell und BP Solarkonzerne? 248
Das ökologische Wirtschaftswunder 254
Technik global – Energie und
Rohstoffe regional 264

VII. Reichtum für alle 275
Chancen für China und Indien 275
Zukunftsfähige Bodenseeregion 279
Im Wald wächst Wärme 282
Schilfgras statt Atom 287
Die Zukunftsfabrik im Südschwarzwald 296
Die Verkehrswende: Autofahren ist heilbar 299
Von Sacramento bis Bangladesch 308

VIII. Die Jesus-Buddha-Strategie 313
Die Politik der Bergpredigt 313
Assisi oder Pentagon? 323
Die solare Weltwirtschaft 331
Was tun? 335

Literaturverzeichnis 343
Dank 347

Vorwort zur Taschenbuchausgabe

Bush's Falle und Saddam's Erdloch

Was immer der US-Präsident jetzt nach seinem Krieg im Irak tut, er sitzt in der Falle, in die er sich selbst hineingebombt hat. Wenn er seine Soldaten abzieht, sieht alles nach Flucht und Verrat aus. Und das Chaos wird noch größer. Aber auch wenn die US-Besatzer bleiben, wird es keinen Frieden und keine Demokratie im Irak geben.

Bush landete in der selbstgestellten Falle wie sein Gewalt-Bruder Saddam Hussein im Erdloch. Wieder einmal zeigte sich für die ganze Welt, dass mit Gewalt politische Probleme nicht zu lösen sind. Frieden kann nur mit friedlichen Mitteln erreicht werden. Alles andere ist Selbstbetrug und führt zu Massenmord, Vergewaltigung und Folter.

Ich schrieb dieses Buch nach dem Afghanistan- und vor dem Irak-Krieg. 16 Millionen Demonstranten im Februar 2003 konnten diesen Krieg nicht verhindern. Aber die pazifistisch orientierten Zivilgesellschaften haben durch Bushs Kriegspolitik eine neue Stärke bekommen. Verloren hat der vermeintliche Sieger George W. Bush – aber auch Tausende Unschuldige verloren ihr Leben und ihre Würde. Gewonnen haben durch Bushs Krieg weltweit die Terroristen. Der US-Präsident war ihr bester Helfer.

Weltpolitisch war die USA noch nie so isoliert wie heute. Diese Worte schreibe ich während der »Renewables 2004«-Konferenz in Bonn. Die Erneuerbaren Energien sind jetzt weltweit im Vormarsch. Die solare Energiewende ist eingeleitet.

Pfingsten 2004 haben die Terroristen in Saudi Arabien zugeschlagen – nahe bei den größten arabischen Ölfeldern. Der Krieg um Öl wird immer brutaler. Aber Kriege um die Sonne wird es nie geben. Heute kann jede große, alte Energieanlage das Ziel von Terroristen sein. 18 Atomkraftwerke in Deutschland und über 400 weltweit sind zu potenziellen terroristischen Angriffszielen geworden.

Terroranschläge auf Windräder oder Solaranlagen sind hingegen nicht zu befürchten. Damit würden sich Terroristen in ihren eigenen Augen nur lächerlich machen. Sie denken so großmannsüchtig wie George W. Bush. Alle Erneuerbaren Energien sind schon deshalb terrorsicher, weil es sich dabei immer um eine relativ kleine, dezentrale Energieversorgung handelt – weltweit. In den letzten zehn Jahren sind die Preise für die alten Energieträger etwa um das Doppelte gestiegen – die Preise für Erneuerbare Energien aber wurden halbiert. Es ist klar, wohin die Reise geht.

Die Frage »Krieg um Öl oder Frieden durch die Sonne« ist endgültig zur politischen Schicksalsfrage des 21. Jahrhunderts geworden.

Bonn, im Juni 2004 *Franz Alt*

www.sonnenseite.com

Einführung

Problemversessen und lösungsvergessen

Die Welt ist voll von Politikern, die ewig über Problemen brüten. Sie sind geradezu nach Problemen süchtig. Zu allem Überfluss werden sie auch noch von tausenden Journalisten darin unterstützt. Dabei handelt es sich immer wieder um die gleichen Probleme wie Krieg und Frieden, Armutsbekämpfung, soziale Gerechtigkeit, Geld und Macht. So ist das seit Jahrtausenden. Allmählich wird das langweilig.

Daher versuche ich in diesem Buch etwas anderes: Lösungen zu beschreiben, statt Probleme zu analysieren. Genauer gesagt: Ich versuche beides.

Im ersten Teil dieses Buches (Kapitel I bis IV) geht es um eine Analyse des 11. September 2001 und seine Folgen. Also um die Frage: Gibt es wirklich keine intelligenteren Lösungen als Kriege? Denn Krieg ist keine wirkliche Lösung. Er führt immer zum nächsten Problem.

Im zweiten Teil (Kapitel V bis VIII) werden dann überraschende Lösungen aufgezeigt, um die wir uns nicht länger herummogeln können, wenn wir wirklich an einer friedlicheren Welt mitarbeiten wollen.

Es wird deutlich werden: Frieden ist möglich.

I. KAPITEL
Krieg um Öl

Der 11. September – ein Vorspiel?

Seit dem 11. September 2001 haben wir eine weltweite Koalition gegen den Terror. Sie wird erfolglos bleiben, wenn es uns nicht gelingt, eine weltweite Koalition gegen den Hunger zu organisieren. Armut ist die giftigste Substanz der Welt. Die heutige Politik, deren Aufgabe es ist, dieses Gift vom Weltmarkt zu nehmen, gleicht aber eher einer riesigen Maschine zur Vernichtung von Menschen, Ideen und Geld.

Eine Welt, in der die vier reichsten US-Amerikaner mehr Geld haben als die eine Milliarde der Ärmsten, ist krank. Die NATO gibt in eineinhalb Tagen so viel Geld aus, wie der UNO in einem Jahr zur Verfügung steht – alle Hilfsprojekte inbegriffen. Ist so Frieden möglich? Ausgaben zeigen sehr deutlich, was wir als unsere Aufgaben verstehen.

Der schlimmste und am weitesten verbreitete Terror ist der Hunger. Und die größte Bedrohung unserer Zukunft ist der Treibhauseffekt. Diese bedrängendsten aktuellen und zukünftigen Probleme werden zwar richtig analysiert, aber politisch nicht ausreichend angepackt. Die heutige Politik ist entschieden zu wenig problemlösungsorientiert. Die weltweit herrschende Politik betreibt *Symptom*bekämpfung – aber die *Ursachen* des Terrorismus werden verdrängt, vergessen oder vernachlässigt.

Der Weltklimawandel ist der Ernstfall der Weltinnenpolitik. Er ist längst eingetreten. Aber noch sind die Kräfte der Zerstörung vielfach stärker als die Kräfte des Aufbaus. Gegenüber dem

Treibhauseffekt betreiben wir lediglich Symptombekämpfung. Wenn wir nicht Selbstmord begehen wollen, müssen wir umsteuern. Dass der Klimawandel für die Sicherheit auf unserem Planeten eine noch größere Gefahr als der Terrorismus ist, ergab im März 2004 sogar eine Studie des Verteidigungsministeriums in Washington.

Die Bombardierung Afghanistans war die Rache für den 11. September. Erst wenn wir die 3000 Toten in New York nicht mehr *verrechnen* mit den 5000 Toten der Racheakte, sondern sie *addieren,* sind wir auf einem neuen Weg. Jeder Mensch zählt gleich viel – ob in Afghanistan oder in den USA. So hat es die indische Schriftstellerin Arundhati Roy schon in den ersten Wochen nach dem 11. September deutlich gesagt. Der Irak-Krieg im Jahr 2003 und seine Folgen haben 18 000 Menschen das Leben gekostet. Die für die Kriege politisch Verantwortlichen im Weißen Haus sind Massenmörder.

Klimakatastrophe, Bürgerkriege, Ressourcenkriege, Armut und Verleumdung sind Herausforderungen für eine Weltinnenpolitik, die rasch beginnen muss. Dann erst können wir damit anfangen, die *Ursachen* des Terrorismus zu überwinden.

Die jetzt weltweit bei Regierenden so beliebt gewordene Remilitarisierung der Politik bis hin zur Kriegführung bleibt vergebliche Symptombekämpfung, solange die Ursachen der Probleme übersehen und verdrängt werden.

Der 11. September war wahrscheinlich nur ein Vorspiel des Schreckens, wenn es uns nicht gelingt, einen Frieden durch Gerechtigkeit und einen Frieden mit der Natur zu schaffen. Die Lösungen der Probleme schaffen wir, wenn viele Menschen es wollen. Der bisherige Reichtum des Westens ist abhängig von seiner Verfügungsgewalt über die Ressourcen. In fünf bis zehn Jahren werden wir mehr als die Hälfte aller Erdölvorkommen verbraucht haben. Der Weltenergierat prognostiziert:

- Das Erdöl reicht noch etwa 40 Jahre,
- Das Erdgas noch etwa 50 Jahre,
- Uran zum Betreiben von AKWs noch 60 Jahre und
- Kohle noch etwa 100–120 Jahre.

Und was dann? Wir verbrauchen heute an *einem* Tag so viel fossile Energie, wie die Natur in *500 000* Tagen geschaffen hat. Aus der Sicht von Kindern handeln wir absolut gewissenlos. Wir Heutigen sind die erste Generation, die ihren Brutinstinkt verloren hat. Wir sind zu einer Generation der Endverbraucher verkommen.

Der Kampf gegen den Terrorismus ist auch ein Kampf um die Welt-Energieherrschaft. Wir führten und führen Kriege um Öl. Beispiele:

- der Krieg am Golf 1991,
- der Krieg in Afghanistan 2001/2002,
- der Tschetschenien-Krieg,
- Kriege in Afrika und künftige Kriege in Zentralasien und am Kaspischen Meer, wo es noch die größten Reserven an Erdöl und Erdgas gibt,
- und schließlich der Irak-Krieg 2003.

Die heutigen Kinder und Jugendlichen werden das Ende der Öl- und Gasreserven auf unserem Planeten erleben. Wir verbrauchen in Jahrzehnten, was die Natur in Jahrmillionen geschaffen hat. Wie eine Generation von Pyromanen verbrennen wir die Zukunft unserer Kinder.

Kriege aber zerstören zwangsläufig das, was sie zu retten vorgeben. Kriege sind nie eine Lösung, sie sind immer Teil des Problems. Gewalt macht süchtig, wobei der Verlierer nach Rache dürstet und der Sieger nach weiteren Siegen. Nach Afghanistan sollen Irak und Somalia folgen. Genau so hat es George W. Bush angekündigt. Und Bin Laden? Er will, dass weitere Türme einstürzen! Die »Gotteskrieger« leben geradezu von der Rache. Ohne Rache würden sie machtlos.

Der Energiehunger der Industriestaaten wird zum größten Gemetzel der Menschheitsgeschichte führen, wenn nicht rasch der Umstieg auf erneuerbare Energien gelingt. Die Sonne schickt uns 15 000-mal mehr Energie, als zurzeit alle sechs Milliarden Menschen verbrauchen. Und zwar kostenlos. Hinzu kommen die indirekten solaren Energiequellen wie Windkraft, Wasserkraft, Erdwärme, Wellenenergie, Biogas, Biomasse-Energie und solarer Wasserstoff. *Die Sonnenstrategie eröffnet die Chance zum Weltfrieden.* Weltkonzerne wie Shell und BP sind bereits dabei, sich strategisch neu zu orientieren. Erdölkonzerne werden Solarkonzerne. BP wird nach eigenen Angaben nicht mehr für British Petroleum stehen, sondern für Beyond Petroleum. Die solare Energiewende kann aber auch Millionen neue Arbeitsplätze für innovative Mittelständler schaffen. Ressourcenkriege sind nicht nur unsinnig und unmoralisch, sie sind schlicht unnötig. Wir kennen heute vernünftigere Lösungen.

Die große politische Entscheidung des 21. Jahrhunderts wird heißen: Krieg um Öl oder Frieden durch die Sonne! Das ist der ultimative Scheideweg, vor dem wir als Weltgesellschaft heute stehen.

Frieden – nur mit friedlichen Mitteln

Die größte Chance besteht darin, dass heute jeder Mensch die Möglichkeit hat, sich im Umgang mit Gewalt und im Umgang mit seiner Mitwelt besser zu qualifizieren. Alle können etwas beitragen, wenn die grundsätzliche Entscheidung in uns erst einmal gefallen ist. Und die heißt: Frieden ist nur möglich mit friedlichen Mitteln.

Wir werden in diesem Buch erkennen: Gewaltfreiheit ist keine Utopie. Eine Welt in Frieden, Freiheit und Gerechtigkeit ist möglich. Dafür brauchen wir anstelle der alten fossilen Weltwirtschaft eine solare Weltwirtschaft in einem solaren Zeitalter.

Auge um Auge – Wahn um Wahn

Nine-eleven ist in den USA inzwischen zu einem Synonym für den 11. 9. 2001 geworden. In Nordamerika wird das Datum so geschrieben: 9-11-2001. 911 ist in den USA auch die Telefonnummer für Notfälle. Was können die US-Amerikaner und was können alle Menschen aus den Notfällen der Terroranschläge des 11. September 2001 lernen?

Schon einmal war ein 11. 9. ein historisches Datum. Am 11. 9. 1973 war der chilenische Präsident Salvador Allende gestürzt worden. Später wurden 20 000 Anhänger Allendes ermordet. Allendes Sturz wurde vom US-Geheimdienst CIA und von den chilenischen Minenbaronen veranlasst, welche die Verstaatlichung ihrer Geschäfte verhindern wollten.

Selbstverständlich kann man auch die 20 000 Toten von Chile mit den 3000 Toten von New York und den inzwischen über 5000 Toten von Afghanistan nicht verrechnen. Was »nutzen« den 20 000 Toten von Chile die 3000 Toten in den USA und was die inzwischen über 10 000 Toten in Afghanistan und die 18 000 Toten im Irak-Krieg den 3000 Toten in New York und Washington? Kein einziger Toter lebt dadurch wieder, dass andere Menschen getötet werden. Krieg ist und bleibt Wahnsinn. Solange wir Massenmord mit Massenmord vergelten, handeln wir noch immer wie seit Jahrtausenden nach dem Motto: Auge um Auge – Wahn um Wahn. George W. Bush hat in Afghanistan einen Heuhaufen niedergebrannt, um ein paar Nadeln zu finden. Aber nicht einmal diese hat er gefunden.

Der Terrorismusforscher Peter Waldmann schrieb drei Jahre

vor den Anschlägen in New York und Washington: »Dem Terroristen geht es nicht um den eigentlichen Zerstörungseffekt seiner Aktionen. Diese sind nur ein Mittel, eine Art Signal, um einer Vielzahl von Menschen etwas mitzuteilen. Terrorismus, das gilt es festzuhalten, ist primär eine Kommunikationsstrategie.«

Was wollten uns die Terroristen des 11. September 2001 mitteilen? Wer intellektuell redlich bleiben will, kommt um diese Frage nicht herum.

Jeder Terroranschlag ist auch ein Schrei nach Gerechtigkeit. Zwei Spitzenpolitiker der USA haben ganz verschiedene Antworten auf diesen »Schrei« gegeben. Präsident George W. Bush meinte noch unter dem Schock der Anschläge am Abend des 11. 9. 2001: »Wir werden unseren amerikanischen Lebensstil niemals ändern.«

Nur 14 Tage später traf ich seinen Gegenspieler vom letzten Präsidentenwahlkampf. Al Gore sagte in Basel während einer 70-Minuten-Rede 14-mal sinngemäß: Wenn wir uns nicht ändern, werden wir als Spezies Mensch von dieser Erde verschwinden.

Als George W. Bush bekannt gab, dass er seinen riesigen Rüstungsetat nochmals um 48 Milliarden Dollar erhöhen würde, und die drei kulturell, ökonomisch, politisch und religiös sehr unterschiedlichen Länder Irak, Nordkorea und Iran zur »Achse des Bösen« erklärte, antwortete Al Gore, der von den meisten US-Wählern als Präsident vorgesehen war, noch deutlicher: »Die Ursachen des Bösen sind Hunger, Armut und Unterdrückung.« Es gibt auch das andere Amerika! Die beiden Spitzenpolitiker des Präsidentenwahlkampfes im Jahr 1999 lesen die Zeichen des Nine-eleven offensichtlich ganz unterschiedlich.

George W. Bush: mit Bibel und Bombe

George W. Bush hat bei seinem Amtsantritt im Januar 2000 auf die Bibel geschworen – dort ist die Rede von Frieden schaffen, Feindesliebe und Versöhnung –, aber er vertraut eher auf die Bomben als auf den Gott Jesu, auf den er sich beruft. Wem vertrauen wir? Gott oder der Bombe? Jesus oder Cäsar? Verhandeln oder Vernichten? Die Antwort auf diese Fragen ist entscheidend für unsere Zukunft.

Die Taliban-Regierung in Kabul hat der US-Regierung nach dem 11. 9. Verhandlungen über die Auslieferung von Bin Laden angeboten. Doch für die Regierung in Washington gab es nichts zu verhandeln. Sie setzte auf Krieg. Wie will man wissen, dass man mit »dieser Regierung« nicht verhandeln oder »mit denen gar nicht reden« kann, solange man es nicht einmal versucht? Noch drei Jahre vorher war eine Delegation derselben Taliban-Regierung zu Verhandlungen über eine Erdgas-Pipeline durch Afghanistan in Washington. Über Erdgas wurde damals verhandelt, aber über Krieg und Frieden gab es nun angeblich nichts zu verhandeln.

Selbstverständlich wurde auch der Afghanistan- und der Irak-Krieg »für den Frieden« geführt. In Kriegszeiten nehmen die Kriegführenden das Wort Frieden besonders gern in den Mund. Als Präsident Bush die Luftangriffe auf Afghanistan bekannt gab, beliebte er zu sagen: »Wir sind eine friedliebende Nation.« Und sein Alter Ego in London, Tony Blair, der die USA militärisch unterstützt, sagte: »Wir sind ein friedliches Volk.«

Arundhati Roy dazu: »Jetzt wissen wir Bescheid. Schweine sind Pferde. Mädchen sind Jungen. Krieg ist Frieden.« Wir müssen den Terrorismus zweifellos bekämpfen. Die Frage ist nur, mit welchen Mitteln? Wäre es nicht erfolgversprechender, in Aufbauprojekte zu investieren anstatt in Waffen und Raketen?

15 der 19 Attentäter in den Flugzeugen am 11. 9. 2001 stammten aus Saudi-Arabien. Nach allen Gesetzen der Logik hätte die US-Regierung Saudi-Arabien bombardieren müssen. Warum geschah das nicht? Die Antwort ist ganz einfach: wegen der Ölinteressen der USA in Saudi-Arabien!

George W. Bush sagt: »Die ganze Welt ist unser Schlachtfeld«, und 83 Prozent der Nordamerikaner stimmen ihm zu. Für Bush ist der Krieg noch immer der Vater und die Mutter aller Dinge. Der derzeitige US-Präsident ist unfähig, die Zwangsehe einer jahrtausendealten Politik mit dem militarisierten Wahnsinn zu beenden. Mit Bibel und Bombe will er seinen Kreuzzug gewinnen. »Wer nicht mit uns ist, ist gegen uns«, sagte John Foster Dulles im Kalten Krieg. Heute sagt es Bush junior mit denselben Worten. Kreuzzugsmentalität!

Es ist die Tragik der Macht, dass sie seit Jahrtausenden glaubt, töten zu müssen, um am Leben zu bleiben. Nichts anderes erwartet auch das Gros der veröffentlichten Meinungsmacher. Die Leitartikler der größten US-Zeitungen und die Mehrheit der Intellektuellen waren sich nach dem 11. 9. einig: »Irgendetwas muss George W. Bush jetzt tun.« Sie meinten selbstverständlich, er müsse *militärisch* reagieren! Auf eine andere Idee kamen die meisten Journalisten gar nicht. Auch deshalb bekam Präsident Bush für seine ersten Bomben in Afghanistan sogar Zustimmung von 93 Prozent der US-Bevölkerung.

Warum Krieg?

Zunächst wollte George W. Bush einen »Kreuzzug« führen. Kreuzzug – wie vor 1000 Jahren! Doch die potenziellen Verbündeten in der islamischen Welt waren darüber entsetzt. Dann also »Krieg«. Wie schon zehn Jahre vorher sein Vater den »Golfkrieg« führte. Damals sollten in Kuwait »die Menschenrechte wiederhergestellt« werden. Heute bestreitet in Washington kein Politiker mehr, dass der angebliche Krieg für die Menschenrechte in Kuwait natürlich ein Krieg um Öl war. Um nichts anderes ging es. Und worum geht es heute in Zentralasien?

In Kriegszeiten wird gelogen und betrogen, dass sich die Balken biegen. Krieg führende Regierungen sind an vielem interessiert, aber nicht an der Wahrheit. Jeder Journalist weiß, dass das erste Opfer jedes Krieges die Wahrheit ist.

Die Angriffe in Afghanistan auf die Taliban-Milizen lassen sich schlecht als Verteidigung der Menschenrechte verkaufen. Also sagt Bush: Wir führen einen Krieg. Aber warum denn? Welches Land hat die USA militärisch angegriffen? Führt jemand Krieg gegen die USA, sodass sie sich wehren müssten? Die Anschläge des 11. September waren ein gigantisches Verbrechen. Es war Massenmord. Aber deshalb Krieg? Neuer Massenmord?

Es bleibt unbegreiflich, dass Geheimdienste, für deren Arbeit jährlich 30 Milliarden Dollar aufgewendet werden, von den Spuren, welche die Terroristen jahrelang bei der Vorbereitung der Anschläge kreuz und quer durch die USA hinterließen, nichts gemerkt haben sollen. Die Verantwortlichen für die 3000 Toten in New York und Washington sind Verbrecher. Für die Bestrafung von Verbrechen gibt es Gesetze und Gerichte. Die Schuldigen müssen gefunden und vor Gericht gestellt werden. Ein Gerichtsverfahren haben die meisten islamischen Länder, aber auch der Vatikan, vorgeschlagen. Der ganz normale Rechtsweg wäre aber möglicherweise gefährlich gewesen für die USA. So hätte zum Beispiel aufgedeckt werden können, dass die offizielle Politik der USA über Jahrzehnte hinweg genau die Kräfte finanziert, unterstützt und aufgerüstet hat, die für die Verbrechen des 11. September 2001 vermutlich verantwortlich sind.

Die Geheimdienste der USA haben in Zusammenarbeit mit dem pakistanischen Geheimdienst schon in den 80er Jahren radikale islamistische Fundamentalisten bewaffnet, damit diese einen »heiligen Krieg« gegen die damaligen russischen Invasoren in Afghanistan führen konnten. Noch vor wenigen Jahren waren die islamischen Fundis die Lieblinge der amerikanischen Politik, weil sie die besten Killer hatten und weil sie brauchbar schienen für die amerikanischen Öl- und Gasinteressen. Diese Zusammenhänge wären in einem ordentlichen Gerichtsverfahren offensichtlich geworden. Dann also doch lieber Krieg! Damit ersetzte George W. Bush das Völkerrecht durch das Faustrecht. Die USA stellten ihren »Kampf gegen den Terrorismus« ursprünglich unter das Motto »Grenzenlose Gerechtigkeit«. Die meisten Menschen in den armen Ländern empfinden Amerikas Vorgehen als eine grenzenlose Ungerechtigkeit. Die US-Gesellschaft huldigt ihrem Waffenwahn, einem Kult der Gewalt, und erhebt den Krieg zu ihrem wahren Gott. Doch der Anfang der Rache ist immer nur das Ende des Rechts.

Die nächste Tankstelle

Und so wie sich die USA nach dem Golfkrieg militärisch im Nahen Osten, hauptsächlich in Saudi-Arabien, festgekrallt haben, um ihre Ölversorgung sicherzustellen, so bietet der neue Krieg in Zentralasien die große Chance, sich militärisch die nächste Tankstelle der Welt zu sichern. Denn im Gebiet vom Persischen Golf über das Kaspische Meer bis nach Zentralasien lagern 70 Prozent der Welterdölvorräte und ein Drittel aller Erdgasreserven. Pipelines für Gas und Öl durch Afghanistan und Pakistan sind der Traum der US-Energiebosse.

Im Norden von Afghanistan liegt Kasachstan – Energieexperten sprechen bereits von »Neu-Kuwait«. Der kasachische Boden hat gesicherte Ölreserven von 15 Milliarden Barrel. Die geschätzten Vorkommen betragen sogar 65 Milliarden Barrel. Der Bankrott gegangene US-Energiegigant Enron hatte sich an diesem Markt bereits den Hauptanteil gesichert.

Die Öl- und Gasbosse der USA haben George W. Bush mit Millionen Dollars den Wahlkampf finanziert. Er ist ihr Mann. Und nach dem 11. 9. zeigt sich wieder einmal: Wahltag ist Zahltag! Das war zurzeit des Golfkrieges so bei Bush senior und ist jetzt so bei Bush junior. Beide Präsidenten, Vater und Sohn, kommen aus der Öllobby, wichtige Minister und Mitarbeiter von ihnen ebenfalls. Der Energiewirtschaft verdanken sie ihren Aufstieg und ihre Karriere. Also: Nichts liegt näher als Kriege um Öl und Gas!

Ägypten, selbst vom islamischen Terror bedroht, seit »Gotteskrieger« Anwar as-Sadat 1980 ermordet hatten, machte nach dem 11. September George W. Bush den Vorschlag, Beweise für die Schuld von Bin Laden vorzulegen und Gegenaktionen im Einklang mit dem Völkerrecht, mit der UN-Charta und unter der Schirmherrschaft des Sicherheitsrates der Vereinten Nationen zu organisieren.

Diese Strategie haben auch andere islamische Staaten vorgeschlagen. Ein solcher Kurs hätte die Eskalation der Gewalt eindämmen können. Rache ist im Völkerrecht nicht vorgesehen. Wer aber mit Gewalt zurückschlägt, wird weitere Gewalt ernten – womöglich noch schlimmer als am 11. September 2001.

Jeder Mensch weiß, dass Kriege unmenschlich, pervers und absurd sind. Das hat die gesamte Welt auch *vor* diesem Krieg gewusst. Und trotzdem beschloss die »Staatengemeinschaft« – wie es hieß – diesen Krieg. Es wurde hochoffiziell beschlossen, zu bombardieren und zu töten, zu vertreiben und zu zerstören – im Namen der »Zivilisation«. George W. Bush hat einen unstillbaren Feindbedarf und sagte: »Dies wird ein langer Krieg. Ich sage das immer wieder.« Über Alternativen wurde nicht einmal nachgedacht. Selbst als im Mai 2004 systematische Folterungen und sexueller Missbrauch von irakischen Gefangenen durch US- und englische Soldaten und Soldatinnen bekannt wurden, hatten noch 50 Prozent der US-Wähler die verbrecherische Kriegspolitik von George W. Bush unterstützt.

In Deutschland hatte über 50 Jahre das Motto gegolten: »Nie wieder Krieg.« Aber Deutschland versprach den USA über seinen Bundeskanzler Gerhard Schröder »uneingeschränkte Solidarität« in diesem Krieg. Und so hatte der deutsche Kanzler den USA bereits Truppen angeboten, noch bevor die USA deutsche Truppen angefordert hatten. Die Deutschen sollten endlich wieder dabei sein dürfen nach jahrelanger militärischer Abstinenz, die uns doch gut bekam. So wurde aus der »uneingeschränkten Solidarität« eine peinliche, übereifrig begierige Solidarität. Gerhard Schröder musste mehrmals öffentlich versichern: »Wir drängeln nicht.«

Nach Schröders peinlicher Rede von der »uneingeschränkten Solidarität mit den USA« gilt im Deutschen Bundestag unter allen Parteien – auch der PDS – das Motto: »Es gibt jetzt keine Parteien mehr, es gibt nur noch Deutsche – und die sind alle Amerikaner!« Ein ähnliches Beispiel nationaler Würdelosigkeit wäre zum Beispiel im französischen Parlament undenkbar.

Willy Brandt hat auf die Frage, worauf er stolz sei, einmal gesagt: »Dass wir Deutschland und Frieden in einem Atemzug nennen können.« Aber Gerhard Schröder ist heute stolz darauf, dass Deutschland und Krieg wieder in Verbindung gebracht werden können.

Vor 50 Jahren hat der damalige Bundestagspräsident Hermann Ehlers (CDU) unter dem Applaus des gesamten Deutschen Bundestages mit Pathos gerufen: »Gott hat uns die Waffen aus der Hand geschlagen, damit wir sie nicht mehr ergreifen.« Doch jetzt soll der Krieg wieder ein Mittel der deutschen Politik sein. Deutschland geht heute – zusammen mit England und Frankreich – so weit, Europa den USA machtpolitisch unterzuordnen anstatt die Weltmachtpolitik der USA zu relativieren und auch in Freundschaft zu korrigieren. »Wenn wir mitmachen, können wir wenigstens mitreden«, verteidigten sich Gerhard Schröder und Joschka Fischer. Zur gleichen Zeit zitierte die »Washington Post« den US-Präsidenten so: »Irgendwann könnten wir alleine dastehen. Mir ist's recht. Wir sind Amerika.« Dem Irak-Krieg hat sich die Regierung Schröder verweigert, aber in den Afghanistan-Krieg ist sie verstrickt.

Nach 1945 hatten wir die große Hoffnung, Deutschland könne für immer ein friedlicher Nachbar von Norwegen, Schweden, Dänemark, Finnland, Polen, der Tschechoslowakei, Österreich, der Schweiz, Frankreich, Luxemburg, Belgien und den Niederlanden sein. Wir wollten in der zweiten Hälfte des 20. Jahrhunderts nur noch ein Nachbar unter Nachbarn sein.

Doch heute müssen wir neben den USA schon wieder groß sein, militärisch weltweit dabei sein mit Fregatten am Horn von Afrika, mit Spürpanzern in Kuwait und mit »Spezialeinheiten« in Afghanistan. Deutschland ist so groß geworden, dass es die Kleinen schon wieder dominiert. Das aufkeimende Misstrauen der Kleinen nehmen wir gar nicht mehr wahr. Der Sensibilitätsverlust der heute Regierenden ist atemberaubend. Sie verwechseln Solidarität mit Nibelungentreue. »Stolz« sollten die Deutschen sein, dass ihre Soldaten am Hindukusch auf Terroristenjagd gehen, tönte Verteidigungsminister Scharping. Das ist 57 Jahre nach 1945 viel verlangt von der deutschen Gesellschaft!

Vernunft statt Vergeltung

Die mächtigste und reichste Nation der Welt, die Vereinigten Staaten von Amerika, hätte alle ökonomischen Mittel gegen Hunger und Elend in Afghanistan und im Irak sowie Hilfsmittel für die Flüchtlinge aus Afghanistan in der Hand. Auch Wirtschaftssanktionen wären möglich gewesen sowie polizeiliche

Mittel, um die Verantwortlichen für die Terroranschläge zu fassen – also den Terror wirkungsvoll zu bekämpfen. Afghanistan hätte Brot gebraucht, aber es erhielt Bomben. Dabei sagen uns alle Afghanistan-Kenner, dass in den Bergen dieses Landes ein mit US-Dollars beladener Esel weiter kommt als jede Armee. Vernunft ist die Alternative zur Vergeltung!

Krieg ist das Gegenteil von Zivilisation. Und Krieg soll die einzige Möglichkeit sein, den Terror zu bekämpfen und Bin Laden zu fangen? Für wie dumm halten uns eigentlich die Regierenden? Was sind die wahren Ziele dieses Krieges?

Der große alte Architekt Oscar Niemeyer aus Brasilien sagt in seinem 95. Lebensjahr:

> »Wir erleben zurzeit einen der schlimmsten Momente der Menschheit, die totale Gewalt, die totale Verachtung jedes menschlichen Wesens und der Souveränität der Staaten … Ich mache mir Sorgen über die Bomben, die die Amerikaner auf andere Staaten werfen. Das ist feige, oft sind diese Länder vollkommen wehrlos. Es ist eine Schande … Das war (am 11. 9.) ein terroristischer Akt, aber die Bombardements der Amerikaner sind auch Terrorismus.«

In Kabul sitzt zwar mittlerweile eine Übergangsregierung, aber im gesamten Land herrschen Elend, Bürgerkrieg, Mord und Totschlag. Der Übergangs-Regierungschef in Kabul ist machtpolitisch nicht mehr als der Oberbürgermeister der Hauptstadt. Im Land Afghanistan regieren »die alten Kriegsherren«, die einen bekommen ihre Waffen schon wieder von Russland und die anderen von den USA. Der nächste Bürgerkrieg wird vorbereitet. Nichts hat sich wirklich geändert. Es muss ganz im Gegenteil mit neuen Terroranschlägen als Rache für die Rache gerechnet werden. Doch im Weißen Haus residiert ein sentimentaler Cowboy und kein pragmatischer Realpolitiker.

Und plötzlich sagt George W. Bush in einem Nebensatz: »Auf Bin Laden kommt es eigentlich gar nicht an.« Worauf kommt es dann aber an? Ratlosigkeit überall! Doch nachdem der Krieg einmal begonnen wurde, muss er gnadenlos weitergeführt werden. Durchhalteparolen! Wir sind zwar ratlos und erfolglos – aber der Krieg muss weitergehen. »Bedingungslose Solidarität« verlangt es so. Das ist das Ergebnis bedingungsloser Blödheit und Blindheit: Treu bis zum Ende des Krieges!

Ein Zwischenergebnis des Afghanistan-Krieges im Sommer 2002: Die Taliban-Regierung ist zwar vertrieben, aber Bin Laden immer noch nicht gefasst. Stattdessen: Rote-Kreuz-Station getroffen, Krankenhäuser bombardiert, Streubomben eingesetzt, Wohnviertel zerstört, 5000 Menschen getötet. Neue Kämpfe zwischen Stammeskriegern! Wieder einmal ist ausreichend bewiesen, dass Krieg kein geeignetes Mittel der Politik ist. Der »Ausweg«: Neue Schlachtfelder werden gesucht. Intelligenz und Weisheit wären gefragt – kein pubertäres Muskelspiel. Auch Freunde und Verbündete der US-Regierung, wie Pakistans Staatschef, geben öffentlich zu verstehen: Die Amerikaner haben keine politische Strategie. Sie wissen nur eines: Wir brauchen Öl.

In Zentralasien wiederholt die US-Politik gerade wieder einen ihrer entscheidenden früheren Fehler: Sie unterstützen eine brutale Diktatur. Dieses Mal in Usbekistan, nur weil dessen gnadenloser Diktator ihnen militärische Stützpunkte zur Verfügung stellt und somit den Weg zur nächsten Ölquelle frei macht. Die Londoner Zeitung »The Independent« hatte schon am 16. März 2001 über George W. Bush geschrieben: »Der zum Präsidenten gewordene Ölmann gibt nun zu erkennen, was er immer gewesen ist: ein zuverlässiger Verbündeter des großen Geldes im Allgemeinen und der Energiewirtschaft im Besonderen.«

Jürgen Todenhöfers Brief

Die Europäer müssen wenigstens künftig darauf achten, dass sie bei Bushs »Achse des Bösen« (Irak, Nordkorea, Iran) nicht zur »Achse der Blöden« degradiert werden und der amerikanischen Neigung zu moralischen Kreuzzügen zum Opfer fallen. Unter dem Deckmantel des »weltweiten Kampfes gegen den Terrorismus« kann jetzt die Türkei ihre Kurden noch gnadenloser schikanieren und einsperren als zuvor. Dasselbe machen die Chinesen mit buddhistischen Tibetern und muslimischen Uiguren, die Russen mit Tschetschenen und die Israelis mit Palästinensern.

Der frühere CDU-Bundestagsabgeordnete und Afghanistan-Kenner Jürgen Todenhöfer hat zehn Wochen nach den ersten US-Angriffen auf Afghanistan eine bemerkenswerte Analyse veröffentlicht. In der »Süddeutschen Zeitung« meint er: »Nun hat das reichste Land der Welt das ärmste Land der Welt in Grund und Boden gestampft und ungezählte Zivilpersonen getötet – Bin Laden aber, um den es ging, ist zusammen mit dem größten Teil der Führungsmannschaft von Al-Qaida verschwunden … Der Antiterrorkrieg ist zur Lotterie geworden.« Todenhöfer, von 1972 bis 1990 entwicklungspolitischer Sprecher der CDU/CSU-Bundestagsfraktion, fragt: Hatten die USA das Recht, »unschuldige afghanische Frauen und Kinder zu töten, die mit den Terroranschlägen nichts, aber auch gar nichts zu tun hatten?«

Aus fünf Gründen hält Jürgen Todenhöfer »die Bombardierung der Städte Afghanistans für unverantwortlich«:

1. »Es gab die Möglichkeit, Bin Laden auch ohne Krieg auszuschalten …«
2. »Mittelfristig bestand auch die Möglichkeit, die Taliban ohne Bombenkrieg zu entmachten … Hätte man – wenn es wirklich um die Befreiung Afghanistans gegangen wäre – mit den

Taliban nicht schon lange vor dem 11. September brechen müssen, anstatt mit ihnen über den Bau von Erdgasleitungen zu verhandeln und sie als Staatsgäste in die USA einzuladen?«

3. »Die Bomben über afghanischen Städten trafen vor allem Unschuldige ... Es waren wahrscheinlich erheblich mehr als die über 3000 Menschen, die im World Trade Center ermordet wurden. Aber Zahlen sind hier trotz allem nicht entscheidend. Für mich ist die Tötung eines jeden einzelnen Kindes durch Bomben völkerrechtlich ein Verbrechen. Präsident Bush hat Recht, wenn er sagt, das Böse müsse man mit Härte bekämpfen. Aber afghanische Kinder sind nicht das Böse. Kinder sind nie unsere Feinde ... Keine Regierung der Welt hat das Recht, bewusst den Tod von tausenden unschuldiger Zivilpersonen in Kauf zu nehmen, um ja nicht das Leben eines einzigen Soldaten zu riskieren.«
4. »Die afghanische Zivilbevölkerung ist an der Existenz von Al-Qaida und der Taliban weniger schuld als die USA ... Die USA erhofften sich von dieser mörderischen Besatzungsmacht (Ministerpräsident Karsai) stabile politische Verhältnisse, um ungestört quer durch Afghanistan eine Erdgasleitung von Turkmenistan bis zum Indischen Ozean bauen zu können. Das afghanische Volk ist nie gefragt worden, ob es die Taliban oder Al-Qaida wollte. Die USA bestrafen daher das afghanische Volk mit ihren Bombenangriffen auf afghanische Städte für eine Tat, die sie selbst begangen hatten. Der Täter als Scharfrichter – wie kommt es, dass die Weltöffentlichkeit darüber fast kein Wort verliert?«
5. »Wir haben mit dem Bombenkrieg gegen die afghanische Zivilbevölkerung die nächste Generation von Terroristen gezüchtet. Noch nie war es für muslimische Extremisten so leicht, potenzielle Selbstmordattentäter anzuwerben wie jetzt.«

Kein Frieden durch Massenmord

Krieg war und ist immer ein Verbrechen. Wenn ein Mord nach nationalem Recht auf der ganzen Welt ein Verbrechen ist, warum soll dann Massenmord im Krieg eine Heldentat oder allenfalls ein Kavaliersdelikt sein? Ist diese Position Jürgen Todenhöfers zu moralisch? Kann Moral aus der Außenpolitik ausgeklammert werden? Solange wir so doppelmoralisch fragen, sind wir weit davon entfernt, uns zivilisiert nennen zu dürfen.

Gerhard Schröder hat zehn Jahre zuvor, als die USA im Golfkrieg Bagdad bombardierten, noch moralisch festgestellt: »Wir alle können kaum schlafen, weil hier ein ganzes Volk kollektiv für seine diktatorische Regierung bestraft wird.« Muss Realpolitik heute wirklich heißen, dass wir alle vernünftigen moralischen Bedenken gegen den Krieg über Bord werfen? Ist solche Feigheit vor dem Freund wirklich Realpolitik? Auch hier gilt: Wir werden ernten, was wir säen. Von schlaflosen Nächten des Gerhard Schröder wegen des Afghanistan-Krieges wurde nichts bekannt.

Das ganze Elend auch dieses Krieges ist seine Erbarmungslosigkeit. Am Tag, an dem ich diese Zeilen schreibe, werden zwei deutsche Soldaten durch einen Raketenunfall in Afghanistan getötet. Heute Abend gibt es Sondersendungen im Fernsehen und Interviews mit dem Bundeskanzler, dem Bundespräsidenten, dem Verteidigungsminister und Oppositionspolitikern. Dass am selben Tag 500 zerlumpte und total verängstigte »Al-Qaida«-Soldaten getötet oder gefangen genommen worden sind, ist in den Nachrichten einen Nebensatz wert. Feindliche Soldaten sind eben nur Terroristen und keine Menschen.

Solche Erbarmungslosigkeit, Verachtung und Gleichgültigkeit gegenüber den »anderen« durch westliche Politiker und Medien bringt die Menschen in den ärmsten Ländern zur Verzweiflung und bildet zugleich den Nährboden für künftige Terroranschläge. Das Gegenteil von Liebe ist nicht der Hass – das Gegenteil von Liebe ist unsere abgrundtiefe Gleichgültigkeit gegenüber den Armen und Elenden dieser Erde. Die Schmuddelkinder – beinahe zwei Drittel der Menschheit – interessieren uns einfach nicht. Eine Ethik der Achtsamkeit gegenüber den Schwachen, den Ausgeschlossenen und Totgeschwiegenen wird zum großen Imperativ des 21. Jahrhunderts werden müssen. Das ist heute sonnenklar für jeden, der global sehen, hören und empfinden will und der die Ursachen des 11. September nüchtern analysiert.

Eine Ethik der Achtsamkeit hätte einen offenen Dialog mit den Taliban zur Folge gehabt. Stattdessen haben wir gnadenlos gebombt. Die USA sind ein sehr merkwürdiges Land: Präsident Bush kündigt öffentlich den nächsten Krieg an und wird nicht verhaftet. Seine Nichte hat nichtöffentlich Drogen genommen und wurde verhaftet und verurteilt.

»Eine halbe Million Tote ist den Preis wert«

März 2002. Ein angenehmer Vorfrühlingstag in Washington. Einen Steinwurf vom Zaun des Weißen Hauses entfernt spricht Senator Carl Levin zu einigen tausend Stahlarbeitern. Sie bangen um ihre Arbeitsplätze. Der Politiker weiß, wie man heute, in den Zeiten des Krieges, in den USA Arbeiter zum Jubeln bringt. »Mit dem, was ihr herstellt, führen wir Krieg.« Beifall. Die Stahlarbeiter wollen nicht nur ihre Jobs retten, sondern mit ihren Kriegsprodukten aus Stahl auch gleich noch das Vaterland. Frühjahr 2002 – Kriegsbegeisterung in Washington – nicht nur unter Politikern, auch und gerade unter Arbeitern.

Die US-Politik in Afghanistan ist vergleichbar mit der US-Politik im Irak. Die frühere US-Außenministerin Madeleine Albright wurde im Fernsehen gefragt, was sie von Schätzungen halte, nach denen durch die amerikanische Sanktionspolitik im Irak eine halbe Million Kinder sterben müssten. Das sei zwar hart, meinte Frau Albright, »aber wir glauben, es ist den Preis wert«.

Welchen Preis? Den Preis des Öls? Wir gehen bedenkenlos über Leichen, wenn es darum geht, uns das Schmiermittel der westlichen Industriegesellschaften zu beschaffen.

Washington ist bereit, sehr unheilige Kriege gegen die »heiligen Krieger« zu führen, weil es in Wahrheit auf etwas ganz anderes ankommt als auf Menschenrechte, Frieden oder Freiheit. Der frühere US-Verteidigungsminister William Cohen bekräftigte 1999, worum es wirklich geht, wenn die USA in den Krieg ziehen. »Die Vereinigten Staaten«, sagte er, sind zum »unilateralen Einsatz militärischer Macht verpflichtet, um lebenswichtige Interessen zu verteidigen«, wozu er »den ungehinderten Zugang zu Schlüsselmächten, Energievorräten und strategischen Ressourcen« zählte. Kriege um Öl und Gas sind offizielle US-amerikanische Politik. Es ist nicht verwunderlich, dass viele Menschen die USA, die ja immer Schurkenstaaten bekämpfen wollen, als den größten derzeitigen Schurkenstaat betrachten.

Pazifismus – eine pubertäre Verirrung?

Deutsche Politiker in fast allen Parteien versuchen heute, die jüngsten Kriege damit zu rechtfertigen, dass sie »Gewalt als letztes Mittel, als Ultima Ratio, nicht ausschließen«. So hat es mir in einem Fernsehinterview der Landesvorsitzende der Grünen in Baden-Württemberg, Andreas Braun, gesagt. Die rot-grüne Lieblingsvokabel für die neudeutsche Normalität des Kriegführens heißt: »Wir sind erwachsen geworden.« In dieser Metapher verleugnen die Grünen nicht nur ihr eigenes Gründungsethos, sondern auch die pazifistische Grundstimmung in der früheren Bundesrepublik Deutschland. Nach den »realpolitischen« Vorstellungen der heutigen Grünen war ihr eigener Pazifismus nur eine peinliche pubertäre Verirrung. Für die Grünen wird ihr früherer Pazifismus so platonisch wie das »C« für die CDU/CSU.

Die Remilitarisierung der US-Politik durch George W. Bush wird negative Auswirkungen auf die Weltpolitik haben. Zarte Ansätze zur Konfliktlösung durch friedliche Mittel erhalten weltweit Rückschläge. Im Nahen Osten ist die erhöhte Gewaltbereitschaft am sichtbarsten. Der Israeli Ariel Sharon sieht seinen Kampf gegen den palästinensischen Terror genauso wie Bush seinen Kampf gegen Bin Laden als einen Kampf gegen die Bösen.

Wie sollen in dieser Situation die USA in Nahost zwischen Israel und Palästina erfolgreich vermitteln können? Wegen ihrer Politik des militärischen Draufschlagens auf Terroristen können die USA jetzt in Nahost Israel bei seinem Kampf gegen Terror nicht mehr bremsen. Die USA können heute Israel nicht einmal mehr zwingen, UN-Resolutionen zu befolgen, welche die USA selbst im Sicherheitsrat unterstützten. Die US-Politik ist jetzt in ihren eigenen Widersprüchlichkeiten gefangen. Der amerikanische Präsident kann gegen Israel nicht mehr durchsetzen, was er selbst für notwendig hält. Kein arabischer Führer wird Bush gegen Saddam Hussein unterstützen können, solange Bush Israel nicht zum Einlenken bewegen kann. Das kann er aber nicht, solange Israel sagt, wir machen gegenüber Arafat nur, was ihr Amerikaner gegenüber Bin Laden betreibt. Mit dieser Gewaltpolitik siegen immer diejenigen, die nur noch auf Gewalt vertrauen. Und diese Rechnungen gehen immer zulasten der Zivilbevölkerung – in Afghanistan, in Nahost, in Tschetschenien, in Tibet.

Und Deutschland? Kein Land hat so viel Grund, über nichtmilitärische Konfliktlösungen nachzudenken und zivile Lösungsstrategien zu entwickeln. Dafür gibt es jahrzehntelange Vorarbeit: in Friedensforschungsprojekten und auch durch die Arbeit von Friedensinitiativen. Wenn auch hierzulande nur die Gewaltreflexe der USA imitiert werden, ist das kein Zeichen von Erwachsensein, sondern von Unreife. Uneingeschränkte Solidarität zwischen Staaten ist uneingeschränkt lächerlich. Blinder Amerikanismus ist genauso komisch wie blinder Antiamerikanismus.

Realistische Pazifisten wissen, dass wir in Deutschland nicht von heute auf morgen die Bundeswehr abschaffen können. In Mazedonien zum Beispiel leisten deutsche Soldaten zurzeit wichtige Friedensarbeit. Sie schießen nicht, sie nehmen vielmehr Schießwütigen ein Gewehr nach dem anderen ab. Im Nahostkonflikt aber müssen deutsche Soldaten wirklich nicht aktiv werden – wie es der Kanzler schon einmal öffentlich erwogen hatte.

Ein Angriffskrieg ist verfassungswidrig

Gerhard Schröder will »das Militärische enttabuisieren«. Aber dabei muss man ja nicht gleich alle Tabus einreißen, wie es der deutsche Kanzler und sein Verteidigungsminister permanent demonstrieren!

Sie wollen »politisch erwachsen« werden und erliegen dabei der Versuchung, die eigene Geschichte zu entsorgen. Jeder fühlende Mensch spürt, dass deutsche Gewehre auf jüdische Bürger nur eine Ausgeburt von Wahnsinn sein könnten. Geschichtsvergessenheit kann sich politisch als ebenso verheerend herausstellen wie Vergangenheitsbesessenheit. »Politisch erwachsen« wird man nicht durch historische Ignoranz. Ohne den von uns Deutschen zu verantwortenden Holocaust würde es Israel nicht geben. Deutschland ist also Teil der Ursache des Nahostkonfliktes und kann schon deshalb nicht anbieten, mit Waffen ein Teil der Lösung des Konflikts zu werden.

In Afghanistan und anderswo ist Gewalt und Krieg für George W. Bush nicht die Ultima Ratio, wie es die deutschen »Grünen« gerne hätten, sondern die Prima Ratio! Wie lange wollen deutsche Politiker aller Parteien sich selbst und ihre Wähler darüber noch täuschen? Afghanistan wurde aus seiner Friedhofsruhe unter der Taliban-Regierung befreit – aber die Friedhöfe wurden noch größer. Diese Entwicklung war absehbar. Regierende Politiker, die früher pazifistisch argumentiert haben, wissen das natürlich auch. Aber im Verdrängen sind wir alle gut. Ein grüner Abgeordneter verrät selbstverständlich nicht seine Ideale, wenn er Minister geworden ist, sondern er wurde lediglich »Realpolitiker«. Und er erklärt uns unablässig, dass er für den Krieg ist, weil er gegen den Krieg ist.

Ein ehemaliger Juso-Chef wie Gerhard Schröder ist natürlich auch gegen den Krieg – er nimmt lediglich »Verantwortung wahr«. Und seine Seele muss bei diesem Geschäft schon gar niemand mehr verkaufen – sie ist schon längst zum Fremdwort geworden. Die Seelenlosigkeit und Gewissenlosigkeit ist wahrscheinlich die gefährlichste Politikerkrankheit. Ich habe diese Krankheit in meinem journalistischen Geschäft kennen gelernt und war auch nicht immer immun gegen sie. Zum Glück für Deutschland haben wir uns wenigstens am Irak-Krieg nicht direkt beteiligt.

Natürlich wissen auch deutsche und US-Politiker, dass die Hintermänner des internationalen Terrorismus in Saudi-Arabien, in den arabischen Emiraten, in Ägypten und in den USA sitzen und dass keiner der 19 islamistischen Selbstmordattentäter des 11. September aus Afghanistan kam. »Aber welcher amerikanische Präsident legt sich mit reichen Erdölstaaten an?«, fragt Jürgen Todenhöfer zu Recht.

Deutschland, Deutschland überall

Kriegsherren und ihre Gefolgsleute sind nicht nur Verbrecher, feige sind sie auch noch. Und wir Deutsche, was machen wir in dieser Kriegszeit? Eugen Drewermann, Therapeut und Theologe, in seinem Buch *Krieg ist Krankheit, keine Lösung:* »Die moralische Möglichkeit einer wirklichen Verbesserung kann nur von dem Überlegenen ausgehen. Man kann nicht erwarten, dass die am Boden Liegenden von sich aus großzügig werden.« Die westliche Welt ist wirtschaftlich, militärisch, sozial und politisch so überlegen, dass sie zuallererst die Aufgabe hätte, neue Wege der Befriedung zu suchen. Gerade der Irak-Krieg beweist aufs Neue: Krieg ist kein Mittel zur Lösung von Konflikten. Pazifismus ist die intelligentere Realpolitik.

Wenn auf einer Straße ein Jugendlicher ein kleines Kind verprügelt, dann werden wir instinktiv dem Kleinen zu Hilfe kommen. Warum soll dieser Hilfsinstinkt nicht auch auf weltpolitischer Ebene gelten? Wir verhalten uns aber genau umgekehrt. Nach dem 11. September 2001 sind deutsche Soldaten an allen Fronten wieder dabei: im Kosovo, Bosnien und Mazedonien, in Dschibuti, Somalia und Kuwait, in Afghanistan und Usbekistan. Deutsche schon wieder an allen Fronten! Deutschland, Deutschland überall!

Schon 10 000 deutsche Soldaten rücken allen möglichen Feinden zu Leibe. Ein Angriffskrieg wird zwar im Artikel 26 des deutschen Grundgesetzes als »verfassungswidrig« verworfen. Aber Deutschland hat heute wieder eine Interventionsarmee. Diesen Widerspruch hat uns nie ein deutscher Bundeskanzler erklärt. Gerhard Schröder bezeichnet diese Entwicklung seltsam nebulös als »Rückkehr zur Normalität«. Soll also die uralte Abschlachterei 57 Jahre nach 1945 schon wieder die »Normalität« sein und werden? Ist Deutschland nur normal, wenn es Krieg führt? In jedem deutschen Diskussionszirkel wäre man noch ein

Jahr zuvor für verrückt und wahnsinnig erklärt worden, wenn man diesen Gedanken ernsthaft vorgetragen hätte!

Der »Spiegel« fragte am 11. März 2002: »Will das Land tatsächlich wieder eine Krieg führende Nation werden, die das professionelle Töten betreibt? Sollen alle Bedenken, die kaum einer so treffend formulierte wie einst Erich Maria Remarque in seinem Klassiker *Im Westen nichts Neues*, wieder beiseite geschoben werden?« »Das Grauen lässt sich ertragen, solange man sich einfach duckt«, schrieb der Antikriegsschriftsteller, »aber es tötet, wenn man darüber nachdenkt.«

Beinahe 50 Jahre lang war Heimatverteidigung von der Mehrheit der Deutschen akzeptiert. Jetzt steht Einsatz fern der Heimat auf dem Dienstplan. Mit der Frage, wieso Deutschland in Afghanistan oder am Horn von Afrika »verteidigt« werden muss, wird sich hoffentlich bald das Bundesverfassungsgericht zu beschäftigen haben. Aber als Reaktion auf den 11. September wurde der deutsche Militärhaushalt zunächst mal um eineinhalb Milliarden Euro erhöht. Davon kann die Entwicklungshilfeministerin nur träumen.

Die westliche Welt gegen die restliche Welt

Die USA sind auch im Inneren die gewalttätigste Gesellschaft der Welt. Jährlich bringen US-Amerikaner 25 000 US-Amerikaner im eigenen Land mit Handfeuerwaffen um. Unter George W. Bush ist die US-Gesellschaft jetzt dabei, diese permanente Gewaltbereitschaft auf die ganze Welt zu übertragen.

Dabei geht es primär um die Ölinteressen der westlichen Welt gegen die restliche Welt. Ist das zukunftsweisend? Wenn in so einer schrecklichen Situation wie nach dem 11. September etwas hilfreich sein kann, dann eben nicht das alttestamentliche

Gebot »Auge um Auge«, sondern allein die Frieden schaffenden Hinweise der Bergpredigt, die ich deshalb ausführlich in diesem Buch zitiere (siehe Kapitel VIII). »Auge um Auge« führt nur dazu, dass irgendwann die ganze Welt blind wird.

Im Alten Testament (3. Mose 24,17–23) gilt noch wie in der Politik von George W. Bush die Todesstrafe. Seine Politik nach dem 11. September 2001 war die Ausdehnung der Todesstrafe über die ganze Welt. Bush erklärte mit großer Geste: »Da draußen im Wilden Westen steht ein Schild: Gesucht – tot oder lebendig.« Wildwest statt Rechtsstaat! Selbstjustiz statt Internationaler Gerichtshof!

Worum aber geht es wirklich? Im März 2002 schickte die US-Regierung – nach Gerüchten, Osama Bin Laden halte sich in Georgien auf – 200 Soldaten in die Kaukasusrepublik. Die »Süddeutsche Zeitung« dazu:

> »Dass es bei 200 Mann bleiben soll, wie angekündigt, denkt kaum jemand in Tiflis ... Der georgische Staatschef will den Amerikanern auch etwas bieten: nämlich eine sichere Trasse für Gas und Erdölleitungen aus dem kaspischen Raum in Richtung Türkei. Der Kommentator Resonanzi stellt deswegen auch fest: ›Nun sind wir dabei beim großen Spiel um Öl und Gas. Passen wir auf, dass wir uns die Finger nicht noch mehr verbrennen.‹«

Warum sind »C«-Parteien für den Krieg?

Eine Politik der Bergpredigt wäre die große Alternative zu Terror und Krieg. Frieden schaffen ohne Waffen ist kein Wegschauen von den Problemen, sondern ein genaueres Hinsehen und ein Fragen nach den Ursachen. Wenn wir als Spezies Homo sapiens überleben wollen, dann bleibt uns spätestens heute, wo wir alles Leben vielfach vernichten können, »nur« der Weg der politischen Vernunft: die Überwindung von Krieg und Terror durch

Friedfertigkeit und Geduld, Dialog und Interessenausgleich. Aber noch glaubt die Mehrheit, Krieg führen zu müssen. Und deshalb stellen sich auch Politiker in Demokratien im Zweifel auf die Seite des Krieges, solange sie glauben, damit Wahlen gewinnen zu können. Lieber täuschen wir uns selber und andere über die verheerenden Folgen eines jeden Krieges, als dass wir endlich anfangen, nach gewaltfreien Alternativen zu suchen. Warum fällt es nach 2000 Jahren Christentum gerade den sich christlich nennenden Parteien so schwer, die alternativen Vorschläge des Jesus von Nazareth ernst zu nehmen? Sich auf Jesus berufen *und* Krieg führen: Das wird eben niemals gehen. Selbst den infamen Irak-Krieg des George Bush und Tony Blair hat die CDU-Vorsitzende Angela Merkel im Jahr 2004 noch verteidigt. Dafür müsste sich jedes CDU-Mitglied entschuldigen oder – noch besser – spätestens bei der nächsten Wahl Konsequenzen ziehen.

Die Wahrheit der Bergpredigt liegt nicht hinter uns, sie liegt vor uns. Die Friedensangebote der Bergpredigt sind nicht Schnee von gestern, sondern Musik für eine bessere Welt von morgen.

Wann beginnen wir zu verstehen, dass ein Verbrechen wie die Anschläge von New York und Washington auch die Frage an die westliche Welt beinhaltet: Was haben *wir selbst* falsch gemacht, dass es dazu kam? Selbstgerechtigkeit und Rache sind keine wirklichen Schutzschilde gegen Wiederholungen von Terroranschlägen.

Wir glauben immer noch, Humanität mit Mitteln verteidigen zu können, die alles zerstören, was Humanität erst ausmacht! Und so folgt ein Krieg dem anderen – seit Jahrhunderten. Theoretisch sind alle gegen den Krieg – aber praktisch befürworten ihn fast alle. Krieg war noch nie etwas anderes als die massenhafte Vergewaltigung unserer Seelen. So ist Krieg noch immer die international praktizierte Todesstrafe und George W.

Bush heute der oberste Gerichtsherr der Welt. Nachdem Präsident Jimmy Carter vor über 20 Jahren der CIA die »license for killing« entzogen hatte, hat Bush nun die »Erlaubnis zum Töten« von Bin Laden erteilt. So wird die Rechtsstaatlichkeit, die angeblich wieder verteidigt wird, selber aufgehoben. »Wir werden Bin Laden eliminieren«, sagte Bushs Sicherheitsberaterin Condoleezza Rice.

Die Politik der Gewaltfreiheit

In der technischen Entwicklung sind wir in den letzten 200 Jahren Weltmeister geworden – bis zu Atomkraftwerken und Atombomben. Aber in der psychischen Entwicklung sind wir infantil geblieben. Auf Gewalt und Terror reagieren wir nicht anders als vor 200 Jahren. Bisher galt fast ausnahmslos: Tötest du meine Leute, dann töte ich deine Leute! Auge um Auge – Zahn um Zahn – Todesstrafe.

Mahatma Gandhi hat im Sinne der Bergpredigt eine ganz andere Strategie vorgeschlagen:

> »Es ist nicht erkennbar, wieso es mich erleichtern soll, wenn ein anderer den gleichen Schmerz empfindet wie ich. Es gibt dann doch niemanden, der weniger leidet. Es gibt lediglich zwei Menschen, die gleich viel leiden. Wem hilft das?«

Doch von dieser schlichten neuen Menschlichkeit sind wir noch weit entfernt. Michail Gorbatschow hat als Präsident und Parteichef der alten Sowjetunion ein ganz anderes Politikerformat in ebenfalls schwieriger Situation bewiesen als der junge Bush heute. In einem Gespräch mit der »Süddeutschen Zeitung« sagte Gorbatschow im März 2002: »Die USA müssen aus ihrem Siegestaumel erwachen.«

Auf die Frage, ob George W. Bush sich auch gegenüber Russland brutal durchsetze, sagte der Friedensnobelpreisträger aus Moskau:

> »Mit den Amerikanern ist es nie einfach. Als Ronald Reagan versucht hat, mir die Richtung zu zeigen, habe ich gesagt: Herr Präsident, ich bin nicht ihr Schüler, und Sie sind nicht mein Lehrer. Sie sind nicht der Staatsanwalt, und ich bin nicht der Angeklagte. Wenn wir nicht unter Gleichen reden, ist dieses Gespräch sofort beendet. Danach hat es funktioniert. Heute überwiegt das Positive. Beide Seiten haben gelernt, nicht in Panik zu verfallen. Probleme müssen diskutiert werden.«

Probleme müssen diskutiert werden! Warum haben nicht auch europäische Politiker nach dem 11. September diesen obersten politischen Grundsatz gegenüber dem jungen amerikanischen Präsidenten vertreten? Michail Gorbatschow sagt unmissverständlich: »Die Amerikaner müssen verstehen, dass nicht alles durch militärische und wirtschaftliche Leistungsfähigkeit entschieden wird.« Gorbatschow macht glaubhaft deutlich, wie Feindschaft wirklich überwunden werden kann. Er hat es bewiesen: »Wenn es eine Annäherung Deutschlands und Russlands nicht gegeben hätte, dann hätte ich als sowjetischer Präsident nicht die Möglichkeit gehabt, die Wiedervereinigung zu unterstützen.«

Kriege sind Massenmord

Solange es Kriege gibt, kann es keinen Fortschritt der menschlichen Kultur geben. Irgendwann muss aber Schluss sein mit dem Wahnsinn des gegenseitigen Ermordens. Schon beim Ersten Weltkrieg hatten wir Europäer unsere Menschlichkeit verloren. Nicht nur in Berlin und Wien, sondern auch in Paris und London standen Hunderttausende an den Straßen und jubelten jenen Soldaten zu, die als potenzielle Mörder in den Krieg zogen. Das Motto hieß: Tötet um jeden Preis! Soviel wie möglich und mit allen Mitteln! Tötet mit Handgranaten und Bajonetten! Tötet mit Panzern und Giftgas und Maschinengewehren. Hauptsache Massenmord! Es gab keine Menschen mehr, es gab nur noch Feinde, die es zu vernichten galt. Und auf den Gürteln der deutschen christlichen Soldaten, die christliche Franzosen ermordeten, stand: »Gott mit uns!« Ein kollektiver Wahnsinn.

Aber nach 1918 gab es immer noch kein Erwachen nach dem Blutrausch, sondern eine Politik der Rache bis heute.

Kriege wird es geben, solange wir Wählerinnen und Wähler Politikern unsere Stimme geben, die unfähig sind, ihre inneren Konflikte zu lösen und deshalb nach außen aggressiv werden müssen. Wenn George W. Bush seine Feinde im Irak, in Nordkorea und im Iran eine »Achse des Bösen« nennt, suggeriert er, dass er sich selbst – vielleicht mit dem israelischen Premier Ariel Sharon zusammen – zur »Achse der Guten« zählt.

Es gibt nur einen einzigen Grund, andere zu töten oder töten zu lassen: die Angst vor den anderen! »Du oder ich!« Wer so empfindet, hat gar keine andere Wahl. Er muss töten, um selbst am Leben zu bleiben. Er kommt gar nicht mehr auf die Idee, dass der »Feind« genauso ein Kind Gottes ist wie er selbst. Alle wahren Religionen bestehen schließlich darin, in anderen die Schwester oder den Bruder zu erkennen und Gott als unseren gemeinsamen Vater.

Dieses Urvertrauen ins Leben doch noch zu lernen, ist der Hoffnungsschimmer einer aufgehenden Sonne, die mit ihren Strahlen einmal alle Menschen erleuchten wird. Gemessen an diesem Bild des Lichts und der Aufklärung war das 20. Jahrhundert eine Epoche der Dunkelheit und Unbewusstheit.

Die Verantwortlichen für den Ersten Weltkrieg haben 15 Millionen Tote »produziert«. Schlimmer kann es nicht mehr kommen, glaubten die Menschen damals, als meine Eltern geboren wurden. Aber es kam noch schlimmer! Mehr als 50 Millionen Tote »kostete« der Zweite Weltkrieg, an dessen Beginn ich zur Welt kam. 30 000 Tote 1943 beim Feuersturm in Hamburg, 70 000 Tote beim Fliegerangriff 1945 in Dresden, 100 000 Tote am 6. August 1945 innerhalb von Minuten durch die erste Atombombe der USA und drei Tage später 80 000 Tote durch eine zweite Atombombe der USA in Nagasaki.

Schon lange also ist aus dem klassischen Krieg der Soldaten die Massenvernichtung von Zivilisten geworden. Nach 1945 aber ging's erst richtig los. Es begann das atomare Wettrüsten. Die Wasserstoffbombe wurde gebaut, die Neutronenbombe musste her. Ronald Reagan träumte vom »Krieg der Sterne« und George W. Bush organisiert jetzt die Militarisierung des Weltraums durch einen Raketenabwehr-»Schutzschild«. Wir sind für den dritten Weltkrieg »bestens« gerüstet. Wir haben die militärischen Kapazitäten, mindestens 30-mal alles Leben auf diesem Planeten auszulöschen. Aber auch diese Überlegenheit reicht der US-Regierung noch nicht. Die USA wollen neue Atomwaffen entwickeln, erklärte Außenminister Colin Powell im März 2002. Als mögliche Einsatzgebiete werden neben Russland und China auch Nordkorea, Irak, Syrien, Libyen und Iran genannt. Die »Los Angeles Times« zitierte aus der streng geheimen »Nuclear Posture Review«. Nach diesem, dem US-Kongress vorgelegten Dokument soll die Schwelle für den künftigen Einsatz von Atomwaffen deutlich gesenkt werden. Colin Powell wollte nach Bekanntwerden der Pläne beruhigen: »Zum jetzigen Zeitpunkt ist auf kein Land dieser Erde routinemäßig eine Atomwaffe gerichtet.« Er nannte die atomaren Absichten der USA »weise, militärische Planungen«. Diese »weisen Planungen« der USA nehmen fast die halbe Welt als Geisel, indem sie ihr mit der Atombombe drohen.

Der Atomkrieg ist möglich

Nur wenige Tage, nachdem der US-Verteidigungsminister die neuen Atomwaffenpläne seiner Regierung zugegeben hatte, erklärte sich die englische Regierung zum Atomkrieg bereit. »Dann sollten wir uns die Option offen halten, Atomwaffen einzusetzen«, erklärte Verteidigungsminister Geoff Hoon in London auf die Frage, wie er auf einen irakischen Angriff gegen britische Truppen mit chemischen oder biologischen Waffen reagieren würde. England sei berechtigt, auch seine stärksten Waffen einzusetzen, meinte Hoon. Vor dem Verteidigungsausschuss des britischen Parlaments hatte der Minister gesagt: »Sie können sicher sein, dass wir unter der richtigen Voraussetzung bereit sind, unsere Nuklearwaffen zu nutzen.« Damit schließt sich London der neuen Nukleardoktrin der USA an.

Die »Nuclear Posture Review« sieht vor, dass US-Atomwaffen auch gegen vermutete Anlagen zur Produktion chemischer und biologischer Waffen eingesetzt werden können. Washington und London spielen mit der Atomwaffe.

Die rot-grüne Bundesregierung in Berlin hatte 1998 in ihrem Koalitionsvertrag vereinbart, sie wolle sich »für den Verzicht auf den Ersteinsatz von Atomwaffen einsetzen«. Doch schon bei seinem ersten Antrittsbesuch in Washington holte sich Außenminister Joschka Fischer mit diesem Anliegen bei der US-Regierung eine Abfuhr. Und jetzt – 2002 – schweigt die Bundesregierung auf die Ankündigungen aus Washington und London. Die Gefahr ist groß, dass andere Atomwaffenbesitzer Ähnliches ankündigen und bei einem Konflikt tatsächlich auch Atomwaffen einsetzen. Zum Beispiel beim Konflikt zwischen den Atommächten Indien und Pakistan. Westliche Geheimdienststudien vermuten, dass mit dem Atomwaffenarsenal auf dem indischen Subkontinent etwa 12 Millionen Menschen getötet werden können.

Bushs neue Atompläne werden

- den etwa 15 Jahre dauernden Abrüstungsprozess beenden,
- den Vertrag über die Nichtverbreitung von Atomwaffen aushöhlen,
- zumindest China und Russland zur »Nachrüstung« animieren
- und einen Atomkrieg führbarer erscheinen lassen.

Russlands Außenminister sagte, er habe das neue US-Atompapier so empfunden, als sei es auf dem Höhepunkt des Kalten Krieges geschrieben. Im Kalten Krieg galt die Doktrin der einseitig gesicherten Zerstörung. Der »Spiegel« dazu: Bush will den Atomkrieg endlich führbar machen! Der frühere amerikanische Verteidigungsminister Robert McNamara befürchtet, dass wir durch die neue Nuklearstrategie in einer »weit, weit gefährlicheren Welt leben und Amerika wird viel, viel unsicherer sein«.

In Washington haben Atombesessene die Macht übernommen. Bushs Verteidigungsminister Donald Rumsfeld bekräftigt die neuen Absichten, zum Beispiel bei einem Luftkrieg wie in Afghanistan Atombomben einzusetzen: »Die USA haben den Einsatz von Atomwaffen nie ausgeschlossen.«

Die USA wollen zwar die Zahl ihrer atomaren Sprengköpfe von heute 7200 auf 1700 reduzieren. Doch die Absicht ist durchaus vereinbar mit der neuen Nukleardoktrin. Der Washingtoner Natural Resources Defense Council hat errechnet, wie viele Nuklearwaffen gebraucht werden, um alle Menschen in den großen Ländern zu töten: Für Russland brauchten die USA 51 Atomwaffen und für China 368, weil in China ja mehr Menschen leben.

Der Geheimbericht sieht vor, dass künftig bei Kampfsituationen wie jetzt in Afghanistan kleine Atomwaffen eingesetzt werden. Kampfflugzeuge sollen auch »Atomsprengköpfe tragen, wenn erforderlich«. Spezialeinheiten sollen darauf trainiert werden, Ziele für Atomwaffen zu erkunden.

Diese Pläne der US-Regierung sind Sprengsätze gegen den Frieden. Mit diesen Plänen werden Atomwaffen, die bislang der »Abschreckung« dienen sollten, eindeutig zu einem Mittel der Kriegführung. In ihrem Sicherheitswahn haben die USA Sicherheit als militarisierte Sicherheit missverstanden und sitzen jetzt in der selbst aufgestellten Sicherheitsfalle. In so einer unbequemen Situation brauchte man zur Befreiung kritische und selbstbewusste Freunde anstatt Freunde, die sich »bedingungslos« solidarisieren. Die Amerikaner sind wie blind in die Falle getappt, die Bin Laden ihnen aufgestellt hat.

Die gefährlichste kollektive Selbstmordvorbereitung der Menschheitsgeschichte nennen wir »Sicherheitspolitik«. In dieser Situation planten Osama Bin Laden und seine islamistischen »Gotteskrieger« ihren Angriff auf New York und Washington. Über 3000 Menschen wurden getötet: *die* Tragödie des Westens nach 1945. In den meisten Regionen der Welt würde eine ähnliche Tragödie als weit weniger dramatisch und außergewöhnlich empfunden. Aber im Westen waren sich sofort nahezu alle Leitartikler einig: Nichts wird mehr so sein, wie es früher war!

Doch alles blieb, wie es immer war in den letzten 5000 Jahren. Am Tag nach dem Anschlag hat der Dalai Lama an George W. Bush geschrieben, dass auch dieser schreckliche Anschlag »eine Chance, eine große Chance zur Gewaltfreiheit« enthalte. Doch der US-Präsident hat das nicht verstanden. Und so war Gewalt wieder einmal die einzige Antwort auf Gewalt. Noch immer bestimmen die USA, was Terror ist und was ein »gerechter Krieg«.

Der Krieg hat seit Jahrtausenden die Seele von uns Menschen so verwüstet, dass wir beinahe unfähig geworden sind, auch nur im Ansatz nach den wirklichen Ursachen der Gewalt zu fragen. Wir sind wohl zu verletzt und zu verletzlich, um einen Ausweg aus dem Teufelskreis der Gewalt suchen zu können oder gar zu finden. Und so wurde die Wunde des ewigen Krieges noch ein weiteres Mal vertieft. Die USA und ihre Verbündeten führen nun wieder Krieg. Doch jeder neue Krieg macht die alte Kriegswunde noch schmerzlicher, wenn nicht tödlicher. Wirkliche Umkehr wird immer unwahrscheinlicher. Hat die Frage nach einer Alternative zum Krieg in diesen Kriegszeiten überhaupt eine Chance, auch nur gehört zu werden?

Wir leben im Atomzeitalter. Jeder Krieg kann das Ende der Menschheit bedeuten. Deshalb haben alle Realisten gar keine andere Wahl, als zu fragen: Welche Vision vom Frieden kann jetzt im Angesicht der zerstörten Sicherheitsutopie in den USA als realistisch bestehen?

Friedenszeiten sind Vorkriegszeiten

Die Frage aller Fragen heißt: Wann beginnen wir zu verstehen, dass Krieg die älteste und schrecklichste Krankheit der Geschichte des Homo sapiens ist und noch nie wirklich zu irgendeiner Lösung geführt hat? Ob Stalin oder Hitler, ob Saddam Hussein oder Bin Laden – immer glaubten wir, Probleme mit Gewalt lösen zu können. Doch danach wurde alles immer chaotischer und schrecklicher. Friedenszeiten waren immer Vorkriegszeiten. Nach dem Krieg war immer vor dem Krieg. Bis heute. Werden wir je lernen, dass wir niemals Menschen werden, solange Krieg als naturgegeben gilt?

Aber, so wird jetzt oft gefragt, können wir den Terroranschlag des 11. September wirklich mit bisherigen Kriegen und früherem Terror zum Beispiel gegen Kolonialismus vergleichen? Hatte der 11. September nicht eine ganz neue Dimension?

Zum einen: Die strategische Planung und faktische Durchführung der Anschläge in New York und Washington war in ihrer Dimension wirklich neu. Skrupel gab es offenbar überhaupt nicht mehr. Terror war plötzlich identisch mit Massenmord wie nie zuvor. Zum anderen: Die Antwort der USA und ihrer Verbündeten war nicht weniger neu. Wir haben das geschundenste Volk der Dritten Welt in Geiselhaft genommen und bestraft. Dieser Terror gegen die Ärmsten wurde aber nicht Staatsterror genannt, was er praktisch war, sondern seltsamerweise »Kampf gegen den Terror«. Ist Terror kein Terror mehr, weil er von Siegern ausgeübt wird? Die Geister waren und sind so verwirrt, dass heute selbst erklärte Pazifisten zum Krieg bereit sind. Wenn man deutsche Grünen-Politiker fragt, warum sie für den Afghanistan-Krieg sind, erklären sie einem ganz unschuldig und naiv: »Aber irgendetwas müssen wir doch schließlich tun.« Warum aber muss dieses hilflose »Irgendetwas« dann wie selbstverständlich militärische Gewalt sein? Wenn Pazifisten Krieg führen, ist die Verwirrung der Geister komplett. Auch das ist neu! Kriege sind nicht weniger schrecklich und inhuman, wenn sie von Pazifisten mitzuverantworten sind.

Ich schreibe dies als Konservativer. Konservativ heißt: das Leben und die Schöpfung bewahren wollen. Leider haben auch die Grünen den 50 Jahre lang bewährten deutschen Grundsatz »Von deutschem Boden darf nie wieder Krieg ausgehen« aus lauter Angst vor Machtverlust aufgegeben. Es wäre nicht verwunderlich, wenn in der nächsten Stufe der Gewalteskalation Atomkraftwerke und Chemieanlagen ins Visier von Terroristen genommen würden und die staatliche Antwort dann der Einsatz von Atombomben wäre. Wo bleibt die Vernunft bei diesem Wahnsinn? Sind wir noch zu retten?

Terror und Krieg machen die Kriegführenden hemmungslos und skrupellos. Anders ist der völkerrechtswidrige Einsatz von Streubomben in Afghanistan und schon früher im Irak von den USA und von der NATO im Kosovo nicht zu erklären. Streubomben bedeuten: Bei 1200 Grad Hitze werden Menschen zerfetzt und verbrennen im Napalm. Explosive Reste bleiben weiterhin im Boden und töten noch lange nach dem Krieg – ähnlich wie Minen.

Als die Sowjets vor 25 Jahren in Afghanistan Millionen als Spielzeug getarnte Minen abwarfen, die noch bis heute hauptsächlich Kinder töten oder verletzen, haben wir über dieses Verbrechen in »Report« Filme gezeigt – zum Entsetzen von Millionen Fernsehzuschauern. Ich habe mir damals nicht vorstellen können, dass heute US-Politiker zu vergleichbaren Verbrechen fähig sind und deutsche Politiker es nicht wagen, diese Verbrechen auch nur beim Namen zu nennen. Wegen dieser Verbrechen müsste sich George W. Bush eines Tages vor einem internationalen Gericht ähnlich rechtfertigen, wie dies Slobodan Milosevic tun muss, falls es halbwegs gerecht zugeht auf unserer Erde. Das fordert zum Beispiel der unerschrockene Rupert Neudeck als Chef der Cap-Anamur-Hilfsorganisation, die jetzt wieder einmal in Afghanistan humanitäre Hilfe leistet. Den »Report«-Film über die teuflischen Spielzeugminen der Sowjets vor 20 Jahren hatte übrigens der Menschenretter Rupert Neudeck gedreht (siehe Seite 72ff.).

Johannes Paul II.: »Krieg bringt keine Lösung«

Wir werden lernen müssen, dass es Frieden nicht geben kann, solange weltweit 18-jährige Männer zum Töten im Krieg und zum Durchführen von Massenmorden mit Massenvernichtungswaffen in immer größerer technischer Perfektion trainiert werden. Wie groß müssen die Katastrophen der Zukunft eigentlich noch werden, wenn wir selbst aus dem schrecklichen Geschehen des 11. September nichts wirklich gelernt haben für die Gestaltung einer humaneren Welt? Was kann uns denn noch zum Umdenken und Umhandeln bringen, wenn schon nicht eine so gigantische Katastrophe wie am 11. September? Im Oktober 2001 erklärten in den USA die Eltern Phyllis und Orlanda

Rodriguez: »Unser Sohn Greg gehört zu den vielen Vermissten des Angriffs auf das Welthandelszentrum. Wir spüren, dass unsere Regierung sich in Richtung gewaltsame Rache bewegt mit der Aussicht, dass Söhne, Töchter, Eltern, Freunde in weit entfernten Ländern leiden und sterben ... Das ist nicht der Weg, den wir gehen sollen. Es geschieht nicht im Namen unseres Sohnes.«

Der deutsche Philosoph und Physiker Carl Friedrich von Weizsäcker sagte zur selben Zeit: »Dass Präsident Bush Afghanistan nun den Krieg erklärt, macht alles schlimmer.« Der katholische Prälat Martin Klumpp: »Krieg bringt dem Terror nur noch mehr Menschenopfer.« Die Gewerkschafterin Sybille Stamm: »Dieser Krieg kostet Menschenleben – Tote, die keinen in Ground Zero Begrabenen wieder lebendig machen.« Jürgen Rose, ein Oberstleutnant der Bundeswehr: »Der Kampf für den Frieden muss um die Herzen der Menschen in den islamischen Ländern geführt werden – Bomben und Raketen führen nicht zum Erfolg.« Und der Dalai Lama in einem Interview: »Jedes Problem sollte auf humanitäre Weise und nicht mit Gewalt gelöst werden.« Auch der Papst: »Krieg bringt keine Lösung.«

Am 6. Tag des US-Angriffs auf Afghanistan, als US-Bomber 200 Zivilisten im ostafghanischen Dorf Karam getötet hatten, sagte der US-Präsident an die Adresse der Taliban-Regierung: »Spuckt heute Bin Laden aus und dann werden wir uns noch einmal überlegen, was wir mit eurem Land machen.« Terroristen würden »ausgerottet«, so Bush wörtlich. Als ein US-Militärsprecher am 14. März 2002 bekannt gab, dass innerhalb von zwölf Tagen »hunderte von Al-Qaida- und Taliban-Kämpfern getötet« worden waren, meinte er hinzufügen zu müssen, dass diese Aktion ein »unglaublicher Erfolg« sei.

Die Wahrheit hinter den Zahlen

Nach drei Wochen Krieg hatten US-Kampfflieger bereits 4500 Bomben über Afghanistan abgeworfen. Zerstört wurden Flughäfen und Kasernen, Hubschrauber und Panzerwagen – aber auch ein Altersheim, Rote-Kreuz-Einrichtungen und viele Wohngebiete. Präzisionswaffen treffen immer etwas, allerdings nicht immer das anvisierte Ziel. Sie hatten auch mehrere hundert Zivilisten tödlich getroffen. Nach vier Monaten waren es mindestens 5000 tote Zivilisten, errechnete das »Zentrum für Strategische und Internationale Studien« (CSIS) in Washington.

Zahlen klingen immer abstrakt. Was steckt hinter diesen Zahlen? Der Reporter der Wochenzeitung »Die Zeit«, Ulrich Ladurner, am 14. März 2002 nach einem Afghanistan-Besuch:

> »Bevor wir von Zahlen sprechen, sollten wir von Nazila reden. Sie war fünf Jahre alt. Am 17. Oktober spielte sie mit ihren Freunden im Hof ihres Mietshauses, im Kabuler Viertel Microrion, Block 33. Plötzlich explodierte eine Bombe in der Kaserne, die wenige hundert Meter von dem Haus entfernt liegt. Nazila und die anderen Kinder suchten panisch in den Häusern Schutz. Eine zweite Bombe fiel. Sie bohrte sich knapp einen Meter vor dem Hauseingang in die Erde, in den sich Nazila flüchten wollte. Die Bombe ging nicht hoch, aber sie brachte einen Teil der Mauer zum Einsturz und begrub Nazila unter sich. ›Sie war ein schönes Kind‹, sagt die Mutter Shakila Noori. Jetzt ist sie tot und hat eine Lücke hinterlassen, welche die gesamte Familie zu verschlucken droht. Der Vater Abdul ist seit Nazilas Tod, wie die Mutter sich ausdrückt, ›im Kopf krank‹. Die zweite Tochter, die vierjährige Suvita, weint immerzu, und wenn sie ihr Weinen unterbrechen kann, dann fragt sie nach ihrer Schwester Nazila – und weint wieder. Der sechsjährige Sohn, Suhrab, wird nachts von Albträumen wachgerüttelt: Flugzeuge, Bomben und Raketen stören seinen Schlaf. Auch die Mutter hat Probleme. ›Mit den Nerven und dem Kopf‹, sagt sie.«

Der für die US-Operation in Afghanistan verantwortliche General Tommy Franks behauptet: »Das war der präziseste Krieg der Geschichte.« Ulrich Ladurner beschreibt, wie »präzise« und gnadenlos die US-Bomber arbeiten, wenn sie Jagd auf Terroristen machen, an dem Beispiel von Jalaludin Haqqani. Er war eine der wichtigsten Figuren des Taliban-Regimes.

> »Am Abend des 12. November trafen US-Flugzeuge Haqqanis Haus in Kabul insgesamt dreimal. Eine 30-jährige Frau, die gerade im Garten Wasser holte, kam ums Leben.
> Einen Tag später, am 13. November, warfen Flugzeuge Bomben auf ein Haus in der Stadt Gardez, in der sich Haqqani angeblich aufhielt. Ein Hausdiener und ein Verwandter Haqqanis kamen ums Leben.
> In der Nacht zum 16. November waren eine Moschee und eine Religionsschule am Stadtrand von Khost das Ziel der Amerikaner. Die Militärs wollten auch hier den Taliban-Führer Haqqani töten. Das misslang. Es starben aber 15 Schüler im Teenageralter und zehn Menschen, die ihr Abendgebet in der Moschee verrichteten. Darunter befanden sich Angehörige von Al-Qaida.
> Am 18. November griffen US-Flugzeuge im Dorf Tosha das Haus von Maulvi Sirajuddin an. Haqqani war zwar dort, aber entkam rechtzeitig. Maulvi Sirajuddin und seine 11-köpfige Familie fanden den Tod.
> Am 19. November nachts schließlich fielen Bomben auf ein weitläufiges Gebäude in Zinikil, einem Weiler nahe der ostafghanischen Stadt Khost.
> Zir Aman wird diese Nacht nie vergessen. ›Hier‹, sagt er und scharrt mit den Füßen im Schutt, ›hier sind vier meiner Söhne ums Leben gekommen. Und dort‹, er weist mit der Hand über eine umgestürzte Mauer, ›dort ist meine Mutter gestorben, samt den Frauen meiner Brüder und sechs ihrer Kinder.‹ Die zwölf Familienmitglieder sind am Rande der Straße, wenige Meter vom zerstörten Haus entfernt, begraben. Zir Aman gibt ohne Umschweife zu, dass der gejagte Haq-

qani in seinem Haus zu Gast gewesen war. ›Aber wir wussten nicht, wer er war. Wir hatten keine Verbindung mit den Taliban. Es ist gut, dass dieses Regime gegangen ist, aber von den Amerikanern haben wir bisher nichts als Tod bekommen!‹

Von Jalaludin Haqqani fehlt bis heute jede Spur. Die mit ›Präzisionswaffen‹ geführte Jagd auf ihn hat bisher insgesamt 43 Zivilisten das Leben gekostet.«

Der große Mythos vom »präzisen« oder sauberen Krieg ist ein schrecklicher Selbstbetrug wie alle Mythen vom Krieg. Auch Hamid Karsai, Afghanistans Übergangspräsident, wäre beinahe das Opfer einer »Präzisionsbombe« geworden. Kurz bevor er sein Amt antrat, hat ein amerikanischer Fehlschuss nahe Kandahar ihn beinahe das Leben gekostet. Dabei starben fünf US-Soldaten im »friendly fire«. Die Amerikaner wollten in Afghanistan aus mehreren tausend Metern Höhe durch Bombenabwürfe »Terroristen am Boden jagen«. Doch es zeigte sich wieder einmal, dass so kein Frieden geschaffen werden kann. Krieg bleibt Krieg – wie immer er aus propagandistischen Gründen genannt wird. Und Krieg ist Massenmord.

Alle Kriegführenden versuchten zu allen Zeiten und versuchen noch heute, Journalisten und damit die Öffentlichkeit irrezuführen, zu belügen und zu betrügen. Doch gelegentlich können wir Journalisten einen kurzen Blick hinter den Vorhang des Verschweigens und Vertuschens werfen. Zum Beispiel am 12. März 2002 auf einer Pressekonferenz des US-Verteidigungsministeriums in Washington.

Erstmals im Afghanistan-Krieg gab das Pentagon offiziell zu, beim jüngsten Angriff bewusst auch unbeteiligte Frauen und Kinder getötet zu haben. US-Kampfflugzeuge hätten ein Fahrzeug mit 14 Personen getroffen – das Fahrzeug sei in der Nähe eines Gebietes gewesen, das von den USA als Rückzugsgebiet der

Al-Qaida betrachtet würde. Der Pentagon-Sprecher sah keinen Anlass, den »Vorfall« zu bedauern. »Das ist eindeutig ein Gebiet, in dem sich diese schlimmen Burschen *(bad guys)* aufhalten.« Trotz der getöteten Unbeteiligten sagte der Pentagon-Sprecher auf Nachfrage: »Wir denken, es war ein gutes Ziel.«

Damit bestätigte Washington, das Töten Unbeteiligter einkalkuliert zu haben. Schon einige Tage zuvor hatte Verteidigungsminister Donald Rumsfeld festgestellt, dass die Frauen und Kinder in der »Kampfzone« sich dort »aus freiem Willen« aufhielten. Sie wüssten, »mit wem sie dort sind, wen sie ermutigen (die Kinder wüssten das! F. A.) und wen sie unterstützen.«

Auch Kinder gelten als »Kämpfer«, wenn sie in der Nähe ihrer Väter sind. Dass sie sich in Gefahr bringen, ist ihre eigene Schuld, so die Logik des Verteidigungsministers. Nach dieser »Logik« werden die Ärmsten und die Schwächsten zum Abschuss freigegeben. Drei Tage zuvor hatte die Pariser Tageszeitung »Le Monde« berichtet, dass sich unter solchen Umständen französische Piloten mehrfach geweigert hätten, von US-Streitkräften ausgewählte Ziele zu bombardieren. Französische Militärkreise hätten die Gefährdung der Zivilbevölkerung als zu hoch eingeschätzt.

Kriege beleben das Geschäft

Diesen einen kleinen Zwischenfall hat die Öffentlichkeit erfahren. Wie viele aber erfahren wir nicht?

Die große, unvergessene deutsche Publizistin Marion Gräfin Dönhoff: »In der Geschichte ist nicht nur der Erfolg entscheidend, sondern auch der Geist, aus dem heraus gehandelt wird.«

Die USA und ihre Verbündeten wollten Terroristen bekämpfen, die sie selber hochgepäppelt haben. Dabei töten sie auch Frauen und Kinder und werden selbst zu Terroristen.

Was beflissene und unkritische Journalisten verharmlosend »Militärschläge« nennen, ist erbarmungsloser Krieg. Die militärische Logik ist in der humanen Ratio der reine Wahnsinn. Es gibt – Afghanistan beweist es wieder einmal – keine gerechten Kriege. Kriege haben noch nie gerettet, aber immer zerstört. Menschen werden getötet, Flüchtlingsströme verursacht, Ressourcen vergeudet und finanzielle Mittel verschleudert, die für soziale, kulturelle und ökologische Projekte dringend gebraucht werden. Doch ein ARD-Wirtschaftskorrespondent empfahl kurz nach den ersten US-Bombardements zu bester Sendezeit einem Millionenpublikum: »Kaufen Sie jetzt Aktien – Kriege beleben immer die Geschäfte.«

In Kriegszeiten findet eine fundamentale Umwandlung aller Werte statt. Die einst pazifistischen Grünen schreiben sich in ihr Grundsatzprogramm, dass sie keine Partei der Gewaltfreiheit mehr sind. Jahre vor dem Terror des 11. September haben die Taliban schrecklichen Terror gegen Millionen Afghanen ausgeübt. Aber die USA haben mit demselben Taliban-Regime über Pipelines für Öl und Gas durch Afghanistan verhandelt. Einmal sogar in Anwesenheit eines Herrn namens Osama Bin Laden. »Starke« Männer wollten diesen Krieg – sie heißen Bush, Blair, Schröder, Fischer, Scharping. Mutige Frauen – Susan Sontag, Arundhati Roy, Mary Robinson, Margot Käßmann – sprechen und schreiben dagegen an. Aber ihre Stimmen zählen nicht. Ähnlich ging es freilich auch männlichen Pazifisten wie dem Dalai Lama, dem Papst, Eugen Drewermann und Horst Eberhard Richter.

George W. Bush soll einmal gesagt haben, er frage sich oft: »Was würde Jesus dazu sagen?« Ja, was würde er wohl jetzt sagen? Das lässt sich nicht nur nachlesen, sondern auch nachempfinden. Die Frage aller Fragen bleibt freilich: Wie ernst sind solche religiösen Aussagen wirklich gemeint? Gelten sie auch für den Ernstfall? Oder darf im Kampf gegen »das Böse« jedes Mittel heilig gesprochen werden? Der Ernstfall ist jetzt wirklich da. Europäische Intellektuelle können weder den Nahost-Konflikt noch die Motive von Osama Bin Laden, noch die Empfindungen von George W. Bush verstehen, wenn sie nicht einsehen, dass Religion – auch wenn wir sie als noch so fundamentalistisch und mystisch-irrational abtun – in anderen Weltgegenden eine weit größere Rolle spielt als im säkularisierten Europa.

»Heilige« Kriege – furchtbar genug – gibt es nicht nur für fundamentalistische islamische und zionistische Kreise, sondern auch in fundamentalistischen christlich-amerikanischen Kreisen. Anders ist es nicht zu verstehen, dass der amerikanische Kongress George W. Bush »zum Krieg ermächtigt« hat. Auf die angedrohte Rache reagierten fundamentalistische Taliban-Sprecher wiederum mit Racheschwüren. Dies war vorhersehbar. Bush wollte »mit allen Mitteln zurückschlagen«. Und ein Taliban-Sprecher in Kabul sagte: »Wir werden mit anderen Mitteln Rache nehmen, sollte Amerika angreifen.«

Rache, Rache, Rache! Jetzt wollen wieder alle aufrüsten! Haben wir die Uhren um 1000 Jahre oder nur um 200 Jahre zurückgestellt?

Wie lange noch »gerechte Kriege«?

Donald Rumsfeld, US-Verteidigungsminister, genießt das besondere Vertrauen seines Präsidenten. Er vertritt die Auffassung, dass militärische Macht den Primat über die Politik haben muss. Im Zweifelsfall auch mit Atombomben.

Osama Bin Laden und seine Anhänger faseln vom »Heiligen Krieg«. Das ist zweifellos geisteskrank. Was aber ist Bushs »Kreuzzugs«-Gerede? Nur ein Lapsus Linguae, ein Ausrutscher? Wir, die »zivilisierte Welt« – so hieß es in den Septembertagen

2001 immer wieder auch aus deutschem Politikermund! Der Führer dieser zivilisierten Welt, dem sich alle westlichen Politiker glaubten unterordnen zu müssen, hat angekündigt, einen »monumentalen Krieg gegen das Böse« führen zu wollen. Wir, die Guten – dort die Feinde, die Bösen! Wann je war es vernünftig, hilfreich oder auch nur realistisch, die Welt in Gut und Böse, in schwarze und weiße Schafe einteilen zu wollen? Wann je konnte Krieg mit Krieg oder Terror mit Terror besiegt werden? Wann je hätte Gewalt etwas anderes zur Folge gehabt als neue Gewalt? In Japan gibt es »Rote Zellen« – sie propagieren heute noch »Rache für Hiroshima und Nagasaki«.

Haben wir in der »zivilisierten Welt« noch die Fantasie uns vorzustellen, was passieren könnte, wenn die USA und England, Frankreich und Deutschland wenigstens Teile ihrer Militärhaushalte dafür ausgegeben hätten und dafür ausgeben würden, dass auf dieser Welt kein Kind mehr verhungern oder verdursten muss? Es ist ein durch nichts zu rechtfertigender Skandal, dass es auf unserer Erde mehr Sprengstoff als Nahrungsmittel gibt.

Zurzeit irren in Afrika mehr Wasserflüchtlinge als Kriegsflüchtlinge umher – sagt Klaus Töpfer und spricht zu Recht von einer ökologischen Aggression der Reichen gegen die Armen. Wer hört heute noch auf diese Hilfeschreie der Ärmsten auf unserem geschundenen Planeten? Dabei wissen wir längst, dass es auf dieser Erde nicht zu wenig Wasser, sondern einen falschen Umgang mit Wasser gibt, der korrigierbar wäre mit entsprechenden Mitteln, die heute aber weltweit in Hochrüstung gesteckt werden. Und da sich dieser Irrsinn jetzt wieder verstärkt, wird das Leid von Millionen Menschen noch größer.

Unsicherheit und Angst nehmen immer mehr zu. Und neue Kriege mit unendlichem Leid werden die beinahe logische Konsequenz sein. Mit Prophetie hat dieser Vorausblick nichts zu tun, aber mit nüchterner politischer Analyse.

Im Jahr 2000 wurden allein in den armen Ländern Afrikas zweieinhalb Millionen Menschen umgebracht mit Waffen, die in reicheren Ländern produziert worden waren. Wo war die Hilfe, wo auch nur der Aufschrei der »zivilisierten Welt«? Wo ist der politische Wille, Waffenproduktion und Waffenexporte zu verbieten?

Täglich verhungern auf dieser Erde mindestens 100 000 Menschen – wo sind die Sondersendungen im Fernsehen? Wo die Milliarden Dollar Hilfe? Gerechtigkeit heißt: Nur wenn die Armen eine neue Perspektive haben, kann es den Reichen weiter gut gehen. Der Hinweis auf diese Tatsache hat mit Verständnis für Terroristen natürlich nichts zu tun. Weder Verständnis noch gar Einverständnis, sondern verstehen wollen, um Alternativen zu finden, ist unser Thema.

Die deutschen Bundeskanzler Helmut Schmidt, Helmut Kohl und Gerhard Schröder haben auf internationalen Konferenzen feierlich und eindrucksvoll versprochen, Deutschland werde 0,7 Prozent seines Bruttosozialproduktes für Entwicklungshilfe in den armen Ländern einsetzen. Im Jahr 2000 waren es 0,28 Prozent, 2001 und 2002 noch weniger. Dabei weiß jedes zwölfjährige Schulkind in Deutschland, dass unser materieller Wohlstand auch darauf beruht, dass wir den Dritte-Welt-Ländern unverschämt wenig Geld für ihre wertvollen Rohstoffe bezahlen. Darf man an diese Fakten in der »zivilisierten Welt« noch erinnern, oder ist dieses Erinnern schon Verrat am jetzt zu führenden »monumentalen Krieg«? Die geistigen Stahlhelme, die jetzt aufgesetzt werden, der Kulturkampf gegen das Böse, zu dem jetzt geblasen wird, werden sie unsere Ohren gegenüber den Hilferufen der Armen vollends verstopfen? Keine Atombombe und kein Krieg der Sterne, kein Rachefeldzug und kein »Gegenschlag« werden helfen, die Ursachen des Terrors zu beseitigen. Im Gegenteil: Er wird wachsen.

II. KAPITEL

Sei klüger als dein Feind

Wann endlich gerechte Politik?

Kein Zweifel: Terrorismus muss bekämpft und überwunden werden. Aber wie?

Erstens: Osama Bin Laden muss sich wie Slobodan Milosevic vor einem internationalen Kriegsverbrechergericht verantworten. Massenmörder müssen bestraft werden. Dabei wäre die Polizei wichtiger als das Militär. Albert Einstein hat gewusst: »Wir können die Probleme nicht mit den Denkmustern lösen, die zu ihnen geführt haben.« Das Motto dieses Buches.

Zweitens: Die USA haben viel Grund, das Versagen ihrer Polizei und Geheimdienstapparate zu analysieren und ihre Dienste zu reorganisieren. Die amerikanische Außenpolitik muss weltweit eine *diplomatische* Abwehrfront gegen den Terrorismus aufbauen. Dabei hat sie globale Unterstützung verdient. Das muss selbstverständlich werden – in Europa und Russland, in China und Pakistan. Und in arabischen Ländern. Auch wir in Deutschland müssen uns fragen, wie künftig rechtzeitig verhindert werden kann, was in Hamburg und Bochum, in Bonn und Berlin an logistischer Unterstützung für den Terroranschlag in Washington und New York vorbereitet und trainiert wurde. Da hat George Bush senior Recht, wenn er sagt: »Das schaffen wir nicht allein.« In dieser zentralen Frage gilt: volle Solidarität mit den USA.

Drittens: Es gibt Situationen, bei denen man seinen Freunden helfen muss, einen kühlen Kopf zu bewahren und sich vor

Kurzschlusshandlungen zu schützen. Solidarität kann für Deutschland nicht heißen: die Unbesonnenheit der USA zu unterstützen. Solidarität heißt vor allem: Hilfe für die Ärmsten. Wer es gut meint mit seinen Freunden muss Klartext reden. Sonst meint er es nicht wirklich gut. Gerade Deutschland mit seiner überreichen Gewalt- und Leiderfahrung und mit seiner auch heute noch weit verbreiteten Skepsis gegenüber kriegerischen Lösungen könnte diese Position glaubhaft vertreten.

Die Vorschriften des Völkerrechts und des Grundgesetzes sind verbindlicher als eine unterwürfige Solidarität mit den USA. Till Bastian hat »55 Gründe« gefunden, »mit den USA nicht solidarisch zu sein und schon gar nicht bedingungslos«. Es gibt auch eine solidarische Kritik – gerade unter Freunden!

Noch mal: Wir leben im Atomzeitalter und im Zeitalter der zu Ende gehenden Energieressourcen. Nie war Sicherheit global so gefährdet und so zerbrechlich wie heute. Mittel- und langfristig bleibt uns nicht erspart, unsere zentralistischen Strukturen in Politik, Wirtschaft und Energieversorgung zu dezentralisieren. 19 Atomkraftwerke in Deutschland sind 19 potenzielle Angriffsziele für Terroristen. Dezentrale Solar- und Windkraftwerke sind es nicht. Um Sonne und Wind werden keine Kriege geführt – wohl aber um Öl.

Gerade weil Terroristen mit einfachsten Mitteln viel erreichen, müssen jetzt weltweit alle 430 Atomkraftwerke weit besser als bisher gegen Angriffe geschützt werden. Langfristig geht das natürlich nur durch kompletten Ausstieg. Und das schreibe ich als früherer Befürworter der Atomenergie.

Wir müssen in Krisen lernen. Jedes AKW kann zur Geiselnahme eines ganzen Landes führen. Wenn wir uns wirklich schützen wollen, kommen wir um diese schlichte Erkenntnis spätestens jetzt nicht mehr herum. Atomkraftwerke und Erdölversorgung setzen zentralistische Strukturen voraus. Energiegewinnung aus Sonne, Wind, Wasser, Erdwärme und Biomasse funktioniert nur in dezentralen, weit weniger anfälligen Strukturen. Das ist neben ihrer Umweltfreundlichkeit und »ewigen« Reichweite der dritte große Vorteil einer alternativen Energieversorgung. Wir beschäftigen uns in der zweiten Hälfte dieses Buches (Kapitel V bis VIII) ausführlich mit den Friedenschancen durch eine Sonnenpolitik.

Sei klüger als dein Feind

Die am 11. September entführte Maschine, die bei Pittsburgh abstürzte, befand sich in Reichweite von Camp David – aber auch in Reichweite mehrerer Atomkraftwerke. In Deutschland hätte ein entsprechend erfolgreicher Angriff auf die Alt-AKWs Biblis, Stade oder Obrigheim wahrscheinlich einen Super-GAU zur Folge – so Experten der Kölner Gesellschaft für Anlagen- und Reaktorsicherheit. Die Auswirkungen wären weit entsetzlicher als die Katastrophe am 11. September. Dazu der Realpolitiker Klaus Töpfer: »Ein Atomunfall irgendwo auf der Welt ist eine Katastrophe für die ganze Welt.« Eine regenerative dezentrale Energieversorgung schließt solche Katastrophen von vornherein aus.

Wir brauchen im 21. Jahrhundert eine Politik der Bergpredigt. Die Jesus-Strategie »Liebt eure Feinde« meint ja nicht, dass wir uns von Gewalttätern alles gefallen lassen sollten, aber sie meint sehr entschieden: Sei klüger als dein Feind! Auch der ewig missverstandene Hinweis Jesu in der Bergpredigt: »Wenn dir einer auf die rechte Wange schlägt, dann halte ihm auch die andere hin«, ist nichts für Naive, wie es zunächst scheinen mag. Es könnte nämlich sein, dass wir im Atomzeitalter irgendwann gar keine Wangen zum Hinhalten mehr haben, wenn wir nicht lernen, klüger, rationaler und besonnener zu reagieren, als unsere Feinde agieren. Der Meister aus Nazareth war ein großer Realist, kein Utopist. Seine Visionen einer besseren Welt können heute hilfreich sein. Buddha und Jesus sind und bleiben die Visionäre einer Welt mit mehr Güte, Liebe, Toleranz und Menschenfreundlichkeit.

Der große politische Psychotherapeut aus Nazareth schlägt vor, die Welt nicht mehr in Gute und Böse einzuteilen, sondern das Böse zunächst immer in uns selbst zu suchen und zu überwinden. Die Paranoia der Terroristen kann nur durch Besonnenheit von gewissenhaften Verantwortlichen besiegt werden. Hört auf mit der eigenen Idealisierung – schlägt der Bergprediger vor. Ganz nüchtern definiert Jesus »den Feind« so: »Dein Feind – er ist wie du.« Für die meisten Menschen ist dieser realistische Hinweis eine Zumutung. Die Bösen – das sind doch immer die anderen, die Unzivilisierten zum Beispiel. Das Böse aber in sich selbst zu erkennen und zu akzeptieren, seinen eigenen Schatten zu sehen, das ist die unabdingbare Voraussetzung für eine Kultur des Friedens – heute mehr denn je. Und Schatten gibt es weltweit – in jedem von uns gibt es einen Bin Laden.

Doch George Bush junior wollte seinen »monumentalen Krieg gegen das Böse«. Diese Argumentation lernte er von seinem Vater, Präsident George Bush senior. Dieser rechtfertigte den Golfkrieg 1991 so: »Das ist ein Kampf zwischen Gut und Böse. Ein Krieg also um das, weswegen immer wieder Krieg geführt wird. Und das Ergebnis dieses Krieges kann nur der Sieg des Guten sein.« Militärische Sieger sprechen sich selbst heilig und erklären die Verlierer zu den »Bösen«.

Auch der gesamte Verlauf des bisherigen »Krieges gegen den Terrorismus« hat wieder einmal bewiesen: Jeder Krieg ist ein Verstoß gegen die Vernunft, gegen die Ethik und gegen das Völkerrecht. Der Terrorismus ist auch eine Folge der weltweiten Ungerechtigkeit. Wir werden ihn militärisch nicht besiegen können. Wir werden lernen müssen, ihn politisch, rechtlich, wirtschaftlich und geistig zu überwinden – zuerst in uns selbst.

Die Anschläge des 11. September werden oft mit einem Schock verglichen. Aber was hat der Schock bewirkt? Haben wir uns und hat sich die Politik verändert? Ganz offensichtlich noch nicht, denn Terror und Gewalt gehen weiter. Im Mai 2004 zeigte sich fast die gesamte Welt schockiert über Bilder, die beweisen, dass amerikanische und englische Soldatinnen und Soldaten irakische Gefangene foltern, vergewaltigen und auspeitschen. Kriegslust, Chauvinismus und Sexismus im heutigen imperialen Amerika gefährden die gesamte Struktur unserer Zivilisation. Genau die Verbrechen, die George W. Bush dem irakischen Diktator Saddam Hussein vorgeworfen hatte und die zur Rechtfertigung des Krieges dienten, begehen heute US-Bürger im Irak an Irakern. Die Pornographie der Gewalt ist grenzenlos. Die Rechnung für diese Verbrechen wird uns allen präsentiert werden. Für Millionen Muslime ist dieser Krieg eine Auseinandersetzung zwischen muslimischer und christlicher Welt. George W. Bush sprach ja auch von »Kreuzzug«.

Die Geschichte Deutschlands, Frankreichs und Polens nach 1945 zeigt, dass Gesellschaften aus kriegerischen Katastrophen lernen können. Wir haben die Rache überwunden und bereuen es sicherlich nicht. Aber in Afghanistan rüsten die USA, der Iran und China nach den Anschlägen des 11. September ihre jeweiligen Lieblings-Warlords in den Provinzen wieder auf, während die Übergangsregierung Karsai in Kabul auf sehr schwachen Füßen steht.

Solange wir meinen, mit gleicher Münze den äußeren Feinden zurückzahlen zu müssen, durchbrechen wir nicht den Teufelskreis der Gewalt, sondern fördern ihn. Und schaden uns damit selbst. Wir machen das Elend noch größer. Es könnte sehr schnell und sehr leicht dazu kommen, dass eine Politik der Rache und der Vergeltung noch viel mörderischer sein wird als das, was man selber erlitten hat. Für die Eskalation einer Krise gibt es ebenso Ursachen und Verantwortliche wie für die jetzt notwendige Deeskalation.

Spätestens heute im Atomzeitalter werden wir lernen müssen, dass eine neue Politik besonnenen Handelns hilfreicher ist als die alte Politik der Vergeltung. Kriege sind nicht naturbedingt. Auch heute nicht. Frieden bleibt möglich. Allerdings: Frieden ohne mehr Gerechtigkeit wird es nicht geben.

Michail Gorbatschow und Nelson Mandela haben gezeigt, wie eine intelligente Politik heute aussehen könnte. Was das christliche Abendland zu einer solchen neuen Politik beitragen könnte? Aus dem Christentum müsste endlich eine Jesus-Bewegung werden. Dann erst ergäben sich friedliche Perspektiven für die Entwicklung in Ländern wie Afghanistan oder Irak.

Afghanistan und die Deutschen

Das Land am Hindukusch mit einer hierzulande kaum nachvollziehbaren Vorliebe für alles Deutsche und für die Deutschen war schon im 19. Jahrhundert das Aufmarschgebiet russischer Zaren und britischer Könige. In der zweiten Hälfte des 20. Jahrhunderts wurde es zum umkämpften sozialistischen Brückenkopf im Kalten Krieg zwischen Ost und West.

Ein Jahrzehnt lang, von 1979 bis 1988, haben die 23 Millionen Afghanen zwischen sowjetischem Hammer und westlichem Amboss geblutet. Die »Supermächte« führten ihre Stellvertreterkriege zulasten des geschundenen afghanischen Volkes. Dabei wurden zwischen ein und zwei Millionen Afghanen getötet und fünf Millionen zu Flüchtlingen gemacht. Im historischen kollektiven Gedächtnis der Deutschen wissen wir noch, was dieses Schicksal bedeutet. Niemand hat den Leidensweg der Afghanen eindrücklicher und erschreckender beschrieben als Siba Shakib*.

* Ausführliche Literaturangaben finden Sie am Ende des Buches.

Die Sowjetunion marschierte am 27. Dezember 1979 in Afghanistan ein und glaubte, das tief religiöse muslimische Volk unterwerfen zu können. Afghanistan sollte die 16. Sowjetrepublik werden. Stattdessen wurde dieses verbrecherische Abenteuer zum Anfang des Endes der Sowjetunion. Jetzt hatten auch die Sowjets ihr Vietnam-Trauma.

Die sowjetische Ignoranz gegenüber einer anderen Kultur und Religion und die Machtgelüste eines Imperiums führten zu einem gnadenlosen Vernichtungskrieg. Sie bombardierten Dörfer, in denen sie Widerstandskämpfer vermuteten mit Splitterbomben – wie die USA es 2001 und 2002 machen. Sie warfen Brandbomben auf Getreidefelder und sprühten Pflanzenvernichtungsmittel über Gärten und Äcker – wie es die USA einst über vietnamesischen Wäldern mit »Agent Orange« getan hatten. Moskaus Soldaten vergifteten in Steppen und Wäldern lebenswichtige Brunnen.

Als die Sowjets dann im Februar 1989 auf Michail Gorbatschows Anweisung endlich abgezogen waren, begann ein ebenso grauenhafter Bürgerkrieg. Mein SWR-Hörfunk-Kollege Reinhard Baumgarten berichtete aus Zentralasien:

> »Afghanistan gleicht nach dem Abzug der Roten Armee in den frühen 90er Jahren Mitteleuropa während des Dreißigjährigen Krieges: Frauen werden überfallen, Häuser geplündert, ganze Dörfer gebrandschatzt. Wie Landsknechte ziehen die einstigen Mudschaheddin durchs Land und raffen an sich, was sie kriegen können. Sie sind jung, sie haben außer Krieg nichts gesehen, sie haben außer Kämpfen nichts gelernt. Das feingesponnene Werte- und Normensystem der Vorkriegsgesellschaft ist schwer beschädigt – die wilden Krieger kamen und respektierten es zumeist nicht. Sie sind in einem rechtsfreien Raum aufgewachsen. Als oberste weltliche Sprecher haben sie nur ihre Kommandanten und die Führer der unterschiedlichen Parteien zu akzeptieren gelernt.«

Als ich 1986 in »Report« sowjetische Tellerminen aus Afghanistan – als Spielzeuge getarnt – live im Studio vorzeigte, meinten sowohl einige Kollegen wie auch Zuschauer: »Das geht zu weit.« Warum eigentlich? Ich wollte auf die Perversion und Bestialität der sowjetischen Afghanistan-Politik aufmerksam machen. Nach dem Krieg – bis heute – machte uns die Zahl der als Kinderspielzeug getarnten Minen sprachlos. Wir zeigten in »Report« Kinder und Jugendliche ohne Arme und Beine, mit zerfetzten Gesichtern und aufgerissenen Bäuchen. Gefunden und angefasst hatten sie »Puppen«, »Bären« und »Schmetterlinge«. Viele zehntausend Kinder und Erwachsene wurden zu Krüppeln – ihr Leben lang. Spielzeugminen sind wohl die sadistischste Abart eines Krieges, eines Teilkrieges, den man psychologische Kriegführung nennt.

Bis heute müssen in Afghanistan täglich bis zu 40 Menschen durch versteckte Minen sterben. Eine Fernsehzuschauerin meinte einmal, wenn den Verantwortlichen die Auswirkungen bekannt wären, würden sie »solches Teufelszeug« nicht mehr produzieren oder zumindest nicht mehr dessen Einsatz befehlen. Umgekehrt kommt man wahrscheinlich der Wahrheit näher: Der Einsatz wird befohlen, *weil* den »Verantwortlichen« die schrecklichen Auswirkungen bekannt sind. Sie wollen ganz bewusst Angst und Schmerz, Leid und Elend verbreiten. Ein Kinderleben spielt für solche »Verantwortlichen« keine Rolle.

So gefährlich wie die sowjetischen Minen sind heute in Afghanistan – aber auch im Kosovo – die Reste von US-Streubomben. Streubomben verteilen hunderte Minibomben im Zielgebiet. Sowohl in Afghanistan wie auch im Kosovo sterben heute mehr ahnungslose Zivilisten durch zuvor nicht explodierte Sprengkörper als durch gezielt ausgelegte Tretminen. Tausende solcher Killerladungen wurden über dem Kosovo und nun auch über Afghanistan abgeworfen. Nach UNO-Schätzungen liegen jetzt über 14 000 dieser noch scharfen Sprengkörper in Afghanistan. Besonders Kinder werden von den grellbunten Hüllen der Sprengkörper angelockt. Das Risiko tödlicher Verletzungen ist dabei fünfmal höher als bei Minen. Was unterscheidet diese unbegreifliche Art von Terror vom Terror der Taliban?

George W. Bush und Osama Bin Laden: Sie betreiben denselben Wahnsinn, den sie am anderen so verachten!

Deutsche Minen für die Welt

Es waren wiederum Rupert Neudeck und seine Cap-Anamur-Lebensretter, die im Kampf gegen das Verbot der Minen weltweit an vorderster Front standen. Von ihm weiß ich, dass die USA sich am längsten gegen das Verbot und die Ächtung von Minen sträubten – auch gegen den starken Willen des früheren deutschen Außenministers Klaus Kinkel. Wer wirklich will, dass diese Mord- und Verstümmelungswerkzeuge nicht mehr eingesetzt werden, muss sich gegen deren Produktion aussprechen. Millionen Minen bedeuten immer Krieg nach dem Krieg. In Afghanistan sollen noch Millionen Minen liegen. Auch deutsche Firmen haben durch Minenproduktion jahrzehntelang Geld verdient.

Zum Beispiel die Firma Nobel Dynamit in Troisdorf. Als Rupert Neudeck, der in Troisdorf wohnt, auf diesen Skandal öffentlich aufmerksam machte, hat die feine Firma ihn verklagt. Eine der Begründungen – Arbeitsplätze würden gefährdet! Natürlich! Selten wurde aus dem Arbeitsplatz-Argument so wortwörtlich ein Totschlag-Argument wie hier! »Minenproduzenten sind die schlimmsten Verbrecher der Welt«, sagte Karlheinz Böhm im ZDF, nachdem er viele Minenopfer in Afrika gesehen hatte.

Wegen der heimtückisch versteckten Minen muss auch in Afghanistan Ackerland brachliegen, obwohl Millionen Menschen hungern. Weltweit sind Millionen Minenopfer nicht mehr arbeitsfähig. Der Cap-Anamur-Helfer Ahadi Mohammad Schafi in Afghanistan erzählt von seinen kleinen Erfolgen: ein Krüppel, der mit seinen Krücken wieder gehen kann; eine Brücke, die jetzt wieder befahren werden kann; ein paar Afghanen, die wieder Mut gefasst haben und einen neuen Anfang wagen; ein Wasserrad, das repariert wurde und Strom für 200 Familien produziert; eine Schotterstraße, die von ein paar tausend Afghanen über 20 Kilometer neu gebaut wurde. »Afghanistan ist zu retten«, meint er und lacht.

Für meine letzte »Report«-Sendung im Dezember 1991 habe ich in Somalia einen Film über die dortigen Minenopfer gedreht. Wir konnten mit laufender Kamera vor einem Krankenhaus in Hargeisa, das die »Cap Anamur« aufgebaut hatte, darauf warten, dass ein Minenopfer nach dem anderen eingeliefert wurde. Ich kann diese Bilder von blutenden, verstümmelten und zerfetzten Jugendlichen nie mehr vergessen. Nach drei Tagen Dreharbeit war mir aufgefallen, dass zwar viele von Minen verstümmelte Jugendliche, aber keine kleinen Kinder ins Hospital gebracht wurden. Der Chefarzt des Krankenhauses klärte mich auf: »Kleine Kinder brauchen nicht mehr hierher gebracht zu werden. Die sind meistens sofort tot.« Ähnliches hörte ich später auch aus Afghanistan.

Ich wollte in meinem Film über Somalia mehrere Minenopfer an einem Platz zeigen. Ein Mann, dem ein Bein durch eine Mine weggerissen war, sagte mir, er werde am nächsten Tag »ein paar Freunde vors Hospital einladen. Die können Sie dann filmen.« Wir hatten uns auf 11 Uhr am Tag darauf verabredet. Am nächsten Morgen standen 160 Menschen vor dem Krankenhaus. 160 Minenopfer – Erwachsene und Jugendliche mit einem

Bein, einem Arm, mit Löchern am Rücken und Verletzungen am Bauch, manchen fehlten auch beide Beine oder beide Arme; sie lagen apathisch am Boden und stützten sich auf ihre Arm- oder Beinstümpfe. Auf diese Bilder sprachen mich voller ohnmächtiger Wut Zuschauer noch Jahre danach an. Und noch immer werden Minen produziert und versteckt, damit Menschen auch lange Zeit nach einem Krieg noch krepieren.

Afghanistan wurde das Opfer des Kalten Krieges zwischen der UdSSR und den USA. Doch nach dem Krieg – in den 90er Jahren – haben die USA das Opfer wie eine heiße Kartoffel fallen lassen. Und Russland – völkerrechtlich der Nachfolgestaat der alten Sowjetunion – lehnt bis heute jede Verantwortung und Entschädigung ab. Afghanistan aber war ein Trümmerhaufen. Im Namen des Islam haben sich anschließend die Mudschaheddin gegenseitig vernichtet. Im Namen des Islam haben danach die Taliban-Krieger und die Al-Qaida-Regierung Terror, Angst und Schrecken verbreitet. Und anschließend ließ George W. Bush im Namen der Freiheit die Trümmer noch einmal bombardieren.

Wie könnte eine friedliche Zukunft für Afghanistan aussehen und was könnten wir Deutschen und Europäer dazu beitragen? In Deutschland weiß das wohl niemand besser als Rupert Neudeck, der Begründer und Vorsitzende des Ärztekomitees Cap Anamur. Wie schon gesagt, war Rupert Neudeck seit über 20 Jahren mit seinen Notärzten in Afghanistan tätig. Er kennt das Land und er liebt seine Menschen. Ihn habe ich zwischen zwei Afghanistan-Besuchen Ende 2001 und Anfang 2002 wieder interviewt. Er schlägt einen gesellschaftlichen Freundschaftsvertrag mit Afghanistan vor.

Gespräch mit Rupert Neudeck

Frage: Rupert, welche Perspektiven siehst du für das geschundene Afghanistan in den nächsten Jahren?

»Die Chance ist ganz groß! Die Politik muss das Primat haben, nicht das Militär. Wir müssen ein ganz großes Programm der Zusammenarbeit mit den Afghanen organisieren. Das Land ist zweieinhalbmal so groß wie die Bundesrepublik. Wir dürfen uns nicht nur auf die Hauptstadt Kabul konzentrieren. Die Afghanen sind fleißig und wollen jetzt endlich mit viel Energie ihr Land aufbauen. Wenn das gelingen soll, muss unsere Bundesregierung etwas ganz anderes machen als das, was die Regierungen in den letzten 30 Jahren gemacht haben.

Wir sollten einen Freundschaftsvertrag mit den stolzen Afghanen schließen. Damit das funktioniert, muss ein Regierungsbeauftragter im Range eines Staatssekretärs ernannt werden, der ein halbes Jahr in Kabul arbeitet und ein halbes Jahr in Berlin. Humanitäre und politische Hilfe braucht ein Gesicht, nur dann wird sie entbürokratisiert. Der Afghanistan-Beauftragte muss sich um den gesamten Bildungsbereich kümmern, um Universitäten, Schulen, Alphabetisierung, Elementarausbildung, Medizinerausbildung, Berufsausbildung. In allen 30 Provinzen.

Alle 16 Bundesländer hier müssten sich beteiligen mit Landesbeauftragten für Afghanistan und Patenschaften für je zwei Provinzen in Afghanistan übernehmen. Das Bundesland Rheinland-Pfalz hat mit einer Patenschaft für das afrikanische Ruanda gezeigt, wie so etwas gut funktionieren kann. Darüber hinaus könnten viele deutsche Kommunen mit Partnerschaften auf Graswurzelebene helfen – auch Vereine. Eine solche Hilfe würde die Aufbruchstimmung in Afghanistan und den Aufbau beflügeln. Der große Freundschaftsvertrag sollte auch dazu führen, dass wir ein Archäologiemuseum in Afghanistan errichten. Das

Land ist kulturell eines der reichsten auf unserer Erde. Nachdem die Taliban die berühmten Buddhastatuen zerstört haben, dürfen jetzt die Kulturgüter Afghanistans nicht auch noch in alle Welt verscherbelt werden.«

Kann man jetzt schon sagen, Afghanistans Frauen sind von der Schreckensherrschaft der Taliban befreit, und nun sind sie wirklich frei?

»Teilweise ja! Die Frauen hatten am meisten zu leiden. Jetzt können auch afghanische Ärztinnen und Lehrerinnen für Cap Anamur arbeiten. Das war ihnen vorher verboten. Es war ihnen in der Öffentlichkeit alles verboten. Du hast in Indien einen Film gedreht mit dem Titel ›Entwicklung ist weiblich‹. Das gilt jetzt auch in Afghanistan. Die Frauenunterdrückung war systematisch, ja geradezu faschistisch. Ähnlich wie bei Pol Pot. Jetzt kommen Mädchen und Jungen wieder gemeinsam in unsere Schulen.«

War die Afghanistan-Konferenz auf dem Petersberg ein Durchbruch zum Frieden auf Dauer?

»Sie war ein Glück für das Land. Dass sich die verschiedenen afghanischen Gruppen, Parteien und Stämme auf Karsai als Regierungschef geeinigt haben, ist von großer Bedeutung. Er ist der richtige Mann in dieser Situation. Der Paschtune Karsai ging als Erstes zum Grab seines großen Gegners Massud, der zwei Tage vor den Attentaten in den USA ermordet worden war. So eine großartige Geste wirkt in den uralten afghanischen Stammeskulturen wie ein politisches Wunder. Das hat ihm die Herzen von Millionen Tadschiken geöffnet. Dieses Symbol ist vergleichbar mit Willy Brandts Kniefall vor dem Ghettomahnmal in Warschau.«

Was ist denn mit den Taliban? Die sind zwar geflohen, aber damit doch nicht einfach vom Erdboden verschwunden?
»Wahrscheinlich sind viele nach Pakistan. Vielleicht ist Pakistan das nächste Taliban-Opfer. Also, der Versuch, die Welt im Taliban-Sinne zu islamisieren, ist noch nicht zu Ende.

Ich hoffe auf eine Renaissance des Islam und der Islamschulen, nicht auf deren Fundamentalisierung. Hier steht eine Reform an. Solche Entwicklungen können weder militärisch noch politisch erzwungen werden. Jetzt müssen bedeutende Theologen wie Annemarie Schimmel nach Kabul oder Hans Küng oder Ruth Pfau, die in Pakistan gearbeitet hat und dort hohes Ansehen genießt, oder Bassam Tibi. Für solche Entwicklung ist jetzt eine hohe Zeit. Das 160-Millionen-Mark-Budget der Bundesregierung muss solche Projekte fördern.«

Viele tausend Afghanen leben hier in Deutschland. Werden die jetzt zu Hause gebraucht?
»Ja, sehr. Wenn es der Bundesregierung gelingt, wenigstens 10 000 der 85 000 hier lebenden Afghanen mit entsprechenden Programmen zurückzuführen, dann ist das die beste Starthilfe überhaupt. Dann haben wir gewonnen. Tausende Afghanen haben hier bei uns hervorragende Positionen in der Wirtschaft, Wissenschaft, Kultur und Medizin. Die Rückführung muss aber politisch organisiert werden. Wann, wenn nicht jetzt?«

Hätte es zum Krieg eine wirkliche Alternative gegeben?
»Ich bin in dieser Frage als Deutscher gebrochen. Ich habe noch als Kind erlebt, wie auch wir Deutschen von einem schrecklichen Regime befreit werden mussten. Es geht heute noch nicht alles ohne Gewalt. Man darf nicht vergessen, dass hier Menschen von einem gewaltbesoffenen Regime befreit werden mussten.

Allerdings: Die UNO hätte diesen Krieg führen müssen, nicht

die USA. Es ist nicht einzusehen, dass die Amerikaner oder die Russen glauben, alles allein bestimmen zu können.«

Kann mit US-Streubomben Frieden geschaffen werden?
»Nein, das war ein Verbrechen und eine Völkerrechtsverletzung. Warum klagt hier noch kein guter deutscher Anwalt gegen die USA? Dafür ist es jetzt hohe Zeit!«

Der US-Präsident vor ein internationales Gericht?
»Ja. Zumindest die Anklage muss weltöffentlich sein. Wir dürfen den Einsatz von Massenvernichtungswaffen niemals mehr zulassen. Schon wieder werden auch Minen versteckt. Das ist der Krieg nach dem Krieg. Dabei haben sich im Ottawa-Vertrag viele große Staaten verpflichtet, so etwas Teuflisches nie wieder zu tun.«

Die USA haben diesen Anti-Minen-Vertrag leider nicht unterzeichnet!
»Das ist ja das Schlimme. Deshalb muss der Ottawa-Prozess, der eine ganze Waffengattung hätte verschwinden lassen sollen, sofort wieder aufgenommen werden. Wir dürfen mit dem Druck von unten niemals nachlassen. Wir brauchen ein Ottawa II. Diesen Prozess sollten wir hier in Deutschland neu beginnen. Gerade wir haben allen Grund dafür. Ottawa II muss alle Personenminen ächten. Und Ottawa III alle Panzerminen grundsätzlich. Zudem müssen Sanktionen verhängt und ausgeführt werden im Falle von Verstößen.«

Was wird Cap Anamur in den nächsten Monaten in Afghanistan tun?
»Seit unserem Schiff vor über 20 Jahren stehen wir jetzt vor der größten Herausforderung. Wir brauchen auch wieder die Hilfe der Medien wie damals am Anfang. Wir leisten wie immer medizinische Hilfe und Nahrungshilfe! Mit neun großen LKWs

sind wir im Land unterwegs. Häufig werden wir aus unerfindlichen Gründen einfach bürokratisch schikaniert. Das Los hungernder und verhungernder Kinder ist vielen Bürokraten ziemlich schnuppe. Wir brauchen Politikplaner mit einem Gefühl für die Not der Ärmsten und Erfrierenden.

Ich habe eine ganz verrückte Idee. Cap Anamur wird in Nordafghanistan eine Radiostation aufbauen. Das Land ist bar jeder Kommunikation. Dieses multiethnische Land braucht mehr Kommunikation. Das fördert den Frieden. Radios sind vor allem für junge Leute ganz wichtig. Wir haben bereits ein Redaktionsteam von verschiedenen afghanischen Nationen. Es gibt keine Straßen und keine Brücken. Du stehst mit deinem LKW immer wieder und ganz plötzlich im Wasser.«

Welche Rolle spielt die Religion beim Aufbau?
»Eine ganz große. Das ist für uns Westler häufig nicht mehr nachvollziehbar. Ramadan, Beten, Fasten: Das ist nicht mehr unsere Welt. Aber für die Mehrzahl der Menschen in der Welt ist Religion zentral und existenziell.

Darauf müssen wir Rücksicht nehmen, oder wir werden wieder einmal scheitern. Wir können aber auch sehr viel lernen von diesen ganz anderen Kulturen. Mit Religion sprichst du unsere eigenen Defizite an. Ohne fundamentalen Respekt vor Religion können wir nichts verändern helfen. Unsere atheistischen Attitüden sind oft verhängnisvoll. Hier haben auch die Kirchen wichtige Arbeit für eine gelebte Ökumene.

Gerade im afghanischen Islam gibt es eine hochspannende sufistisch-spirituelle Tradition, von der wir sehr viel lernen können. Die Menschen in Afghanistan haben einen Anspruch auf unsere Nächstenliebe.«*

---

* Die Kontonummer von Cap Anamur: Stadtsparkasse Köln 22 22 22 2

Nach dem 11. September wurde in Deutschland immer wieder gesagt, wir müssten jetzt helfen, so wie die Amerikaner uns nach 1945 geholfen haben. Das ist richtig. Also helfen wir, damit die Menschenretter von Cap Anamur und andere Hilfsorganisationen helfen können. Rupert Neudeck zeigt, wie es geht.

Hilfsbereitschaft und Dialog sind die effektivste »Waffe«, um Krieg und Terror zu überwinden.

Sowohl die USA wie Russland weigern sich bis heute, dem Anti-Minen-Abkommen von Ottawa beizutreten. Damit ist es seit 1999 verboten, Landminen herzustellen, einzusetzen, zu lagern und weiterzugeben. Jährlich werden durch Minen bis zu 24 000 Menschen, meist Zivilisten, getötet. Experten schätzen, dass weltweit in 60 Ländern zwischen 100 und 250 Millionen Landminen vergraben sind.

Die autistische Supermacht

Die USA unter George W. Bush benehmen sich wie eine selbstgerechte, beinahe wie eine autistische Supermacht. Ein Autist im Machtrausch, ein Narziss mit dem Finger am Abzug! Als Bush an Ostern 2002 einige mittelamerikanische Länder besuchte, rief er schon wieder einen neuen »Krieg« aus, den »Krieg ohne Gnade gegen die Drogenmafia«. Ohne Krieg läuft bei diesem Präsidenten offenbar gar nichts. Die Europäer müssen erst noch ihren Platz in der Weltpolitik finden. Der deutsche Außenminister Joschka Fischer von den Grünen sagt zwar: »Wirkliche Freunde sind keine Speichellecker und Bündnispartner keine Satelliten.« Aber zugleich akzeptieren die Grünen in ihrem Grundsatzprogramm die militärische Präsenz der USA in Europa. Damit ermöglichen sie den Amerikanern militärische Abenteuer auch von deutschem Boden aus.

Die Militärbasen Ramstein und Heidelberg waren zum Beispiel logistische Drehscheiben für militärische Interventionen gegen den Irak oder Somalia. Der heute nicht mehr bestrittene Satz, dass Deutschland nur noch »von Freunden umzingelt« sei, provoziert doch geradezu die Frage: Welche Legitimation hat eigentlich noch die US-Truppenpräsenz in Deutschland und Europa? Die USA benehmen sich heute so imperial wie die früheren imperialen Mächte Rom, das britische Empire, das napoleonische Europa oder die Sowjetunion. Die USA spielen sich jetzt auch in Europa als politische und ökonomische Schicksalsmacht auf wie das antike Rom gegenüber den Galliern, Griechen oder Nordafrikanern.

Die Washingtoner Brachialstrategen bemessen politischen Einfluss heute nach der Anzahl »intelligenter Bomben«, Weltraum-Raketenabwehr und »neuer Atomwaffen«. In Washingtoner Amtsstuben hört sich die Formel der neuen amerikanischen Weltordnung so an: »The US fights, the UN feeds, the EU funds.« Die Vereinigten Staaten kämpfen, die Vereinten Nationen füttern, die Europäer bezahlen. Afghanistan war wohl nur das erste Beispiel dieser neuen »Weltordnung« à la Bush.

Zwei Zahlen spiegeln diese internationale Arbeitsteilung wider: 40 Prozent aller weltweiten Militärausgaben werden heute in den USA getätigt, während 55 Prozent aller weltweiten Not- und Entwicklungshilfe aus Westeuropa kommt.

George W. Bush hat offenbar ein gutes Gewissen, solange er seine Armee bis an die Zähne bewaffnet weiß. Die Verelendung halber Kontinente, die Selbstzerstörung des Planeten durch mangelnden Klimaschutz sowie die künftigen Kriege um die letzten Ressourcen erschrecken ihn nicht. Er militarisiert die gesamte Weltpolitik.

Den Massenmord von New York glaubte er nur mit neuem Massenmord in Afghanistan und im Irak beantworten zu können. Aber wenn wir flächendeckend draufschlagen, dann ist das natürlich kein Terror, sondern »Kampf gegen den Terrorismus«. Es ist lächerlich, aber keiner lacht!

Wir halten unseren westlichen Wertemaßstab für allein seligmachend. »Wer nicht für uns ist«, sagt der US-Präsident allen Ernstes, »ist gegen uns.« Solch egomanischem Verhalten fehlt jeder Selbstzweifel und jede Offenheit für fremde Kritik und eine andere Kultur. Hier triumphiert die Abwehr jeglicher Einsicht in den eigenen Schatten und in die eigene Begrenztheit. Selbstherrlichkeit, Selbstgerechtigkeit und Selbstüberschätzung werden bei beinahe jeder Pressekonferenz des US-Präsidenten sichtbar.

US-Präsidenten berufen sich in ihren öffentlichen Äußerungen verdächtig oft auf Gott. Aber statt auf die schützende Hand einer himmlischen Sicherung vertrauen sie dann doch lieber ihrer militärischen Selbstsicherung. Dabei wirken sie vor lauter militärischer Omnipotenz geistig ziemlich impotent. An die Stelle von Gottvertrauen ist in Wirklichkeit längst Militärvertrauen getreten. Jeder Krieg ist eine Gotteslästerung.

Nicht moralischer Hochmut gegenüber den USA wird den Europäern in dieser heillosen Situation helfen, sondern allein die Macht des klugen Arguments und das Entwickeln einer eigenständigen, alternativen Politik, die grundsätzlich kooperativ gegenüber den USA bleibt. Voraussetzung für eine partnerschaftliche Kooperation ist, dass Europa sich endlich vom Imperium emanzipiert. Die USA werden ihre Macht kaum freiwillig beschränken. Europa muss ihnen endlich selbstbewusst entgegentreten. Europas harmlos-niedlicher »Anti-Amerikanismus« ist politisch peinlich belanglos gegenüber dem tatsächlichen Anti-Europäismus in den USA.

Deutsche Intellektuelle wie zum Beispiel Henryk M. Broder in seinem Buch *Kein Krieg, nirgends* bekommen schon weiche

Knie, wenn sie an ein von den USA politisch emanzipiertes Europa denken. Autoren wie er liefern die notwendigen Illusionen, um Kriege wie den in Afghanistan oder im Irak überhaupt führen zu können. Dadurch werden Kriege eigentlich ganz vernünftig. Und jeder Pazifist ist ein Idiot oder ein »Gutmensch«.

Was spricht gegen politische Rivalität gegenüber den USA, wenn es um Krieg oder Frieden geht?

Weltmacht – Größenwahn – Weltherrschaft

Die Enttabuisierung des Militärischen ist kein tragfähiger Eckstein einer erwachsen gewordenen europäischen Außenpolitik. Wohin die Enttabuisierung des Militärischen und die Militarisierung des Politischen führen, kann man täglich neu am nahöstlichen Chaos studieren. Ariel Scharons Gewaltantworten auf die palästinensische Gewalt haben Israel nicht sicherer gemacht. Die Geschichte hat uns Europäer gelehrt, wohin Gewalt letztlich führt. Der »weltweite Feldzug gegen den Terror« (George W. Bush) wird nur erfolgreich sein, wenn er als ein »Feldzug für globale Gerechtigkeit« geführt wird.

Die »Feinde«, die wir »bezwingen« müssen, heißen Armut, Unterentwicklung und Handelsblockade. Gegen diese Sicherheitsrisiken hilft kein Militär. Unsere wichtigsten Feinde sitzen nicht um uns, sondern *in* uns. Alle Außenprojektion gegen Feinde schafft nur neue Probleme. Hochrüstung war noch nie hilfreich beim Abbau der Verzweiflungspotenziale der Elenden und Ausgebeuteten. Es ist die falsche Strategie, immer mehr Euros und Dollars in Hochrüstung zu stecken. Wie sollen die Hungernden davon satt werden?

Das 20. Jahrhundert war das mörderischste in der Geschichte der Menschheit. Und wie wird das 21. Jahrhundert? Zumindest der Beginn des neuen Jahrhunderts sieht gar nicht friedlich aus.

Am 11. September 2001 erlitt die einzig verbliebene Supermacht, die USA, einen großen Schock. Amerika ist auch heute noch traumatisiert. Den Terroranschlag empfinden die meisten US-Bürger als Demütigung. Er galt den wichtigsten Symbolen ihrer militärischen und wirtschaftlichen Macht – dem Pentagon und dem Welthandelszentrum.

Die größte Gefahr für unsere heutige Welt geht natürlich nicht von durchgeknallten Terroristen aus, sondern von den waffenstarrenden, traumatisierten Vereinigten Staaten. Der US-Politiker und Berater von Verteidigungsminister Donald Rumsfeld, Richard Perle: »Wir können alles sehen, was sich bewegt. Und wir können alles zerstören, was wir sehen.«

Nach der ökonomischen Globalisierung rüsten die USA jetzt zur politisch-militärischen Globalisierung. Dabei zeigt sich, dass Globalisierung bislang lediglich ein Bündnis zwischen politischen Systemen und Institutionen ist, aber noch lange kein Bündnis zwischen Völkern und Kulturen. Globalisierung à la George W. Bush ist Militärpolitik plus Profit.

Die schöpferischen Kräfte der Menschheit werden bei dieser militärischen Globalisierung achtlos beiseite gelassen.

Im Sinne der westlichen Aufklärung müssten Intellektuelle hierzulande die arabisch-islamische Welt darin unterstützen, ihren eigenen Weg zu Demokratie, Menschenrechten und Freiheit zu finden. Stattdessen schwingen die meisten von ihnen das Banner der militarisierten Globalisierung. Aber das alles wird uns nichts helfen. Selbst wenn wir aus »dem anderen« einen Teufel machen, wird es immer der Teufel bleiben, der in uns selber sitzt.

Zuerst hat Bin Laden in seinem »heiligen Krieg« gegen die USA nicht auf die kulturelle, intellektuelle und moralische Kraft des Islam gesetzt, sondern auf die barbarisch-rohe. Er hat damit auch die Gefühle und den Verstand von Millionen Moslems beleidigt. Aber genauso hat der Westen reagiert. Auch wir haben mit unserer Antwort Millionen von Menschen in die Barbarei gerissen und nicht nur Afghanistan, sondern unsere eigenen Seelen in die Steinzeit zurückgebombt. In einer Welt von Rache und Vergeltung kann es keine Sieger geben. Bin Laden kann nur von innen »beruhigt« werden – von der Kultur, der er angehört und über die Werte, nach denen er erzogen wurde. Der Terror lässt sich nur von innen besiegen. Das heißt politisch: Die US-Regierung muss endlich mit Bin Laden verhandeln.

Die UNO ist zwar die einzige globale Autorität, aber sie ist machtlos. Die USA sind *die* überwältigende Macht am Beginn des neuen Jahrtausends. Aber diese USA und ihre Führer denken manichäisch. Das heißt: Sie teilen die Welt in »Gute« und »Böse«. Folglich gibt es eine »Achse der Guten« und eine »Achse des Bösen«. Also, sagt der US-Präsident, Amerika ist von außen bedroht und zwar von einer unmoralischen Macht. Wie aber sollte die »Achse des Bösen«, die »USA und ihre (guten) Freunde« bedrohen? Schon diese Vorstellung ist irrational. Und trotzdem erschreckt diese Vorstellung die Mehrzahl der US-Amerikaner, die in einem Sicherheitswahn befangen sind.

Die USA haben zwar außerhalb ihres Territoriums 65 größere Militärstützpunkte auf der ganzen Welt. Ihre neue Militärdoktrin besagt, dass sie mindestens fünf Kriege auf einmal führen können müssen, und trotzdem fühlen sich die US-Amerikaner unter George W. Bush unsicher. Die Folge: noch mehr Militarisierung.

Zumindest unbewusst kennen die heutigen US-Bürger auch die Geschichte des Imperium Romanum. Als die Römer gleichzeitig Kriege gegen die Germanen, Perser und andere »Barbaren« führten, begann der Zusammenbruch des Imperiums. Die USA begegnen dieser Gefahr mit weiterer Aufrüstung.

Mehr als Öl

Einer der einflussreichsten britischen Historiker, der Universalgelehrte Eric Hobsbawm sagte dem »Spiegel«, die US-Regierung unter Bush junior hätte »offensichtlich keine langfristigen Pläne. So wie sie agiert, wirft sie brennende Streichhölzer auf die gesamte Region zwischen Nil und der chinesischen Grenze – wo eine Menge Sprengstoff liegt.«

Hobsbawm vermutet, dass die USA »mehr als Öl« wollen. »Sie wollen die Weltherrschaft.« Aber genau dafür brauchen sie die Verfügung über die Ressourcen. Hobsbawm weiter: »Die Berufskrankheit einer Weltmacht ist der Größenwahn.« Wer einmal bewusst in Rom einige Stunden über das antike Forum Romanum schlenderte, sich die Funktion der Triumphbögen verinnerlichte und dann vielleicht Vergleiche mit der Siegesfeier in New York nach dem Golfkrieg 1991 zog, wird Eric Hobsbawm zustimmen.

Die Konzeptionslosigkeit der US-Politiker ist überdeutlich: Sie haben Saddam Hussein noch in seinem Krieg gegen den Iran in den 80er Jahren unterstützt und ihn wenige Jahre danach zum »Teufel« erklärt und angegriffen. Sie haben Slobodan Milosevic erst hofiert und danach Serbien bombardiert. Sie haben die Taliban an die Regierung gebracht und danach dieselbe Regierung in die Berge zurückgebombt.

Mit dieser kurzsichtigen Politik werden sie die europäischen Regierungen und Völker nicht dauerhaft an ihrer Seite haben. Des deutschen Bundeskanzlers Wort von den »Abenteuern«, die wir ablehnen, war ein erstes Signal. Washington freilich reagierte beleidigt, überrascht und wiederum imperial nach dem Motto: »Wir brauchen euch ja gar nicht.«

Der einzige Satellit in Europa, auf den sich Washington auch zukünftig verlassen kann, dürfte England bleiben. Die übrigen Europäer sind über Bushs Politik längst desillusioniert. Es gibt keinen einzigen vernünftigen Grund für eine weitere Existenz der NATO, solange sie amerikanisch dominiert ist.

Die USA haben Saddam Hussein mit Gewalt gestürzt – aber damit kein einziges Problem gelöst. Vielmehr könnte die gesamte Nahostregion in Chaos und Krieg versinken. Die NATO gäbe es danach faktisch nicht mehr. Vielleicht wird Europa dann endlich eine eigenständige Friedenspolitik entwickeln. Schon Afghanistan hat gezeigt, dass die USA für ihre heutige Politik die NATO nicht mehr braucht. Warum sollte Europa in der NATO bleiben, wenn es von niemand ernsthaft bedroht ist? Die Zeit, in der Europa glaubte, Kriege seien selbstverständlich notwendig, ist nach den Jugoslawien-Kriegen endgültig vorbei.

Vorbild Norwegen

Das kleine Norwegen zeigt dem großen Amerika einen ganz anderen, alternativen Weg der Konfliktregelung.

Anfang der 90er Jahre hat die norwegische Außenpolitik erfolgreich zwischen Israelis und Palästinensern vermittelt. Damals wurde deutlich: Eine andere Politik ist möglich. Auch die norwegische Vermittlungspolitik im Nahen Osten hat herbe Rückschläge erfahren müssen. Doch Norwegen hat sich deshalb von weiteren Versuchen, Frieden zu stiften, nicht abhalten lassen. Die Wikinger bleiben hartnäckig am Ball des Friedens. Während ich dieses Buch schreibe, bemühen sich Norwegens Diplomaten erfolgreich um einen Waffenstillstand für Sri Lanka. Dort gab es – fast unbemerkt von der europäischen Öffentlichkeit – noch mehr Selbstmordattentate als im Nahen Osten.

Nach dem gelungenen Waffenstillstand haben die norwegischen Vermittler in Sri Lanka eine weitere Etappe auf dem Weg zum Frieden erreicht: direkte Friedensgespräche zwischen den tamilischen Rebellen und der Regierung in Colombo.

Nach 20 Jahren Bürgerkrieg scheint das Ende der Gewalt auf der Inselrepublik im Indischen Ozean jetzt wirklich möglich. Die zivile Krisenintervention funktioniert. Die »Frankfurter Rundschau« sieht an diesem norwegischen Erfolg »eine beinahe irritierende Friedensbotschaft in Zeiten, da die USA in ihrem Kampf gegen den Terrorismus fast unwidersprochen auf militärische Gewalt setzen«.

Die Norweger gelten in Sri Lanka als zuverlässige Vermittler zwischen den verfeindeten Lagern. Sie haben keine eigenen Interessen. Das kann man von den USA in Zentralasien, im Nahen Osten und anderswo nicht sagen. Auch in Sri Lanka folgten auf Zeiten des Waffenstillstandes Zeiten von Terror. Aber die Norweger versuchten nie mit Waffengewalt nachzuhelfen, was auch absurd gewesen wäre! Bei den Versuchen ziviler Friedensregelung gibt es so wenig eine Erfolgsgarantie wie bei den Versuchen militärischer Konfliktregelung. Aber es entsteht wenigstens nicht noch zusätzliche Gewalt – es kann vielmehr eine Atmosphäre des Vertrauens gedeihen. Man muss nicht Weltmacht sein, um Frieden zu stiften. Wichtiger ist vielmehr die Glaubwürdigkeit.

Norwegens Diplomaten orientieren sich jetzt an ihrem großen und glaubwürdigen Friedensforscher Johan Galtung. Nach seiner Erkenntnis ist Frieden nur möglich mit friedlichen Mitteln. In dieser norwegischen Schule können wir Perspektiven lernen für eine zivilisierte Weltgesellschaft im 21. Jahrhundert. Galtungs Botschaft: Wir müssen den Krieg abschaffen. »Schickt ihn in den Abfluss der Geschichte, lasst ihn der Sklaverei und dem Kolonialismus Gesellschaft leisten, dort, wo er hingehört. Zusammen mit dem Patriarchat, den Auserwähltes-Volk-Vorstellungen und einigen anderen.« Und wenn es uns nicht gelingt, den Krieg »in den Abfluss der Geschichte« zu schicken, dann vielleicht doch noch ins Museum der Geschichte. Vielleicht fassen sich schon unsere Enkel in einem solchen Museum an den Kopf und fragen sich: »Die Menschen am Anfang des 21. Jahrhunderts wollen Angehörige der Spezies Homo sapiens, des weisen Menschen, gewesen sein?«

Der Frieden und die 58 Intellektuellen

Als George W. Bush den »unglaublich wichtigen Kreuzzug gegen den Terrorismus« ausgerufen hatte, erhielt er Unterstützung durch 58 amerikanische Intellektuelle – unter ihnen Francis Fukuyama, Samuel P. Huntington, Michael Walzer und Amitai Etzioni – die in einem spektakulären Dokument Bushs »gerechten Krieg« verteidigen.

Der Krieg, so die Intellektuellen, sei nur gerecht als Verteidigungskrieg – zugunsten Unschuldiger: »Wenn man unzweifelhafte Beweise dafür hat, dass Unschuldigen, die sich nicht selbst schützen können, schweres Leid droht, sofern der Aggressor nicht mit zwingenden Gewaltmaßnahmen gestoppt wird, dann verlangt es der Grundsatz der Nächstenliebe, Gewalt einzusetzen.« Hier gibt es nicht nur ein Recht zum Krieg, hier wird eine Pflicht zum Krieg postuliert. So wurden seit Jahrtausenden »gerechte Kriege« moralisch gerechtfertigt mit fürchterlichen Konsequenzen. Die Konsequenzen werden im Atomzeitalter noch fürchterlicher werden.

Selbst wenn man die Prämisse des Aufrufs akzeptiert, bleibt ein ethisch niemals zu akzeptierendes Dilemma. Denn es werden ja nicht nur Aggressoren getötet, sondern immer auch Unschuldige an der Seite von Aggressoren. Dieses moralische Dilemma eines »gerechten Krieges« kann nie wirklich gelöst werden. Wenn, wie die Autoren betonen, alle unschuldigen Menschen »dasselbe Lebensrecht« haben, warum muss dann der eine Unschuldige sterben, damit der andere Unschuldige leben kann? Warum sind die Unschuldigen in den USA wieder einmal mehr wert als die Unschuldigen in Afghanistan? Wie die Mehrheit der deutschen Grünen, so sehen die 58 US-Intellektuellen die neuen Kriege als »ultimativ«! Damit unterstellen sie, dass die US-Regierung zuvor alle diplomatischen, politischen, juristischen, geheimdienstlichen und ökonomischen Möglichkeiten zur Konfliktlösung ausgeschöpft hätte. Aber genau diese Möglichkeiten hat die US-Politik nicht genutzt. Die USA haben diese Möglichkeiten gegenüber der pakistanischen Regierung als der wichtigsten Stütze der Taliban-Regierung genutzt, nicht aber gegenüber der Taliban-Regierung selber.

Bush wollte diesen Krieg und viele Intellektuelle folgen ihm. Amerika braucht immer einen Bösen, ein Feindbild, manchmal auch »drei Schurkenstaaten« auf einmal. Die Indifferenz der 58 Unterzeichner gegenüber den zivilen Opfern des Krieges in Afghanistan ist – gemessen an der eigenen »Ethik« des Aufrufs – geradezu skandalös. Darin unterscheidet sich Jürgen Todenhöfers Argumentation grundsätzlich von der des US-Dokuments.

Bush junior aber will die Weltherrschaft und dazu braucht er möglichst viele Öl- und Gasreserven. Der Ingenieur und Wirtschaftswissenschaftler F. William Engdahl wuchs zwischen den Ölfeldern in Osttexas auf. Er arbeitete als Redakteur für mehrere Energie-Fachzeitungen. In seinem beeindruckenden Buch *Mit der Ölwaffe zur Weltmacht* schreibt er: »Öl floss in den Adern der Sonderbeziehungen zwischen den USA und Großbritannien seit 1919. Sie fassten das große Öl und das große Geld zu einem die Weltgeschichte bestimmenden Machtfaktor zusammen.«

Wie in der DDR

Im Dezember 2001 veröffentlichten 39 Bürgerrechtler aus der ehemaligen DDR unter der Überschrift »Wir haben es satt« ein Dokument, in dem sie beschreiben, dass sie sich jetzt im wiedervereinigten Deutschland an DDR-Zeiten erinnert fühlen:

»Früher: Ewige Waffenbrüderschaft; Unverbrüchliche Solidarität; Friedensdienst (mit der Waffe in der Hand); Erz für den Frieden (gemeint war das Uran der WISMUT für die russischen Atombomben); Mein Arbeitsplatz – mein Kampfplatz für den Frieden; Wer nicht für uns ist, ist gegen uns! Heute: Kreuzzug gegen das Böse; Ewige Freiheit; Grenzenlose Gerechtigkeit; Uneingeschränkte Solidarität; Geschlossenheit; Wer nicht für uns ist, ist für die Terroristen! ...
Wir sind entsetzt, wie selbstverständlich von hochrangigen Politikern gebilligt wird, dass die vermeintlichen Anstifter des Terroranschlags mit einer grotesk übermächtigen Militärmaschinerie umgelegt werden. Beweise für ihre Schuld? Geheim und wohl doch auch überflüssig! Haben deutsche Politiker bereits die amerikanische Begeisterung für die Todesstrafe übernommen?
Wir sind entsetzt, mit welcher Dumpfbackigkeit Gegnern des Kriegseinsatzes in Afghanistan entgegengehalten wird, dass Krieg gegen Terroristen helfen kann! Weshalb traut sich niemand an die Waffenhändler in den USA und in der Bundesrepublik heran?
Weshalb versuchen die USA mit allen Mitteln die Errichtung eines Internationalen Strafgerichtshofs zu verhindern?
Natürlich wollen wir, dass ein unabhängiges Gericht und nicht der Oberbefehlshaber der stärksten Armee der Welt entscheidet, ob die vorgelegten Beweise eine Verurteilung der vermeintlichen Hintermänner des Terroranschlags rechtfertigen ...
Wir verweigern uns diesem Krieg!
Nur eine Diktatur braucht linientreue Parteisoldaten. Demokratie braucht mündige Bürger. Lassen wir Medien, Parteien, Kultur und Wissenschaft nicht von röhrenden Funktionären gleichschalten.«

Wenn die DDR-Bürgerrechtler zur DDR-Zeit einen solchen Protest gegen ihre damalige Regierung publizieren wollten, waren *alle* westdeutschen Zeitungen voll davon. Jetzt verschweigt aber ein Großteil der bürgerlichen Presse diesen Aufruf. Deshalb habe ich ihn ausführlich zitiert. Immerhin haben aber innerhalb eines Vierteljahres 200 000 Leser die Internetseite *www.wir-haben-es-satt.de* angewählt, wo der gesamte Text abgedruckt ist. Die 39 Unterzeichner haben als ehemalige DDR-Bürgerinnen und -Bürger viel Erfahrung im Umgang mit einer kranken Gesellschaft.

Sebastian Pflugbeil, Sprecher der Gruppe, früher Mitglied des Abgeordnetenhauses und Minister in Berlin, schrieb in seiner »Bilanz eines zornigen Protests«:

> »Unser Text war für uns aus hygienischen Gründen fällig wie Zähneputzen. Uns wären die Zähne ausgefallen, wenn wir nicht endlich zugebissen hätten.«

Einige westdeutsche Linke werden über diesen gut gemeinten, aber nichts bewirkenden Aufruf lästern. Ich gebe zu bedenken, dass diese früheren DDR-Bürgerrechtler es gewohnt sind, in langen Zeiträumen zu denken, und ich freue mich, dass sie nicht resignieren. Der christliche Teil der früheren DDR-Bürgerrechtsbewegung weiß, dass auch heutige Pazifisten und Demokraten einen Kampf wie David gegen Goliath führen. Sie kennen aber auch den Ausgang dieses Kampfes. David gewinnt immer – langfristig!

Und so schreibt Sebastian Pflugbeil in seiner Bilanz:

> »Wer ohne Angst sagen will, was er denkt, wer nicht von denen da oben belogen, betrogen und für dumm verkauft werden will, wer Politiker sucht, die die Interessen der Bürger vertreten, wer in der kontroversen Diskussion Wahrheit und Lösungen suchen will, wer Überwachungsstaat und Militäreinsätze ablehnt, wer im Grundgesetz mehr als nur ein Stück Papier sieht, für wen Gerechtigkeit ein ernsthaftes Ziel und kein sentimentaler Schmus ist, der kann bei uns

Freunde finden, Anregungen zum Nachdenken und Ermutigung, sich nach bestem Wissen und Gewissen einzumischen, auch dann, wenn die Erfolgsaussichten verschwindend gering sind. Wir machen gerade in vielen ganz verschiedenen Lebensbereichen die Erfahrung, dass die Überlegenheit der parlamentarischen Demokratie über die Diktatur mehr vom couragierten Auftreten mündiger Bürger als vom Wahlsieg einer bestimmten Partei abhängt. Nehmen wir die Herausforderung an.«

Die US-Regierung steht vor einer ganz anderen Herausforderung. Um den US-Bürgern ihren Krieg als »Friedenspolitik« zu verkaufen, nimmt Washington jetzt auch die Dienste Hollywoods in Anspruch.

Hollywood goes Afghanistan

Liegt Hollywood in Afghanistan? Schon 1991 haben uns die USA den Golfkrieg im Fernsehen als Videospiel verkauft. Opfer und Kämpfende waren in diesem Krieg unsichtbar. Der Krieg als *Militainment* – als unterhaltsame Militärparade und militarisierte Unterhaltung. Soldaten sind keine Mörder, sondern Filmhelden. Beim Afghanistan-Krieg geht das US-Verteidigungsministerium noch einen Schritt weiter. Mit dem Medienkonzern Walt Disney wird ein Vertrag über ein »militärisches Dokudrama« geschlossen. Der Krieg als Hollywood-Film. Hollywood goes Afghanistan.

Die Filmemacher, sagt das Pentagon, müssen »in Form sein« und »bereit für das raue Leben« in Afghanistans Bergen. In 13 Folgen sollen die Zuschauer des Senders ABC Hollywoods Kriegsabenteuer – die Schlacht gegen das Böse – miterleben. Auf kritische Nachfragen nach dem Sinn des Unternehmens erklärt die ABC-Pressestelle: »Wir zeigen, was Amerika sehen will.« Der Produzent verspricht schon mal, was das Pentagon sicher gerne hören wird: »Wir werden nicht kritisieren.«

Obwohl sich die militärische Führung auf Hollywoods Patriotismus und Kritiklosigkeit sicherlich verlassen kann, will das Pentagon die 13-teilige militärische Seifenoper vorher sehen. Zensur wird es mit Sicherheit nicht geben. Sie ist auch nicht nötig. Dass ABC-Journalisten sechs Monate lang vom Afghanistan-Krieg fern gehalten wurden und die US-Spezialeinheiten nicht filmen durften, war der US-Presse nur eine Fußnote wert. So ähnlich war es auch beim Golfkrieg. Journalisten wurden mit Informationen bedient, wenn sie sich als Propagandisten missbrauchen ließen. Doch es zeigte sich rasch auch in diesem Krieg, dass Afghanistan nicht Hollywood und ein Happy End schon gar nicht absehbar ist.

Zu diesem kriegsromantischen Denken passt auch folgende Meldung aus der Zeitschrift »Meridian«:

> »Die US-Armee hat das Institute for Creative Technologies (ICT) beauftragt, zwei Trainingssimulatoren zu entwickeln, die gleichzeitig auch als Video- und Computerspiele vertrieben werden sollen.
> So soll spielend erlernt werden, worauf es in den Kriegen des 21. Jahrhunderts ankommt. Der Executive Director von ICT, Richard Lindheim: ›Während diese Produkte einzigartige Trainingshilfen für potenzielle Generäle und Gruppenführer bieten, können sie auch Videospielern überall beibringen, mit Menschenmaterial und Informationen umzugehen – diese Fertigkeiten werden ihnen in ihrem späteren Beruf enorm helfen.‹«

Die doppelte Verwertung als Trainingssimulator für künftige Generäle und als Videospiel für Teenies und Kids erspart enorme Entwicklungskosten, und jeder Spieler unterstützt mit dem Kauf des Videospiels die Rüstungsindustrie. So werden Kids zu Killern erzogen. Am ICT sind übrigens viele Hollywood-Regisseure von Kriegsfilmen beteiligt.

Nachrichtenmanipulation – auch in Deutschland

Die Terroranschläge des 11. September 2001 haben die westliche Welt erschüttert. Wir wurden in einen Schock versetzt. Die Fernsehbilder der einstürzenden Türme empfanden Millionen wie einen Albtraum. Wie aber entkomme ich diesem Albtraum? Es gibt nur einen einzigen wirksamen Weg: Aufwachen! Aber hat uns der Schock aus dem Albtraum gerissen? Sind wir mehrheitlich aufgewacht? Offensichtlich nicht, denn Gewalt und Terror gehen weiter. Solange wir schlafen, können wir nichts tun! Das Problem ist freilich, dass die meisten Schlafenden gar nicht wissen, dass sie schlafen, und dass sie es eigentlich gar nicht wissen wollen.

Auch die deutsche Bundesregierung betreibt Nachrichtenmanipulation. Das Verteidigungsministerium hatte den Einsatz deutscher Spezialtruppen in Afghanistan quasi zum Staatsgeheimnis erklärt und ihre Anwesenheit dort noch dementiert, als das Pentagon sie schon bestätigt hatte. Auf CNN habe ich am selben Abend deutsche Soldaten in Afghanistan gesehen, als sich der deutsche Verteidigungsminister noch ahnungslos gab. Was soll man einer Regierung, die Nachrichten unterdrückt, eigentlich noch glauben?

Im Sommer 2002, fast ein Jahr nach dem 11. September und nach Beginn des US-Bombardements in Afghanistan, suchen die amerikanischen Streitkräfte in den Bergen des zentralasiatischen Landes mit allen Mitteln nach der Front des Bösen, um den Endsieg zu erringen. Aber diese Front gibt es nicht. Nach 30 Jahren Krieg und Bürgerkrieg gibt es eine totale Verwirrung um Freund und Feind. Für die »Zeit« beschreibt Ulrich Ladurner die Erkenntnis seines jüngsten Besuchs an der »Front« in der südostafghanischen Stadt Gardes:

»Man kommt und hat alles schön geordnet im Kopf: hier der Feind, dort der Freund; hier die Niederlage, dort der Sieg; hier Vergangenheit und dort die Zukunft. Man verlässt die Stadt, und im Kopf herrscht Durcheinander: Wo ist der Feind? Wo ist der Freund? Wo die Niederlage? Und vor allem: Wo ist der Sieg?«

Da muss einem doch das Bild vom armen George W. Bush in den Kopf kommen mit seinem Denken in den Kategorien von Gut und Böse. Ist alles vielleicht doch komplizierter, als sich das der Ölmann aus Texas vorgestellt hat?

Die Tragödie der US-Innenpolitik nach dem 11. September: Die liberale Mitte, die Linken und die Wertkonservativen waren sprachlos, hilflos und unorganisiert. Die Konservativen und die fundamentalistischen Rechten waren zwar gut organisiert und sie haben viel Geld für ihre Kampagnen – nur Argumente haben sie nicht. So kann die Bush-Administration das Gespenst »Krieg gegen den Terror« dazu benutzen, ihre Agenda durchzuziehen: Steuererleichterung für die Reichen, Kürzung von Geldern im Sozial- und Umweltbereich, eine neue Energiepolitik ganz im Sinne der großen Konzerne und die Erhöhung der »Verteidigungs«-Ausgaben.

Die US-amerikanische Sozialethnologin und Autorin Barbara Ehrenreich über Bushs Innenpolitik nach dem 11. September:

»Es ist in der Tat besorgniserregend, wie die Bush-Administration nach dem 11. September mit Verfassungs-, Bürger-, ja sogar mit Menschenrechten umspringt. Ich würde mich in diesem Land sehr viel sicherer fühlen, wenn die Regierung endlich damit aufhören würde, Ariel Scharon zu unterstützen, und ebenso auch damit, ganze Nationen zu verteufeln. Warum diese Provokationen? Das Verhaften von Menschen mit Turbanen ist ebenso sinnlos wie das Werfen von Bomben – beides ist bloße Bekämpfung von Symptomen und völlig kontraproduktiv.«

Intellektuelle gegen George W. Bush

Barbara Ehrenreich hat zusammen mit 150 anderen Intellektuellen und Wissenschaftlern sieben Monate nach dem 11. 9. dem Aufruf der 58 Bush-treuen Intellektuellen widersprochen. Hauptsächlich Ökonomen wie Edward Hermann und Dean Baker, aber auch der katholische Bischof und Menschenrechtsaktivist Thomas Gumbleton wiesen mit Barbara Ehrenreich und Susan Sontag die Thesen vom »gerechten Krieg gegen den Terrorismus« zurück. In einem Brief an ihre »Freunde in Europa« schreiben sie:

»Als Bürger der Vereinigten Staaten tragen wir eine besondere Verantwortung, uns dem Wahnsinn dieser kriegerischen Entwicklung zu widersetzen. Eine besondere Verantwortung fällt aber auch Ihnen als Europäer zu. Denn die meisten europäischen Staaten sind im Rahmen der NATO mit den USA militärisch verbündet. Die Vereinigten Staaten behaupten, der Krieg diene der Selbstverteidigung, aber zugleich auch, er werde zum Schutz der ›Interessen ihrer Verbündeten und Freunde‹ geführt. Ihre Länder werden zwangsläufig in die militärischen Abenteuer der USA hineingezogen werden. Auch Ihre Zukunft ist in Gefahr!

Viele informierte Menschen innerhalb wie außerhalb der europäischen Regierungen sind sich des gefährlichen Irrsinns der von der Bush-Administration eingeschlagenen Kriegspolitik bewusst. Aber nur wenige haben den Mut, dies auch ehrlich auszusprechen. Sie lassen sich von den möglichen Vergeltungsmaßnahmen gegen

›Freunde‹ und ›Verbündete‹ einschüchtern, die ihre bedingungslose Unterstützung aufkündigen. Außerdem haben sie Angst davor, als ›antiamerikanisch‹ zu gelten – Letzteres eine Bezeichnung, mit der absurderweise auch US-Amerikaner gebrandmarkt werden, die die Kriegspolitik kritisieren.«

Man muss es auch in der derzeitigen deutschen Debatte immer wieder betonen: Wer Bushs Kriegspolitik kritisiert, ist so wenig antiamerikanisch wie jemand antijüdisch ist, wenn er Scharons illegale Siedlungspolitik im Westjordanland ablehnt. Mit intellektueller Redlichkeit oder gar Moral haben diese Scheinargumente weder in den USA noch in Deutschland etwas zu tun. Sie sind schiere Ideologie und ein Ausdruck von Dummheit und einer Philosophie, die dem Stärkeren automatisch mehr Rechte zuschanzen möchte als dem Schwachen. Es hat gerade in der deutschen Geschichte eine lange Tradition, dass sich Intellektuelle nur allzu gerne in den Rockschößen der Mächtigen geborgen fühlen. Recht hat, wer so stark ist wie die USA in der Welt oder Israel in Nahost. Dieses Denken ist das Denken des Dschungels, aber nicht das Denken in den Kategorien eines modernen Rechtsstaates. Intellektuelle stehen immer vor der Wahl, sich hinter der arroganten Torheit der Mächtigen zu verstecken oder diese zu entlarven.

Das Recht zur Selbstverteidigung ist ein kollektives Menschenrecht, meinen die 150 kritischen US-Intellektuellen in Abgrenzung zu ihren 58 regierungsangepassten Kollegen. »Die Menschheit als Ganzes hat das Recht, ihr eigenes Überleben gegen die Selbstverteidigung einer keinen Beschränkungen unterworfenen Supermacht zu verteidigen.«

Die Terroristen von New York und Washington waren zu einem bisher für uns unvorstellbaren Verbrechen fähig. Mit Befreiung der Armen hat das, was der Millionärssohn aus Saudi-

Arabien mitzuverantworten hat, natürlich nichts zu tun. Bin Ladens Ideologie und Machtgeilheit wird aus einer Quelle gespeist, die westliche Intellektuelle – linke, liberale wie konservative – kaum nachvollziehen können. Man kann den ideologischen Nährboden Osama Bin Ladens getrost »klerikalen Faschismus« nennen, wie es der US-Linksliberale Michael Walzer tut. Religion gilt den meisten Intellektuellen sowohl in ihrer lichten, heilsamen wie in ihrer dunkel-zerstörerischen Seite als grundsätzlich krankhaft. Deshalb ist die scheinreligiöse Argumentation der Al-Qaida-Kämpfer für westliche Intellektuelle einfach nicht fassbar. Dabei hat diese dunkle, fundamentalistische Seite von Religion auch in der Geschichte des »christlichen« Abendlandes 2000 Jahre lang eine zentrale Rolle gespielt. Sowohl in Nahost wie in Nordirland und zum Teil bis heute in den USA und im Vatikan ist noch viel davon zu spüren.

Die intellektuelle Verwirrung nach dem 11. September wird geradezu atemberaubend, wenn wir beobachten, wie sprachlos die US-Intelligenz den neuen Atombombenplänen ihrer Regierung gegenübersteht. Die urreligiöse Kategorie »Du sollst nicht töten« wird in den intellektuellen Debatten immer mehr ausgeklammert und verdrängt. Damit allerdings geben wir die Basis unserer Humanität auf.

Am atomaren Scheideweg

Vor zwanzig Jahren habe ich in meinem *Frieden ist möglich – die Politik der Bergpredigt* aufgezeigt, was uns bei einem Atomkrieg bevorsteht. Mit dem Ende des Kalten Krieges schien die größte atomare Bedrohung überwunden zu sein. Doch das Gegenteil ist richtig. Die Politik der atomaren Abschreckung, das heißt der »gegenseitig garantierten Vernichtung« besteht weiter.

Und die US-Regierung prüft ernsthaft, ob mit kleinen Atombomben ein »verantwortbarer Atomkrieg« gegen Terroristen nicht doch noch geführt werden könnte. Die USA setzen große Hoffnungen auf »kleine« Atombomben. Wir stehen an einem atomaren Scheideweg.

Nicht zufällig plädieren frühere Befürworter der atomaren Abschreckung wie Robert McNamara, Helmut Schmidt und Michail Gorbatschow heute für »Abschaffen«.

Wie ernst die amerikanische Regierung die Möglichkeit, Atomwaffen einzusetzen, aber noch immer nimmt, erklärte schon unter der Regierung Bill Clinton das Mitglied im Nationalen Sicherheitsrat, Robert Bell: Im Fall eines Angriffs werde ein nuklearer Vergeltungsschlag »zwingend, allumfassend und vernichtend« sein. Folglich, so Bell weiter, werden »bis auf unbestimmte Zeit« Atomwaffen für die Sicherheit der USA fundamental sein.

Auch Russland verfügt noch über ein so großes Atomwaffenarsenal, dass die USA oder jedes andere Land oder auch die ganze Menschheit »zwingend, allumfassend und vernichtend« zerstört werden könnte.

Die Politik der nuklearen Abschreckung bleibt in Kraft – auch nach dem Bush-Putin-Pakt über die Reduzierung der Atomraketen. Ein Teil der atomaren Sprengköpfe wird zwar abmontiert, aber nicht vernichtet.

Jonathan Schell, der mich 1982 mit seinem Weltbestseller *Das Schicksal der Erde* in meinem damaligen pazifistischen Engagement stark beeinflusst hatte, fragt in seinem neuen Buch *Am Scheideweg – Die Atomwaffen und die Zukunft der Erde:*

»Die großen Atomwaffenarsenale der Vereinigten Staaten und der Sowjetunion wurden zu Zeiten des Kalten Krieges angelegt. Was spricht dagegen, sie aufzulösen, jetzt, da es diesen Konflikt nicht mehr gibt? Sind diese Waffen nicht ein Relikt der Vergangenheit und somit überflüssig? Die Völker des Sowjetreichs haben es geschafft, sich von ihrem totalitären Regime zu befreien. Warum sollte es uns nicht gemeinsam gelingen, uns von dem Regime atomaren Terrors zu befreien, indem wir sämtliche Atomwaffen vernichten?«

Jonathan Schells neues Buch ist ein Plädoyer zur Abschaffung aller Atomwaffen, nicht nur in den USA und Russland, sondern weltweit. Eine Reihe von Expolitikern und Exmilitärs, die vor gar nicht allzu langer Zeit noch die Möglichkeit der gegenseitigen atomaren Vernichtung für notwendig hielten, unterstützen heute die Forderung Schells. Die Interviews für sein Buch führte der Autor allerdings vor dem 11. 9. 2001.

Danach hatten es Besonnenheit und Vernunft noch schwerer. Umso wichtiger ist es aber, besonnen und nüchtern darüber nachzudenken, ob mit Atomwaffen – großen oder kleinen – Terrorismus erfolgreich bekämpft werden könnte. Würde nicht gerade der Einsatz von atomaren Waffen bei der Terrorismusbekämpfung zwangsläufig dazu führen, dass noch mehr Zivilisten getroffen und getötet würden als schon heute durch den Einsatz von konventionellen Waffen?

Atomschlag: »zwingend, allumfassend und vernichtend«

Auch nach den Vereinbarungen über atomare Abrüstung zwischen Bush und Putin im Mai 2002 haben die USA und Russland jeweils noch immer die Möglichkeit, einen mehrfachen globalen atomaren Genozid zu befehlen.

Völkermord ist nach internationalem Recht das schlimmste aller Verbrechen, aber die Hohepriester des atomaren Vergeltungsschlags erklären uns noch immer, dass diese Möglichkeit »zwingend, allumfassend und vernichtend« aufrechterhalten werden müsste. Solange es Atombomben auf dieser Erde gibt, bleibt der grenzenlose Massenmord möglich. Solange aber dieser Zustand anhält, befindet sich die politisch engagierte Menschheit in einer moralischen Krise. Die einzige Chance, die Krise wirklich zu überwinden, heißt: Abschaffen.

Kein Moralexperte und kein Gewissen der Welt erlauben den Massenmord von unschuldigen Menschen. Aber genau das verlangt die Politik der »gesicherten gegenseitigen Vernichtung« durch einen Atomkrieg.

Der gesunde Menschenverstand rebelliert gegen diese Vorstellung – aber die »Realpolitiker« sagen uns, das müsse so sein, anders könnten wir nicht oder noch nicht leben.

Wir spüren, dass eine solche Politik krank sein muss. Unsere persönliche Seele und die kollektive Psyche erhalten eine höchst willkommene Heilungschance, wenn es doch noch gelingt, alle Atomwaffen abzuschaffen. Wahrscheinlich würden wir staunen über die dann einsetzenden weltweiten Heilungsprozesse auf politischen und gesellschaftlichen Ebenen. Aber noch sind wir insgesamt nicht mutig genug zu einer atomwaffenfreien Welt. Noch frisst die Angst unsere Seelen auf!

Leben die Inder und die Pakistaner sicherer, gesünder und besser, seit auch ihre Regierungen glaubten, die Atombombe bauen zu müssen, um damit drohen zu können? Nach Bells Äußerungen überrascht es nicht, dass im Frühsommer 2002 auch der indische Verteidigungsminister erklärte: »Im Notfall setzen wir sie ein.« Mit Drohungen fängt jeder Krieg an.

Die Generäle und Regierungschefs reden jetzt wieder über »Erstschlag-« und »Zweitschlagkapazitäten« wie Stammtischbrüder über Fußball und Bier. Und Fernsehmoderatoren reden über »Mini-Nukes« wie Mediziner über eine Blinddarmoperation. Alles ganz harmlos! Hiroshima und Nagasaki hat es offenbar nie gegeben.

Schlimm ist: Es gibt Politiker und Militärs, die sich nicht vorstellen, was sie anstellen. Und wenn sie sich eine zerstörte Welt vorstellen, dann können sie offenbar ganz gut damit leben.

Haben sie nie einen Film über die Überlebenden von Hiroshima ohne Haut und Haar gesehen? Nie einen Film über Leichen, die im Fluss erstickten? Nie ein Bild von Kindern, deren Kleider in die Haut eingebrannt waren? Haben sie nie einen Bericht gelesen über Neugeborene, denen Krebs genetisch eingepflanzt war? Haben sie am Jahrestag des 6. oder 9. August nie eine Rede der Bürgermeister von Hiroshima oder Nagasaki gehört oder gelesen?

Noch schlimmer ist, dass Atomwaffen inzwischen wieder weltweit toleriert werden – in Ost und West, in Süd und Nord.

Am allerschlimmsten freilich ist die scheinheilige Aufregung von Atomstaaten über die Atombomben von Indien und Pakistan. Mit dem erhobenen Zeigefinger moralischer Entrüstung über die Atomkriegsgefahr in Kaschmir kann man sehr leicht von den alten Widersprüchen ablenken. Aber auch dieses Manöver wird letztlich und eines Tages den Atomkrieg nicht verhindern, wenn wir nicht alle Atomwaffen abschaffen.

Der grüne deutsche Außenminister Joschka Fischer ist mit seinem Versuch, am Beginn seiner Amtszeit die atomare Erstschlagsphilosophie in Frage zu stellen, bei seinen NATO-Kollegen gescheitert. In dieser Situation der Fixierung auf den atomaren Status quo bei den Herrschenden gibt es wiederum – wie zurzeit der atomaren Nachrüstung vor 20 Jahren – nur *eine* wirksame Möglichkeit, etwas zu verändern: von unten!

Michail Gorbatschow hat einmal gesagt, er habe seine Entspannungs- und Abrüstungspolitik in den 80er Jahren im Osten nur deshalb durchhalten können – wie wir heute wissen, unter Lebensgefahr –, weil im Westen die Friedensbewegung mächtig war und einen starken Druck zur Abrüstung auf ihre Regierungen ausübte.

Das Gipfeltreffen zwischen Michail Gorbatschow und Ronald Reagan 1986 in Reykjavik war das bisher einzige im Atomzeitalter, auf dem die beiden stärksten Atommächte der Welt ernsthaft über die Beseitigung aller Kernwaffen diskutierten. Gorbatschow wollte es – die USA nicht.

Ein Großteil der Friedensbewegung wäre 1983 schon zufrieden gewesen, wenn die Atomwaffenarsenale wenigstens eingefroren worden wären. Nur vier Jahre später wurden sie nicht nur eingefroren, sie wurden sogar reduziert. Trauen wir uns zu, an diesen Erfolg anzuknüpfen und jetzt zu fordern, dass *alle* Atomwaffen vernichtet werden!

Am Tag, als eines der Abkommen zur Ächtung von Landminen von 121 Nationen unterzeichnet wurde, sagte die irische Friedensnobelpreisträgerin Jody Williams:

> »Zusammen sind wir eine Supermacht. Das ist eine neue Definition von Supermacht. Gemeinsam sind wir unschlagbar.«

Diesem Tag ging allerdings eine vieljährige Bewusstseinsarbeit in zahlreichen Ländern voraus.

Atomwaffen waren international – auch in der Friedensbewegung – beinahe vergessen worden. Die neuen atomaren Rüstungspläne bergen aber auch die Chance, dass weltweit Millionen Menschen erneut aufwachen und sich stark machen für die Abschaffung der größten und schrecklichsten Waffe aller Zeiten. Eine Welt ohne »gegenseitig gesicherte Vernichtung« wäre der Beginn einer menschlicheren Welt.

Keine persönliche Partnerschaft könnte unter solchen Voraussetzungen je gelingen, wie wir sie in der Politik noch immer zulassen. Aber, so wird häufig eingewendet, hat nicht gerade die Existenz von Atomwaffen bewiesen, dass sie gar nicht eingesetzt werden?

Dieser Einwand ist schon deshalb nicht zutreffend, weil die US-Regierung 1945 zweimal Atombomben eingesetzt hat! Das Ergebnis ist bekannt. Außerdem schreibt Expräsident Richard Nixon in seinen Memoiren, dass er während seiner Amtszeit mindestens zweimal daran dachte, Atomwaffen einzusetzen. Dieses atomare Glücksrittertum ist erst dann überwunden, wenn die letzte Atombombe vernichtet ist.

Zum Zweiten: 1996 unterzeichneten mehr als 140 Spitzenpolitiker der Welt einen Aufruf zur Abschaffung der Atomwaffen, unter ihnen der georgische Staatschef Eduard Schewardnadse, der frühere US-Präsident Jimmy Carter und der frühere Bundeskanzler Helmut Schmidt. 17 Jahre zuvor hatte der deutsche Exkanzler zusammen mit Jimmy Carter noch die atomare Nachrüstung des Westens forciert.

Es sollte uns gelingen, ein politisches Klima zu schaffen, in dem Atomwaffen nicht als Stärke, sondern als Schwäche betrachtet werden. Führende Militärs sind schon lange der Ansicht, dass Atomwaffen militärisch komplett bedeutungslos sind. Der Tag wird kommen, an dem es als schändlich gilt, nach Atomwaffen zu streben, weil wir uns dann endlich den eigentlichen Problemen auf unserem schönen Planeten zuwenden können.

Bei einer Diskussion in Berlin fragte ich den ehemaligen US-Verteidigungsminister McNamara, der sich für seine Vietnampolitik gerade öffentlich entschuldigt hatte, warum er heute gegen Atomwaffen sei. »Sie stellen ein zu hohes Sicherheitsrisiko dar. Das sollten wir vermeiden. Wir brauchen mehr Sicherheit. In der Kubakrise sind wir haarscharf einem Atomkrieg entgangen.« »Können Sie sich im 21. Jahrhundert auch eine Welt ohne Armeen vorstellen?«, fragte ich nach. »In einigen Jahrzehnten ja«, antwortete Robert McNamara. Dann kam er noch mal auf Atomwaffen zu sprechen und meinte: »Der Einsatz von Atombomben ist nicht nur Massenmord, er ist auch Selbstmord. Er ist einfach unmoralisch und nicht akzeptabel.«

McNamara saß bei dieser Diskussion, die ich moderierte, links von mir, rechts saß der Dalai Lama und strahlte über den bekehrten früheren Kalten Krieger aus Washington. Schließlich flüsterte mir der »Papst des Ostens« ins Ohr: »Ich stimme ihm voll zu.«

Robert McNamara sprach weiter: »Wir haben in den Kriegen des 20. Jahrhunderts 160 Millionen Menschen verloren. Wir müssen über Auswege aus diesem schrecklichen Dilemma nachdenken.«

Unser Ziel sollte nicht nur eine Welt ohne Atomwaffen, sondern eine Welt ohne Krieg sein. Es gibt ein einziges Beispiel dafür, dass eine Regierung ursprünglich auf Atombomben setzte und sie dann doch wieder abgeschafft hat: Südafrika. Der große weise Nelson Mandela hat die Atomwaffenpolitik seiner Vorgänger zu korrigieren gewagt. Er hat als regierender Politiker bewiesen, dass die Abschaffung grundsätzlich möglich ist. Wir brauchen also auch weise, moralisch inspirierte Führer, die erkennen, dass Atomwaffen ein Spielzeug für Narren sind und Ausdruck einer Geisteskrankheit.

Die heute aktiven Politiker müssen gar nichts anderes tun, als die Ratschläge einiger ihrer heute klüger gewordenen Vorgänger umzusetzen.

Jonathan Schell stellt auch die Frage nach der Gefahr atomarer Wiederaufrüstung nach einer totalen Abrüstung.

Seine Antwort: »Die Angst vor einer nuklearen Wiederaufrüstung würde stets über die Einhaltung der Verträge wachen, in denen sich die Welt zur Vernichtung von Kernwaffen verpflichtet. Der Unterschied zur heutigen Situation wäre, dass das Abschreckungsprinzip nicht mehr zwischen einzelnen Staaten wirkt, sondern dass sich alle Staaten gegenseitig davon abhalten, den Weg zur erneuten nuklearen Eskalation einzuschlagen.«

Solange die USA als stärkste Militär- und Atommacht versuchen, andere von der Bombe abzuhalten, an der sie selber festhalten, kann atomare Abrüstung nicht wirklich funktionieren. Die USA müssten ernsthafter als bisher atomar abrüsten. Nur dann lassen sich Atombomben abschaffen und für alle Zeit verbieten. Solange es noch Atombomben bei irgendeinem Staat gibt, wird der alte Grundsatz gültig bleiben, den wir nun seit über 50 Jahren bestätigt finden: Atomwaffen erzeugen neue Atomwaffen. Erst in den USA, dann in der UdSSR, dann in Frankreich, England, China, Südafrika, Indien, Pakistan, Israel … Atomwaffen sind ein Spielzeug für Narren!

Noch haben wir die Möglichkeit, dem Schrecken ein Ende zu setzen. Doch eines Tages könnte es zu spät sein. Das gilt in ganz analoger Weise auch für unsere heutige Energiepolitik mit ihrer Gefahr konventioneller und nuklearer Kriege und der zunehmenden Klimazerstörung durch das Verbrennen von Kohle, Erdgas und Erdöl.

Die alte Energiepolitik entpuppt sich mehr und mehr als ein systematisch organisierter Unfrieden. Mit Öl, Gas, Kohle und Atomenergie bekommen wir niemals Ordnung in das heutige weltpolitische Chaos. Der komplette Umstieg in erneuerbare Energien und der Ausstieg aus den fossilen Rohstoffen sowie aus der Atomenergie ist als Friedenspolitik eine der faszinierendsten und dringendsten Aufgaben der Regierungen, der Wirtschaft und der Gesellschaft in der ersten Hälfte des 21. Jahrhunderts. Wir haben am Beginn des dritten Jahrtausends erstmals die Möglichkeit, an einer Welt mitzubauen, in der es keine Kriege mehr geben muss. Das ist die Chance der heutigen Krise. Wir haben im Gegensatz zu früheren Generationen das technische Wissen, das Sonnenlicht und seine »kleinen Schwestern« wie den Wind, das Wasser und die Biomasse in großem Stil und weltweit zu nutzen.

Jeder Mann und jede Frau kann dieses Abenteuer bewusst miterleben und mitgestalten, weil wir alle Energie brauchen. Wir verbrauchen sie täglich als Strom, Wärme, Kühlung oder Benzin, und deshalb können wir uns täglich entscheiden, woher unsere Energie kommen soll.

Bevor wir aber den Blick auf die friedensstiftenden erneuerbaren Energien werfen, müssen wir die Frage beantworten, wie es historisch dazu kam, dass um Öl, Gas und Kohle Kriege geführt wurden und werden.

III. KAPITEL

Öl-Wechsel

Öl als Waffe

Der Wiener Europa-Abgeordnete Hans Kronberger meinte 1998: »Unser Weg der fossilen Energienutzung in Form von Öl, Kohle und Erdgas ist brandgefährlich, so gefährlich, dass selbst ein dritter Weltkrieg nicht auszuschließen ist.«

Die politischen und militärischen Reaktionen auf den 11. September 2001 geben ihm Recht. Mit welchen Folgen müssen wir rechnen, wenn der »globale Feldzug gegen den Terrorismus« – wie von George W. Bush angekündigt – bis zu zehn Jahren dauert?

Kühl kalkulierende Strategen machten das Erdöl zur Waffe um die Weltherrschaft. Schon vor 100 Jahren begann zuerst die Weltmacht England und später die Supermacht USA, ihre ökonomische und politische Macht an den Rohstoff Öl zu binden. In Deutschland hatte 1885 Gottlieb Daimler den ersten mit Benzin betriebenen Motor entwickelt, der für Straßenfahrzeuge verwendet werden konnte.

Bereits im Ersten und Zweiten Weltkrieg ging es auch um die Erdölfelder des Nahen und Mittleren Ostens, um die Vorherrschaft im Kaukasus und um die Zukunft der Ressourcen von Mexiko bis Persien, von Südamerika bis Afrika.

Denn: Ein kohlebefeuertes Schlachtschiff, das eine kilometerlange Rauchwolke produziert, kann in einer Entfernung von zehn bis zwanzig Kilometern noch erkannt werden, nicht aber ein mit Heizöl betriebenes Kriegsschiff. Zudem kann man an einem halben Tag ein großes Schiff mit Öl auftanken. Das Verladen der Kohle dauerte etwa zwanzigmal so lange. Im 20. Jahrhundert wurde Öl als Treibstoff kriegsentscheidend.

Außerdem waren mit Erdölkraftstoffen betriebene Motoren wesentlich leichter als mit Kohle befeuerte Schiffsdampfmaschinen und verbrauchten 75 Prozent weniger Energie.

Schon 1882 hatte sich in Großbritannien Admiral Lord Fisher dafür eingesetzt, dass Großbritannien seine Flotte von Kohle auf Erdöl umstellte.

Es gab noch keinen Dieselmotor. Die großen britischen Schiffe – militärische wie zivile – fuhren bald nach dem Beginn des Ersten Weltkrieges 1914 schweres Heizöl statt Kohle. Das umweltschädliche schwere Heizöl ist bis heute der Treibstoff, mit dem fast alle Ozeanriesen, auch luxuriöse Kreuzfahrtschiffe, auf denen die Passagiere bis zu 1000 Euro pro Tag bezahlen, die Meere unserer Welt befahren. Kein PKW oder LKW dürfte mit einer solchen Dreckschleuder die Umwelt verschmutzen. Zudem wird das hochgiftige Schweröl nicht einmal besteuert. Die größte Umweltbelastung ist bis heute steuerfrei – das gilt auch für das Kerosin in Flugzeugen. Noch immer zahlen gutbetuchte Reisende in Fliegern und Luxusdampfern keine Steuer für ihren Spritverbrauch.

In England begann das eigentliche Erdölzeitalter. Das Problem war, dass Großbritannien selbst keine eigenen Ölfelder besaß. Es war zunächst vom Öl aus USA, Russland und Mexiko abhängig. Beim Ausbruch des Ersten Weltkrieges spielte Erdöl eine zentrale Rolle. Die Ölwaffe wurde ein Machtmittel britischer Vorherrschaft. Zwei Ereignisse in Deutschland hatte die englische Elite um ihre Vorherrschaft in der Welt fürchten lassen: erstens der deutsche Flottenausbau und zweitens die Pläne für den Bau einer Eisenbahnlinie von Berlin nach Bagdad, der so genannten Bagdadbahn.

Bis zum Kriegsausbruch 1914 war Kohle der wichtigste Brennstoff für Industrie und Transport. Deutschland hatte England bei der Kohleförderung beinahe eingeholt. Die Hälfte der Elektrogeräte weltweit stammte aus Deutschland. Die Lokomotive für das damalige deutsche Wirtschaftswunder zwischen 1870 und 1914 war der Ausbau des Eisenbahnnetzes. Und jetzt noch die geplante Bagdadbahn.

Die überzeugendste wissenschaftliche Untersuchung über die Bedeutung der Ölwaffe für die Weltpolitik des 20. Jahrhunderts hat der bereits zitierte F. William Engdahl vorgelegt. Über Englands Angst vor einer deutschen Eisenbahn nach Bagdad schreibt er:

> »Die Eisenbahnstrecke Berlin-Bagdad war der Nerv einer brillanten und praktikablen Wirtschaftsstrategie, für die der Industrielle Georg von Siemens sich und andere begeistert hatte. Die Frage des Erdöls bildete dabei sicherlich einen wichtigen Hintergrund. In London läuteten die Alarmglocken. Hier liegt der Ursprung der Verstrickungen und Feindseligkeiten, die zu zwei Weltkriegen führten und heute noch auf tragische Weise im Nahen Osten ausgefochten werden.«

Seit 1914 stand Öl im Mittelpunkt der strategischen Interessen Englands. England machte als erste Großmacht der Welt Ölpolitik. Zur Rolle des Öls im Ersten Weltkrieg schreibt Engdahl:

> »Das Erdöl erwies sich dabei als unumgänglicher Schlüssel zum militärischen Erfolg. Das Zeitalter des Luftkrieges, der beweglichen Panzerkämpfe und der raschen Marineeinsätze begann. All das stand oder fiel mit der sicheren und reichlichen Treibstoffversorgung.«

Das Erdöl war seit dem Ersten Weltkrieg in den Mittelpunkt der Geopolitik gerückt. Kriege konnten jetzt viel »effizienter« als jemals zuvor geführt werden. Das »Ergebnis« der Ölwaffe waren über 15 Millionen Tote im Ersten Weltkrieg.

1914: Sieger brauchen Öl und Blut

Menschen konnten von nun an ausgerottet werden wie bei einer Entlaubungsaktion oder wie bei einer Ungezieferbekämpfung. George W. Bush spricht heute vom »Kampf gegen das Böse«. Das Schlimme ist, dass wir das Böse immer nur in anderen sehen wollen, niemals aber in unserem Kampf gegen sie. Diese Schizophrenie hat zum Beispiel zur Folge, dass wir einen Mörder nennen, wer im Privatleben einen Menschen tötet, aber einen Helden, wer im Krieg Massenmord begeht. Noch nie hat jemand überzeugend erklären können, welchen Sinn es macht, den Grundsatz aller Moral, »Du sollst nicht töten«, im Krieg außer Kraft zu setzen.

Wie soll es je bei den grauenhaften Massenmorden im Ölzeitalter Sieger geben? Bei jedem Krieg steht der große Verlierer von vornherein fest: die Menschlichkeit. »Tötet! Tötet! So viel ihr könnt!«, hieß der Einsatzbefehl im Ersten Weltkrieg. Für die Massenindustrie des Tötens von Millionen Menschen war Öl das wichtigste Schmiermittel geworden.

Die französische Armee hat dank des Erdöls während des Ersten Weltkrieges ihren LKW-Bestand von 110 auf 70 000 erhöht und ihre 132 Flugzeuge von 1914 auf 12 000 im Jahr 1918. Für die Schlussoffensive der Alliierten an der Westfront wurden täglich 12 000 Fass Öl verbraucht.

Der französische Kriegsminister Clemenceau schrieb 1917 an den US-Präsidenten Wilson: »Ein Ausfall in der Ölversorgung wird unsere Armeen unmittelbar auflösen ... Wenn die Alliierten den Krieg nicht verlieren wollen, dann dürfen sie Frankreich für den Fall einer deutschen Großoffensive nicht das Öl vorenthalten, das auf den Schlachtfeldern von morgen so unentbehrlich wie das Blut ist.«

Öl und Menschenblut brauchte man also, um Kriege zu »gewinnen«, meinte Frankreichs Kriegsminister. Und Englands Außenminister Lord Curzon kommentierte das Kriegsende so:

> »Die Alliierten wurden auf einer Welle von Öl zum Sieg getragen ... Seit Beginn des Krieges eroberten sich das Öl und seine Produkte die Führungsposition unter den Kampfstoffen, mit denen die Alliierten den Krieg führen und gewinnen konnten. Wie hätten sie ohne Öl die Beweglichkeit der Flotte, den Transport der Truppen oder die Herstellung der Sprengstoffe ermöglichen sollen?«

Der Direktor des französischen Generalkomitees zur Ölbeschaffung, Henry Berenger, war sich ganz sicher:

> »Öl war das Lebensblut für den Sieg. Deutschland legte zu viel Wert auf seine Überlegenheit bei Kohle und Stahl und hat unsere Überlegenheit in der Ölversorgung zu wenig in Rechnung gestellt.«

Alle künftigen Kriegführenden haben diese Analyse verstanden. Auch Adolf Hitler! Aber es sollte noch schlimmer kommen: Bald gab es nicht nur Kriege mit Öl, sondern Kriege um Öl!

Die Frage nach dem Sinn des Massenschlachtens von 15 Millionen Menschen wurde auf keiner der großen internationalen Konferenzen ernsthaft diskutiert. Um beim nächsten Mal wieder dabei sein zu können, durfte sich keiner schuldig fühlen. Es gab kein moralisches Aufarbeiten und keine moralische Klärung. Die Schuldgefühle der Massenmorde blieben unbedacht und unausgesprochen in Millionen Seelen. Das war der Stoff für den nächsten, noch grauenhafteren Krieg.

Die Franzosen wollten wahnsinnig hohe Reparationen von den Deutschen für die Schmach von 1871; England wollte das Deutsche Reich gegen die Sowjetunion ausspielen; Stalin träumte von der Weltrevolution und Deutschland später unter Hitler von »Rache für Versailles«. Solange 18-jährige junge Männer überall auf der Welt lernen, auf Befehl zu töten, wird sich daran nichts ändern. Sie vergessen dann ganz schnell, dass sie als Kind mal gelernt hatten: »Du sollst nicht töten!«

England ging zwar aus den Versailler Verhandlungen als unangefochtene Weltmacht hervor, stand aber nicht einmal finanziell besser da als vor 1914. Es hatte den Krieg mit Geld gewonnen, das aus den USA geliehen war.

Dass schon der Erste Weltkrieg ein einziger kollektiver Irrtum war, wurde immer noch nicht bedacht. Europa und die USA waren für den Kollektivwahn gemeinsam verantwortlich. Welch eine Chance, daraus etwas zu lernen! Aber sie wurde verspielt. Wenn wir nach den Gaskriegen von Verdun, nach den Panzerschlachten und dem Einsatz von chemischen Mitteln verstanden hätten, welchen Wahnideen wir nachgelaufen waren, hätte es noch eine Möglichkeit gegeben, die Rache des Adolf Hitler zu verhindern.

Um Hitler oder Stalin oder Saddam Hussein oder Osama Bin Laden künftig zu verhindern, müssen wir rechtzeitig und präventiv über die Ursachen von Hitler, Bin Laden und Konsorten nachdenken.

Die sieben Ölschwestern

Solange wir aber das Böse *in* uns verdrängen, werden wir es *um* uns züchten und immer neue und schrecklichere Schlachten, ja schließlich und endlich sogar Atomkriege gegen das Böse führen. Das Schlimmste dabei ist: Ohne innere Umkehr werden wir auch noch Atomkriege mit bestem Gewissen führen! Verwundete Seelen rufen nach immer grausameren Taten. Wem das Töten zum besinnungslosen Handwerk wurde, der darf über seine Taten keine Tränen mehr weinen. Der Krieg tötet alle und alles – aber zuerst unser Gewissen und unsere Seelen.

Der Erste Weltkrieg hat gezeigt, dass nicht die Länder und Gesellschaften die großen Gewinner sind, in denen das Erdöl lagert, sondern diejenigen, die es erschließen, transportieren und verkaufen.

So hatte England bis 1928 nahezu das Monopol über das Erdöl im gesamten Nahen Osten. Die USA beschafften ihr Erdöl überwiegend aus Mexiko und Südamerika.

Die USA und England warben nach 1917 erfolglos um das Öl der Sowjetunion. Die Sowjets wollten ihren Rohstoff selbst fördern. Nach dem deutsch-sowjetischen Vertrag von Rapallo 1922 lieferte Deutschland der Sowjetunion Industrieanlagen zur Ausbeutung ihrer eigenen Ölquellen.

1923 besetzte Frankreich das deutsche Ruhrgebiet in einer Größe von 100 km Länge und 50 km Breite und sicherte sich damit die wichtigsten Rohstoffvorkommen in Deutschland.

Die jahrzehntelangen Auseinandersetzungen zwischen Großbritannien und den USA um den Rohstoff Erdöl wurden erst 1928 beigelegt. Die so genannten »Sieben Schwestern« (Royal Dutch-Shell; Anglo-Persian-Oil, heute BP; Standard Oil of New Jersey, heute Exxon; Socony-Cacuum, heute Mobil; Standard Oil of California, heute Chevron; Golf Oil und Texaco) teilten sich die damals bekannten größten Erdölvorkommen im »Red-Line-Abkommen« auf. Innerhalb der Red Line von den Dardanellen, Palästina und dem Suezkanal bis Jemen, dem Persischen Golf, der Türkei, Syrien, dem Libanon, Saudi-Arabien, Jordanien, Irak und Kuwait waren die nordamerikanischen und britischen Ölkonzerne fast unter sich. Frankreich bekam noch ein wenig ab.

F. William Engdahl zeigt überzeugend auf, dass das internationale Finanzkapital – hauptsächlich in London – durch das »Projekt Hitler« den späteren deutschen Diktator schon in den 20er Jahren unterstützte. »Die britische Unterstützung für Hitler reichte bis in die höchsten Kreise. Dazu gehörte auch Englands Premierminister Neville Chamberlain, der 1938 für das Münchner Friedensangebot an Hitler verantwortlich war, welches Hitler den Einmarsch in das Sudetengebiet ermöglichte.«

Engdahl zitiert Oberst David Stirling, den Begründer der britischen Eliteeinheit »Special Air Service«. Dieser habe 50 Jahre später eingeräumt: »Der größte Fehler, der uns Briten unterlief, war der, anzunehmen, wir könnten das Deutsche Reich gegen Russland ausspielen, in der Hoffnung, beide würden dabei verbluten.« Engdahl fand bei seinen Recherchen, dass Royal Dutch Shell »enge Beziehungen zur NSDAP« unterhalten und »die Partei reichlich« unterstützt hatte.

1939: Hitler und das Öl

Die offensichtliche englische Hilfe für die NSDAP vor ihrem Machtauftritt ist umso überraschender, als Anfang der 30er Jahre die demokratisch legitimierte deutsche Regierung bei der Bank von England vergeblich um Kredite bat.

Adolf Hitler war sich der strategischen Bedeutung des Erdöls für Wirtschaft und Militär bewusst. Da Deutschland aber auf keine eigenen Ölreserven zurückgreifen konnte, förderte der Diktator Unternehmen, die sich mit der Entwicklung synthetischen Treibstoffs aus Braunkohle befassten.

Nach 1936 weigerte sich die Sowjetunion, noch weiter Öl nach Deutschland zu liefern. Jetzt war das Deutsche Reich ausschließlich auf Öllieferungen aus Rumänien angewiesen. Der deutsche Mangel an Öl »bestimmte die Strategie der deutschen Kriegsherren. ›Energieschonende‹ Blitzkriege gegen Polen, Norwegen, die Niederlande, Belgien und Frankreich charakterisierten die ersten Kriegsjahre. Die jeweiligen Kämpfe mussten beendet sein, noch bevor ein Mangel an Treibstoff auftreten konnte«, schreibt Hans Kronberger.

Hitler hatte die Ölquellen im Kaukasus im Blick. Damit sollte Deutschland »unbesiegbar« werden. Ein entscheidender Grund für den deutschen Angriff auf die Sowjetunion 1941!

Ölmangel war letztlich der Grund dafür, dass General Rommel in Nordafrika scheiterte. Er hatte an Hitler geschrieben: »Der tapferste Mann nützt nichts ohne Kanone, die beste Kanone nützt nichts ohne viel Munition, und Kanone und Munition nützen im Bewegungskrieg nicht viel, wenn sie nicht durch Fahrzeuge mit genügend Benzin bewegt werden können.«

1944 konnten viele deutsche Kampfflugzeuge nicht mehr starten – wegen Treibstoffmangels. Die letzte deutsche Offensive in den Ardennen scheiterte im Dezember 1944 – an Treibstoffmangel.

Das große Geld und das große Öl hatten den Ausgang des Zweiten Weltkrieges mitentschieden. Dabei hatten sich – mehr noch als schon im Ersten Weltkrieg – der Terror und der Massenmord als die Meister der westlichen Zivilisation erwiesen – und ganz besonders der deutschen Zivilisation.

Der Krieg hatte die Menschheit bis zum »totalen Krieg« enthemmt. Und wieder hatte sich gezeigt, dass Kriege die Zerstörung und Auflösung aller Gesetze der Menschlichkeit sind. Eugen Drewermann: »Man kann nicht durch einen See von Blut hindurch die Friedenstaube rufen.« Aber Auschwitz, Dresden und Hiroshima waren immer noch nicht das Ende der nackten Zerstörungswut und grandiosen Dummheit.

Mütter, sagt NEIN!

Was wir hätten lernen können und lernen müssen nach dem Zweiten Weltkrieg, das hat der Dichter Wolfgang Borchert in den letzten Tagen seines Lebens, lungenkrank in Basel, uns für alle Zeiten aufgeschrieben:

> »Du. Forscher im Laboratorium. Wenn sie dir morgen befehlen, du sollst einen neuen Tod erfinden gegen das alte Leben, dann gibt es nur eins:
> Sag NEIN!
> Du. Dichter in deiner Stube. Wenn sie dir morgen befehlen, du sollst keine Liebeslieder, du sollst Hasslieder singen, dann gibt es nur eins:
> Sag NEIN!
> Du. Arzt am Krankenbett. Wenn sie dir morgen befehlen, du sollst die Männer kriegstauglich schreiben, dann gibt es nur eins:
> Sag NEIN!
> Du. Pfarrer auf der Kanzel. Wenn sie dir morgen befehlen, du sollst den Mord segnen und den Krieg heilig sprechen, dann gibt es nur eins:
> Sag NEIN!
> Du. Käpten auf dem Dampfer. Wenn sie dir morgen befehlen, du sollst keinen Weizen mehr fahren – sondern Kanonen und Panzer, dann gibt es nur eins:
> Sag NEIN!
> Du. Pilot auf dem Flugfeld. Wenn sie dir morgen befehlen, du sollst Bomben und Phosphor über die Städte tragen, dann gibt es nur eins:
> Sag NEIN!
> Du. Mann auf dem Dorf und Mann in der Stadt. Wenn sie morgen kommen und dir den Gestellungsbefehl bringen, dann gibt es nur eins:
> Sag NEIN!
> Du. Mutter in der Normandie und Mutter in der Ukraine, du, Mutter in Frisko und London, du, Mutter am Hoangho und am Mississippi,

du, Mutter in Neapel und Hamburg und Kairo und Oslo – Mütter in allen Erdteilen, Mütter in der Welt, wenn sie morgen befehlen, ihr sollt Kinder gebären, Krankenschwestern für Kriegslazarette und neue Soldaten für neue Schlachten, Mütter in der Welt, dann gibt es nur eins:
Sagt NEIN! Mütter, sagt NEIN!«

Zunächst schien es nach 1945, als hätten wir Deutschen in der Barbarei des Zweiten Weltkrieges etwas gelernt. »Nie wieder Krieg«, war die weithin akzeptierte politische Parole. Damals sagte ein Politiker wie Franz Josef Strauß seinen berühmten Satz: »Jedem Deutschen soll die Hand abfaulen, der je wieder ein Gewehr anrührt.« Wenige Jahre später war derselbe deutsche Politiker Verteidigungsminister und kaufte massenhaft Gewehre.

Heute: Öl statt Kolonien

Bis 1939 war die Kohle Europas Hauptenergiequelle. Der Zweite Weltkrieg hatte dem Öl zum Durchbruch verholfen. Aber nur die »Sieben Schwestern« konnten Europa nach dem Zweiten Weltkrieg mit dem Stoff, aus dem der wirtschaftliche Aufschwung kam, versorgen.

In den 50er und 60er Jahren war die Position der anglo-amerikanischen Ölkonzerne unangreifbar geworden. Sie waren überall ein Staat im Staat und sind es bis heute geblieben. Inzwischen kontrollieren die großen Ölmultis auch die Märkte in Asien, Afrika und Südamerika. Unter George W. Bush *sind* die Energiekonzerne der Staat. Präsident Bush ist die personifizierte Ölherrschaft.

Öl wurde jetzt die Ware, mit der die US-amerikanische Regierung ihre Weltherrschaft finanzierte. Präsident Eisenhowers Verteidigungsminister Wilson hatte schon gesagt: »Was für General Motors gut ist, ist auch gut für Amerika.« Er hatte dabei nur vergessen, hinzuzufügen: »... und gut für Exxon, Esso, Texaco usw.«

Schon im Zweiten Weltkrieg war der Aufstieg der New Yorker Banken eng mit dem Aufschwung der US-Ölfirmen verbunden. Das Britische Empire konnte nach 1945 den Verlust seiner Kolonien deshalb so gut verdauen, weil es Politik machte nach dem Motto: Öl statt Kolonien.

Am Beispiel der englischen Ölförderung im Iran wird diese Ölpolitik besonders deutlich. Englands Ölgesellschaften erzielten Milliardengewinne, stürzten unliebsame persische Regierungen, drohten mit Krieg und verhängten Wirtschaftsblockaden, wenn eine Regierung in Teheran es wagte, ihre eigenen nationalen Interessen den englischen Ölinteressen entgegenzustellen. So wie dem Iran ging es freilich in den letzten 50 Jahren allen Entwicklungsländern, die sich anglo-amerikanischen Eliteinteressen widersetzten. Im Zweifel wurden nationale Interessen von armen Ländern, wenn sie westlichen Lebens- und Sicherheitsinteressen entgegenstanden, als »kommunistisch« diffamiert.

Heute, nach dem Ende des Kalten Krieges, betrachten die großen Ölkonzerne und die hinter ihnen stehenden Banken, also die unheilige Allianz von »Big Money« und »Big Oil« – die ganze Welt als ihre Jagdgründe. Inzwischen ist ihnen Saudi-Arabien und Zentralasien wichtiger als Texas, denn in Texas geht ihnen der Stoff aus. Die real praktizierte Ölpolitik ist Neoimperialismus und Neokolonialismus, an denen freilich die Eliten der Erdöl fördernden Staaten ebenfalls partizipieren.

Der Golfkrieg war ein Krieg um Öl

Im ersten Golfkrieg zwischen Irak und Iran starben zwischen 1980 und 1988 auf beiden Seiten etwa eine Million Menschen. Westliche Staaten wie die USA, Deutschland und Frankreich, aber auch die UdSSR hatten Saddam Hussein gegen Petrodollars mit modernsten Waffen beliefert. Auch Saudi-Arabien, Kuwait, Bahrain, Qatar sowie die Vereinigten Arabischen Emirate und Oman unterstützten den Irak gegen die Herrschaft der muslimischen Fanatiker in Teheran. Washington wollte die islamische Revolution stoppen und schickte Saddam Hussein vor.

Waffenhändler aus aller Welt verdienten daran, dass durch diesen Krieg im Irak eine Infrastruktur im Wert von etwa 450 Milliarden Dollar und im Iran von etwa 650 Milliarden Dollar zerstört wurden. Die Kosten für die eingesetzten Waffen betrugen für jede Kriegspartei nochmals zwischen 150 und 200 Milliarden Dollar. Offizieller Kriegsgrund war der Streit um die Grenzregelung der Wasserstraße am Schatt el Arab, wo Euphrat und Tigris zusammenfließen.

Dieser einzige und schwierige Zugang zum Meer war für das Ölland Irak ein großes Handikap. Nach acht Jahren Krieg hatte sich an der Ausgangssituation nichts geändert. Der Irak, der den Krieg mit Ermunterung aus den USA begonnen hatte, hatte noch immer keinen wirklichen Zugang zum Meer, und der Iran war wirtschaftlich und militärisch ausgeblutet.

Schon zwei Jahre später startete Saddam Hussein den zweiten Golfkrieg. Er überfiel Kuwait, um auch dessen Ölreichtum zu kontrollieren und so einen direkten Zugang zum Meer, dem Persischen Golf, zu gewinnen.

Vater und Sohn Bush: keine Verhandlungen

Zuvor hatte Kuwait auf Drängen der USA den Markt mit billigem Öl überschwemmt, was für den Irak Saddam Husseins drastische finanzielle Einbußen bedeutet hatte. Die USA wollten die irakische Aggression in Kuwait nicht tatenlos hinnehmen und begannen am 17. Januar 1991 mit westlichen und arabischen Verbündeten ein massives Bombardement der irakischen Hauptstadt Bagdad. Wie Bush junior 2001 vor dem Bombardement Afghanistans hatte Bush senior vor dem Bombardement Iraks zuvor gesagt: »Verhandlungen wird es nicht geben.« Kurz vor Beginn des Irak-Krieges im März 2003 hatte Saddam Hussein Verhandlungen angeboten. Die US-Regierung hat abgelehnt. George W. Bush wollte seinen Krieg.

Alle Begründungen für diesen Krieg – die Massenvernichtungswaffen des Saddam Hussein, das Herbeiführen der Menschenrechte oder das Einführen der Demokratie im Irak und im gesamten Nahen Osten – haben sich als Lug und Trug herausgestellt oder wurden nicht erreicht, weil sie auf Illusionen, Dummheit, Lügen und Arroganz beruhten. Aber die USA haben nun wieder Zugang zu weiteren Ölquellen.

1991 hatte der damalige deutsche Außenminister Hans Dietrich Genscher gesagt: »Wer nicht schießen will, muss reden.« Aber der alte Bush wollte 1991 schießen so wie zehn Jahre später der junge Bush. Beide Bushs arbeiteten mit Ultimaten. Beide nahmen sich keine Zeit für Verhandlungen. Wären fünf Jahre Verhandlungen nicht vernünftiger gewesen als fünf Monate Bombardierungen? Wie vorsintflutlich muss unsere Ethik sein, wenn wir uns nicht mehr vorstellen wollen, was wir mit unseren Bomben anstellen! Eine solche Ethik kann jenseits der eigenen Gruppenzugehörigkeit einfach keine Menschen mehr wahrnehmen. Ist der Schmerz einer afghanischen Mutter oder eines irakischen Vaters über ihr von NATO-Bomben zerfetztes Kind weniger bedeutsam als der Schmerz eines US-Kindes, das seinen Vater im World Trade Center verloren hat? Warum soll gegenüber einem Kind aus Afghanistan oder einer Mutter aus dem Irak das Gebot »Du sollst nicht töten« nicht gelten?

Das Problem ist: 2500 Jahre nach Buddha, 2000 Jahre nach Jesus und 300 Jahre nach Beginn der Aufklärung sehen wir im Krieg noch immer nicht das größte aller Verbrechen, sondern weiterhin die Fortführung der Politik mit anderen Mitteln. Für Krieg gibt es nie eine Entschuldigung. Er ist und bleibt tausendfach befohlener Mord.

Der zweite Golfkrieg war der vorläufige Höhepunkt der direkten Auseinandersetzungen um die Erdölreserven. Ölverbraucher haben gegen Ölbesitzer im Irak einen Krieg auch um das Öl in Kuwait geführt. Kuwait und Irak gehören zu den wichtigsten Erdölexporteuren. Da »lohnt« sich ein Krieg. Das seit vier Jahrzehnten von China besetzte Tibet ist offenbar keinen Krieg »wert«. Nordkorea wird von einem schrecklichen Diktator beherrscht, der wahrscheinlich auch über Atomwaffen verfügt. Aber auch hier greift die US-Regierung nicht militärisch ein. Weder Tibet noch Nordkorea verfügten über Ölquellen!

Die Regierung Bush senior hatte durch ihre »Operation Wüstensturm« den größten militärischen Aufmarsch seit dem Vietnamkrieg organisiert. Die USA gaben vor, in Kuwait »Frieden, Demokratie und Menschenrechte wieder herzustellen«. Heute bestreitet in Washington kein Politiker mehr, dass der »Krieg um die Menschenrechte« in Wirklichkeit ein »Krieg um Öl« war. Offiziell wird ein solcher Krieg grundsätzlich mit der »Wahrnehmung berechtigter nationaler Interessen« beschrieben.

Von Saudi-Arabien aus überfluteten die Bomber der USA und Großbritanniens Iraks Städte mit todbringenden Bomben.

Die deutsche Bundesregierung unter Helmut Kohl hat den zweiten Golfkrieg mit über 17 Milliarden Mark mitfinanziert. Eil- und bußfertig wurde damals von Bonn aus Versehen eine Milliarde Mark zu viel in die USA überwiesen, was Washington dann großzügig wieder rücküberwies!

Krieg als Unterhaltungsprogramm

Die Weltöffentlichkeit hat diesen Krieg als die bis dahin perfekteste Videoinszenierung in der Kriegsgeschichte wahrgenommen. Es gab wohl nie zuvor in einem Krieg eine so erfolgreiche Pressezensur. Der Golfkrieg schien ein Krieg ohne Opfer – zumindest sah man fast keine. Leben wir nicht im Informationszeitalter? Die Faszination dieses Krieges und die Manipulation der Kriegspropaganda waren stärker als unser Mitgefühl für die Opfer und stärker als unsere Fantasie über das, was dieser Krieg auch unseren eigenen Seelen antat.

Im Fernsehen war der Golfkrieg und der Afghanistan-Krieg die Fortsetzung der Unterhaltung mit anderen Mitteln. Per Fernsehvideos ist heute jeder Instinkt gegen den Massenmord wie betäubt. Die Nachrichten über die Operationen des »modernen« Krieges sind so manipuliert wie die Sondermeldungen des Oberkommandos der deutschen Wehrmacht im Zweiten Weltkrieg. Nur deshalb wird Krieg als legalisierter Massenmord akzeptiert. Würden wir die Opfer sehen, wir könnten es nicht aushalten. Siehe das Ende des Vietnamkriegs.

Erst Jahre später erfuhren wir: Viele tausend irakische Soldaten wurden getötet, viele von ihnen wurden von gepanzerten Bulldozern in ihren Schützengräben bei lebendigem Leib zugeschüttet. Viele Tonnen radioaktiven Materials gefährden noch heute die Menschen im Irak! In den USA klagen tausende amerikanischer Soldaten wegen radioaktiver Verstrahlung auf »Wiedergutmachung«. Und jährlich verhungern noch immer zehntausende irakischer Kinder wegen der amerikanischen Embargopolitik. Doch US-Präsident Bush senior erklärte am Tag der irakischen Kapitulation: »Ich war noch nie so stolz.«

Die Umweltorganisation Greenpeace erklärte in einfachen Worten, worum es wirklich ging:

> »Eine der maßgeblichen Ursachen dieses Konfliktes ist der Versuch, durch die Sicherung billiger Erdölquellen das industrielle Energieverschwendungssystem weiterhin zu gewährleisten. Der Irak ist in

Kuwait einmarschiert, um sich die reichen Ölfelder des Landes anzueignen. Die USA sichern sich durch diesen Krieg den Zugang zu den reichsten Ölvorräten der Welt, denen der Golfregion.«

Nach dem Golfkrieg haben sich die USA militärisch in Saudi-Arabien festgekrallt. Osama Bin Laden nahm diese amerikanische Militärpräsenz mehrmals zum Vorwand für seine Hasstiraden auf die USA.

George W. Bush: Krieg für das Wirtschaftswachstum

Nach dem Golfkrieg zeigte sich bisher am deutlichsten: Das politische Langzeitziel der USA ist die dauerhafte Kontrolle der Ölvorräte durch langfristige Militärpräsenz. Darüber spricht George W. Bush im Jahr 2002 ganz offen. In einem Interview des »Wall Street Journal« sagte der Präsident: »Wir sind eine energieabhängige Nation ... Das wirft ein Schlaglicht darauf, wie zerbrechlich unsere Wirtschaft ist. Mit anderen Worten, wenn man abhängig ist, kann eine Preissteigerung das Wirtschaftswachstum beeinflussen.« Dieses Bekenntnis des Präsidenten bedeutet für die US-Politik: Im Zweifel oder im Notfall Krieg um Öl.

Die NATO-Gipfelkonferenz in Rom hat schon im November 1991 ganz unverblümt ihre Strategie mit Rohstoffinteressen gekoppelt:

> »Unser strategisches Konzept unterstellt, dass die Sicherheit des Bündnisses im globalen Zusammenhang gesehen werden muss. Es zeigt vielfältige Risiken auf, einschließlich der Verbreitung von Massenvernichtungswaffen, Unterbrechung der Versorgung mit lebenswichtigen Ressourcen sowie Terror- und Sabotageakte.«

Beschlossen wurde die Bildung von »Sofort- und Schnellreaktionsverbänden der Land-, Luft- und Seestreitkräfte, die in der

Lage sind, auf ein breites Spektrum von vielfach unvorhersehbaren Eventualfällen zu reagieren«.

Alle Länder der Welt, in deren Boden wichtige Rohstoffe liegen, gehören von nun an zum strategischen Interessengebiet der NATO. Das betrifft zumindest den Nahen Osten, die Kaukasusstaaten und Zentralasien – also auch Afghanistan.

Warum Krieg in Tschetschenien?

Weniger bewusst wurde bisher der Weltöffentlichkeit der Zusammenhang zwischen dem Tschetschenienkrieg und der Ressourcenfrage.

Tschetschenien hatte sich 1994 von Moskau unabhängig erklärt. Präsident Jelzin reagierte mit brutalen Militärschlägen und ließ Tschetscheniens Hauptstadt Grosny total zerstören. 30 000 Tote forderte dieser Krieg. Im Frühjahr 1996 musste die russische Armee abziehen. Doch bis heute ist der Krieg nicht wirklich zu Ende. Tschetschenien ist für Russland energiepolitisch wichtig. Der einfachste Weg, Erdöl und Erdgas aus Baku am Kaspischen Meer und den umliegenden Fördergebieten nach Noworossijsk am Schwarzen Meer führt über Tschetschenien. Die Tschetschenen fordern von Russland hohe Durchleitungsgebühren.

In einer Fernsehsendung fragte ich Michail Gorbatschow, der als Präsident der früheren Sowjetunion viele Millionen ehemaliger Sowjetbürger in den ehemaligen Sowjetrepubliken in die Unabhängigkeit entließ, warum seine Nachfolger den schrecklichen Krieg in Tschetschenien führen. Dort leben doch nur einige hunderttausend Menschen. Gorbatschows Antwort: »Dies ist kein Krieg wegen einiger hunderttausend Menschen. Dies ist ein Krieg um die Ressourcen.«

Das Gebiet der früheren Sowjetunion war und ist nicht frei vom Kampf um Öl und Gas. In Tschetschenien soll eine Pipeline Öl aus neu entdeckten Feldern in Aserbaidschan und Kasachstan durchleiten. Moskau will diese Pipeline kontrollieren und übt entsprechenden Druck auf die betroffenen Republiken aus. Russland will ein Vetorecht bei der Zuteilung der Öl- und Gasexporte aus Zentralasien.

Nördlich ans Kaspische Meer grenzt Kasachstan. Auch hier wurden viele Öl- und Gasquellen entdeckt. Sowohl Russland wie auch China und die USA sind daran interessiert. China hat 1997 fünf Milliarden Dollar in das Ölgeschäft mit Kasachstan investiert. Mit dieser bis dahin höchsten chinesischen Auslandsinvestition wird eine Pipeline in das chinesische Reich gebaut.

Dealer, Drogen, Diktatoren

Die Welt um das Kaspische Meer ist in Bewegung. Westeuropa, die USA, Russland und China sind scharf auf die Bodenschätze im Iran, Irak, Armenien, Tschetschenien, Georgien, Kasachstan, Turkmenistan und Aserbaidschan. Die dortigen Erdölfundstätten sind Krisengebiete. »Was passiert«, fragt Hans Kronberger, »wenn die Krisengebiete Iran, Irak und der Kaukasus zu einem einzigen zusammenwachsen?« Seine Antwort: »Es gäbe dann wohl kein treffenderes Wort dafür als ›Supergau‹.«

Dealer, Drogen und Diktatoren beherrschen heute Zentralasien. In keiner Weltregion kämpfen Peking, Moskau und Washington so verbissen um Einfluss. Erpressung, Spionage und dubiose Milliardendeals sind an der Tagesordnung zwischen Kaspischem Meer und dem Pamirgebirge. Es geht um Erdöl- und Erdgasreserven, um Rauschgift und um Militärbasen, um Big Business und um Big Money.

1997 führten die USA in der ehemaligen Sowjetrepublik Kasachstan schon Militärmanöver durch. Russland rechtfertigt hö-

Wege zum Supergau?

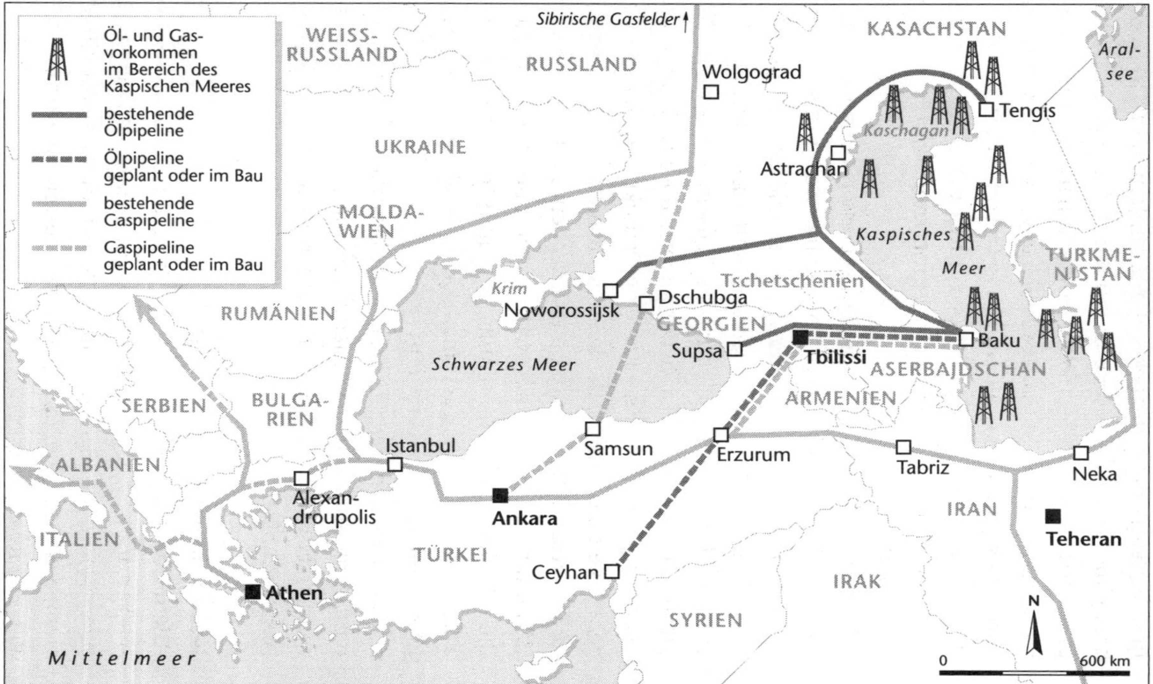

Quelle: »Die Zeit«, 8. Mai 2002

here Verteidigungsausgaben seit einigen Jahren mit Hinweis auf drohende Ressourcenkriege wegen der zu Ende gehenden Energiequellen. Als die USA 1998 wieder einmal dem Irak mit Bombardierung drohten, sprach Boris Jelzin gar von der Gefahr eines »dritten Weltkrieges«. Wenn diese Gefahr Wirklichkeit wird, dann wird der dritte Weltkrieg ein Krieg um Öl sein, vielleicht sogar ein Atomkrieg um Öl. Hans Kronberger spricht vom »totalen Ölrausch«.

Ohne Rücksicht auf russische Interessen betreibt die NATO ihre Ost-Erweiterung – und ihre Asien-Erweiterung ist eingeleitet. Öl- und Gasförderländer in Asien sind bereits »NATO-Kooperations-Länder«: Aserbaidschan und Turkmenistan, Kasachstan und Kirgisien, Usbekistan und Tadschikistan. In NATO-Papieren ist von Werten und Demokratie die Rede. Doch keines der eben genannten Länder ist eine Demokratie. Wenn es um Öl geht, spielt die Demokratie keine Rolle mehr.

In dieser Situation der militärischen Einkreisung ergreift Wladimir Putin die Flucht nach vorne und strebt ebenfalls in die NATO. Doch der Aufnahme Russlands in das frühere »Nordatlantische Verteidigungsbündnis« widersetzen sich jetzt die USA. Es bleibt bei »Kooperativen«.

Die Folge könnte ein Bündnis der bevölkerungsreichen Staaten China, Indien und Russland sein – mit neuen Aufrüstungsrunden. Eine neue Ost-West-Polarisierung droht – verwoben mit Nord-Süd-Konflikten.

Neue kalte und heiße Kriege um Öl

Allein China hat seinen Energieverbrauch in den letzten 20 Jahren verfünffacht, Indien versechsfacht. Neben Umweltkatastrophen sind neue kalte und heiße Kriege nicht auszuschließen. George W. Bush betreibt bereits die neue große Aufrüstung. Auf Rüstung folgt Krieg.

Noch mal: Wir kennen die Lösungen für diese drohenden Konflikte, aber wir versagen jämmerlich vor der Aufgabe, für unsere Kinder eine friedliche Welt zu organisieren.

Wir leben in einer fossilen Weltwirtschaft. Fast alles Wirtschaftsgeschehen ist heute immer noch abhängig von fossiler Energie. Alles Leben ist abhängig von Energie.

Ein Blick auf die Weltkarte zeigt: Materieller Wohlstand und Reichtum sind überall dort, wo Gesellschaften heute sich ausreichend oder im Überfluss Energie besorgen können. Hunger und Verhungern gibt es überall dort, hauptsächlich in der Dritten und Vierten Welt, wo die Gesellschaften sich nicht ausreichend Energie besorgen können. Energie ist der Schlüssel für materiellen Wohlstand oder Notstand in einer Gesellschaft.

Wer je beim Sterben eines Tieres oder eines Menschen bewusst dabei war, hat Folgendes erlebt: Wenn Energie in einem lebendigen Organismus nicht mehr fließt, herrscht der Tod. Und dieses Naturgesetz lässt sich auf eine Volkswirtschaft, ja sogar auf die Weltwirtschaft übertragen. Energie ist zwar nicht alles, aber ohne Energie ist alles nichts.

Nach dieser Einsicht müssen wir schmerzlich feststellen, dass wir heute noch in allen Industriestaaten auf Energiequellen setzen, die in wenigen Jahrzehnten zu Ende gehen. Das ist brandgefährlich in doppeltem Sinne. Zum einen verbrennen wir mit fossilen Rohstoffen die Zukunft unserer Kinder und Enkel, und zum anderen drohen militärische Konflikte von unvorstellbarem Ausmaß um die letzten Ressourcen.

Für etwa 32 Prozent des weltweiten Energieverbrauchs wird heute Erdöl, für 25 Prozent Kohle, für 18 Prozent Erdgas verbrannt. Lediglich 5 Prozent des Weltenergieverbrauchs kommt aus Atomkraftwerken, 14 Prozent aus Biomasse – hauptsächlich in der Dritten und Vierten Welt – und etwa 6 Prozent aus Wasserkraftwerken. Die Industriestaaten hängen im Wesentlichen am Tropf von Erdöl- und Erdgasquellen, Kohlegruben und Atomkraftwerken.

»Pyromanen« beherrschen über das Verbrennen fossiler Energie die Weltwirtschaft. Sie halten sich ganze Heerscharen von wissenschaftlichen, politischen und publizistischen Helfershelfern, die allesamt und unabhängig den Chor anstimmen, den einst Margaret Thatcher vorgab: »There is no alternative.«

Der Endkampf um die Ressourcen hat längst begonnen. Er reicht von Berg-Karabach bis Tschetschenien, von Tadschikistan bis Georgien, von Aserbaidschan bis Kasachstan. Es ist politisch unverantwortlich und naiv zu glauben, dass die asiatischen Großmächte tatenlos zusehen werden, wie die westlichen Industriestaaten sich mit militärischer Macht den letzten Kubikmeter Gas und die letzte Tonne Erdöl sichern. Alle asiatischen Großmächte – Russland, China und Indien – haben Atombomben. Die neue Geopolitik ist nichts anderes als die alte Ressourcenpolitik. Das Wohl und Wehe ganzer Regionen wird dem Rohstoffinteresse der Atommächte und der Industriestaaten untergeordnet.

Die tickende Zeitbombe

Die Kontrolle der Ressourcenquellen wurde zum Primat der Politik. Zweitrangig ist die Stabilisierung und Demokratisierung Russlands und drittrangig sind die Menschenrechte, wenn überhaupt, von Interesse. Der ehemalige Chef des Nationalen Sicherheitsrates der USA, Zbigniew Brzezinski, schreibt in seinem Buch *Die einzige Weltmacht,* dass allein die Ressourcenpolitik für die »globale Vormachtstellung« der USA von »entscheidender Bedeutung« sei. Und Hans Kronberger sagt:

»Mit an Sicherheit grenzender Wahrscheinlichkeit ist auszuschließen, dass die Restressourcen der Erde friedlich verteilt werden. Die Gier und die Jagd nach Rohstoffen steht fast immer hinter Krisenherden, ohne dass man die Ursachen auf Anhieb erkennt.«

Nach dem bisher Gesagten wäre jede andere Analyse sentimental, unrealistisch oder bewusst oberflächlich und falsch.

Der Nahe Osten mit seinen Ölreserven gleicht einer tickenden Zeitbombe. In den Öllländern Afrikas werden durch Stellvertreterkriege zwischen europäischen und US-amerikanischen Interessen ganze Völkerstämme aufeinander gehetzt. In Afghanistan herrscht Krieg seit 1979 und in Algerien Bürgerkrieg seit über zehn Jahren.

Fest steht, dass der Verbrauch an fossilen Energieträgern weltweit ständig steigt. Wir nähern uns einem gefährlichen kritischen Punkt. Nach den Angaben der Internationalen Energieagentur (IEA) stieg der Rohölverbrauch zwischen 1971 und 1990 global um etwa 60 Prozent. Gemessen an 1990 wird – so die IEA – der Verbrauch bis 2010 noch einmal um ca. 48 Prozent und bis 2020 um 77 Prozent zunehmen.

Das bedeutet zugleich, dass die Kohlendioxid-Emissionen zwischen 1990 und 2010 von 21 Milliarden Tonnen auf etwa 31 Milliarden Tonnen ansteigen werden. Stabilisierung der Treibhausgase war theoretisch angestrebt. Praktisch werden wir einen Anstieg um 50 Prozent erleben.

Wie lange reichen Öl und Gas?

Die Folgen dieses rasch steigenden Energieverbrauchs sind auf vierfache Weise dramatisch:

- Die Erschöpfung der Öl- und Gasreserven beschleunigt sich.
- Der Treibhauseffekt wird stärker, als ursprünglich befürchtet.

- Die knapp werdenden fossilen Energien werden rasch wesentlich teurer.
- Die Kriegsgefahr um die zu Ende gehenden Ressourcen nimmt zu.

Wir verbrauchen – wie schon gesagt – heute in einem Jahr etwa so viel Kohle, Gas und Öl wie die Natur in 500 000 Jahren angesammelt hat. Wir sind inzwischen von der Notwendigkeit einer nachhaltigen Wirtschaft weltweit überzeugt – theoretisch! Aber praktisch verstoßen wir beim Energieverbrauch in der Relation 500 000fach gegen dieses Überlebensgesetz der Menschheit. Dabei handelt es sich um Naturgesetze, gegen die wir zwar kurzfristig verstoßen können, die wir aber langfristig nicht zu ändern in der Lage sind. Entweder lernen wir, uns einzuklinken in die Kreisläufe der Natur, oder wir werden als Spezies von dieser Erde verschwinden – wie von Al Gore prophezeit.

Schlimmer noch als unsere andauernden Verstöße gegen Naturgesetze ist das gute Gewissen, das wir dabei haben. Bereitwillig glauben wir den Mythen der alten Energiewirtschaft, welche die objektiven Gefahren und Probleme ihres Tuns verschweigt, verleugnet und verdrängt.

Verbrechen an der jungen Generation

Die Fakten passen einfach nicht in das primitive Gesamtkonzept einer Branche, die so tut, als könne sie aus endlichen Rohstoffquellen unendliche zaubern. Dieser Hokuspokus ist der derzeit größte globale Schwindel und das größte Verbrechen an der jungen Generation, der damit ganz bewusst jede Zukunft verbaut wird. Wir jagen sie geradezu in die Ressourcenkriege der Zukunft. Dabei haben wir alle Alternativen, die wir uns nur wünschen können, wie wir im zweiten Teil dieses Buches (Kapitel V bis VIII) sehen werden.

Der Bundestagsabgeordnete Hermann Scheer, Präsident der Sonnenenergievereinigung Eurosolar und Träger des Alternativen Nobelpreises: »Alles treibt auf die größte Wachstumsschlacht der Geschichte zu, die wahrscheinlich ihre letzte sein und ins Chaos führen wird.«

Deshalb noch einmal: Die wichtigste politische Frage des 21. Jahrhunderts heißt: Krieg um Öl oder Frieden durch die Sonne? Noch haben wir die Wahl!

Mit der Fortsetzung der alten Energiewirtschaft hinterlassen wir den nach uns Kommenden verbrannte Erde und ein aufgeheiztes Weltklima. Die ultimative Grundsatzfrage heißt: Was wollen wir? Worauf setzen wir? Zurzeit setzen alle Regierungen der Industriestaaten wieder einmal auf die Revitalisierung des wirtschaftlichen Wachstums. Aber je rascher die Wirtschaft wächst, desto schneller treibt sie auf den Abgrund und auf Ressourcenkriege zu.

Ohne Energie kein Leben. Die Energiefrage ist die Existenzfrage der Menschheit. Wie unverantwortlich die großen Energieversorger in dieser Situation mit dieser Existenzfrage umgehen, zeigt folgende Episode:

1997 gab der französische Ölkonzern Elf bekannt, er habe »ein riesiges Ölfeld in Angola« mit einem Potenzial von 730 Millionen Barrel entdeckt. Das klang gewaltig und beruhigend. Diese ewigen Unheilspropheten, so sollte suggeriert werden, die vor der Endlichkeit der Ressourcen warnen, sind wieder einmal widerlegt worden. Der französische Ölkonzern hatte freilich nicht publiziert, dass die vermuteten 730 Millionen Barrel global etwa für zehn Tage reichen. Das schöne Bild von den »ewigen Reserven« wäre getrübt gewesen.

Wie lange reichen die Ressourcen? »Im Wesentlichen ist bereits alles gefunden«, sagte mir der Energieexperte Jörg Schindler von der Ludwig-Bölkow-Systemtechnik GmbH, nachdem er dazu mit Werner Zittel für die Enquête-Kommission des Deutschen Bundestages ein Gutachten verfasst hatte.

Auf Einladung der Industrie- und Handelskammer saß ich in Salzburg auf einem Podium mit einem Vertreter von Aral Österreich. Das Streitgespräch war dem Thema »Die Zukunft von Gas und Öl« gewidmet. Als ich wissenschaftliche Studien zitierte, welche der Erdölwirtschaft noch 40 Jahre geben, weil danach zu bezahlbaren Preisen kein Erdöl mehr gefördert werden könne, entgegnete mein Kontrahent mit großem Ernst: »Es gibt keine Energiekrise. Ihre Zahlen sind völlig falsch. Das Erdöl reicht mindestens noch 50 Jahre.«

Auf diesem Niveau werden die Existenzfragen der Menschheit diskutiert! Ich weiß ja nicht, ob das Erdöl noch 40, 50 oder 60 Jahre reicht. Das Problem bleibt dasselbe. Wir verbrennen in Jahrzehnten, was die Natur in vielen Millionen Jahren angesammelt hat. Wir spielen Evolution rückwärts.

Nie hat eine Generation dem lieben Gott der Natur oder der lieben Göttin der Evolution so ins Handwerk gepfuscht, wie wir dies heute tun. In Urzeiten war unser Planet ein CO_2-Planet, auf dem höheres Leben nicht möglich war. Die Erde war ein »roter Planet« wie heute der Mars. Auch dort ist Leben, zumindest höheres Leben, nicht möglich.

Erst im Laufe der Evolution wurde viel CO_2 aus der Atmosphäre in der Erde gebunden – über Erdöl, Erdgas und Kohle. Höheres Leben wurde danach möglich. Doch heute setzen wir diese gebundenen CO_2-Konzentrationen in ganz kurzer Zeit wieder frei. Wir spielen Evolution rückwärts. Das *muss* zum Treibhauseffekt führen. Wir können Naturgesetze nicht außer Kraft setzen.

Nur der hundertprozentige Umstieg auf erneuerbare Energien befreit uns aus der heutigen Energiefalle und zeigt uns den Fluchtweg aus dem Treibhaus. »Eine solare Weltwirtschaft ermöglicht die Befriedigung des Gesamtbedarfs an Energie und Rohstoffen durch solare Energiequellen und solare Rohstoffe« (Hermann Scheer).

»Das Öl reicht ewig«

In einer Live-Sendung saßen zwei Vertreter der Erdölwirtschaft. Ich präsentierte den Fernsehzuschauern eine Shell-Studie, die davon ausgeht, dass bis zum Jahr 2060 weltweit zwei Drittel aller Energie aus erneuerbaren Energiequellen gewonnen wird.

Ein Vorstandssprecher von Shell begründete den notwendigen Umstieg von fossiler auf erneuerbare Energie mit dem Treibhauseffekt. »Die Gesellschaften werden auf dem Umstieg bestehen. Der Treibhauseffekt ist nicht mehr wegzudiskutieren. Wir müssen uns umstellen auf Sonne und Wind. Shell wird ein Sonnenkonzern. Uns geht der alte Stoff aus. Und wir wollen auch in Zukunft 100 000 Menschen beschäftigen.«

Die Klarheit der Aussagen aus dem Mund eines Shell-Sprechers hat mich überrascht.

Aber prompt widersprach der Esso-Vertreter: »Herr Kollege, Sie sind ein Öko-Romantiker. Wir haben gar keinen Grund, uns umzustellen. Das Erdöl reicht ewig.«

Zuerst dachte ich, ich hätte mich verhört. Aber auch auf meine Nachfrage antwortete der Esso-Vertreter ein zweites Mal: »Das Erdöl hält ewig. Alle anderen Aussagen sind Angstmacherei und Panikmache. Schon seit Jahrzehnten wird argumentiert, das Erdöl gehe zu Ende. Aber es fließt immer noch. Es wird ewig fließen.«

Die deutsche Bundesanstalt für Geowissenschaften und Rohstoffe (BGR) hat 1999 Schätzungen über die förderbaren Vorräte an Erdöl zusammengestellt, die von 118 bis 151 Milliarden Tonnen reichen:

– United States Geological Survey	118 Milliarden Tonnen
– World Oil, Annual International Outlook	132 Milliarden Tonnen
– Oil and Gas Journal	138 Milliarden Tonnen
– BP Statistical Review	141 Milliarden Tonnen
– BGR	151 Milliarden Tonnen

Vertreter der fossilen Energiewirtschaft weisen immer wieder darauf hin, dass es noch riesige nichtkonventionelle Ölressourcen gäbe wie Teersand, Ölschiefer, schwere Öle oder Ölreserven in Tiefengewässern und in Polarregionen. Die Förderkosten wären freilich enorm hoch und die Umweltbelastungen unvertretbar.

Die Genfer Beratungsfirma »Petroconsultants« schätzt, dass insgesamt noch 180 Milliarden Tonnen Erdöl gewonnen werden können. 1995 wurden 3,3 Milliarden Tonnen Erdöl gefördert. Bei einer gleich bleibenden Jahresölförderung wäre die Erdölreserve bis etwa 2050 erschöpft. Wenn wir die 118 Milliarden Tonnen Ölreserve des US Geological Survey zugrunde legen, dann wäre schon 2030 Schluss.

Unsere beiden Töchter wurden 1971 und 1982 geboren: Christiane und Caren erleben noch das Ende des Erdölzeitalters.

Es kann auch schneller gehen: Die Internationale Energieagentur (IEA) geht davon aus, dass bis zum Jahr 2010 sogar jährlich 4,46 Milliarden Tonnen Öl weltweit verbraucht werden. Für die Reichweite heißt das nach den »Petroconsultants«-Zahlen, dass das Erdölzeitalter 2040 zu Ende ist und nach den US-Geological-Survey-Schätzungen schon im Jahr 2025.

Im Frühjahr 2004 musste der Shell-Konzern gleich zweimal die Reichweite seiner Ölreserven nach unten korrigieren. Daraufhin wurden vier Shell-Vorstände entlassen. Die Shell-Aktien fielen dramatisch. Vorboten einer Weltenergie- und Weltwirtschaftskrise.

IV. KAPITEL

Banken, Öl und Religion

Das Öl geht zu Ende

Das unabhängige Institut der Ludwig-Bölkow-Systemtechnik GmbH in Ottobrunn bei München hat im September 2001 in einem Kommentar zum »Energie-Grünbuch der EU-Kommission« die künftige Verfügbarkeit von Erdöl untersucht. »Nicht die Förderung des ›letzten Tropfens‹ Öl ist der entscheidende Punkt, sondern das Erreichen des weltweiten Maximums der Ölförderung (›peak‹) wird zu einem energiewirtschaftlichen Strukturbruch führen. Die Zeit jährlich wachsender Ölfördermengen wird dann abgelöst durch eine Zeit stetig zurückgehender Fördermengen.«

Ähnlich argumentierten Shell- und BP-Vorstände mehrmals in meinen Fernsehsendungen. Die Wissenschaftler Dr. Jörg Schindler und Dr. Werner Zittel von der Ludwig-Bölkow-Systemtechnik teilen den zeitlichen Verlauf der Ölförderung in einer Förderregion in drei Phasen ein: »die Phase der kontinuierlichen Ausweitung der Produktion (›pre-peak‹), die Phase der Stagnation der Förderung (›at peak‹ oder ›plateau‹) und die Phase der stetig abnehmenden Produktion (›decline‹).«

In der *Phase 1* werden von allen Ölfirmen zunächst die Quellen verbraucht, die am preisgünstigsten zu fördern sind – also das Öl mit den günstigsten ökonomischen Eigenschaften.

In der *Phase 2* sinkt der Druck im Ölfeld und der Wasserpegel steigt. Die Entnahmerate stagniert. Auch modernste Produktionsmethoden können die Produktionsminderung nicht verhindern, sondern lediglich hinauszögern. In Norwegen begann diese Phase bereits 1995/1996.

In der *Phase 3* setzt der Produktionsrückgang ein. Je länger versucht wurde, in der Phase 2 das Produktionsmaximum zu halten, desto rascher kommt in Phase 3 der Rückgang. In Norwegen hat der Rückgang im Jahr 2000 begonnen. In den USA schon 1970, in Russland 1988. Bis 2010 wird das Erdöl in den Böden der USA verbraucht sein. In Großbritannien ist das Ölmaximum 1999 erbracht worden. 2000 ging die Produktion bereits um 8 Prozent, 2001 um 13 Prozent zurück. Weltweit wurde schon knapp die Hälfte aller bekannten Vorräte verbraucht. Ein Rückgang wie heute in Norwegen, den USA und Großbritannien wird – mit Ausnahme von Zentralasien – in wenigen Jahren in allen Erdöl produzierenden Ländern feststellbar sein.

Wir können zwar mehr Geld investieren, um noch schneller noch mehr Öl als heute zu fördern. Tatsächlich steigt weltweit der Erdölverbrauch noch immer. *Aber durch noch so große Investitionen wird die insgesamt zur Verfügung stehende Fördermenge nicht größer.* Wir können ja auch das Gehalt eines Top-Managers, der bereits 16 Stunden am Tag arbeitet, verdoppeln. Er wird aber deshalb nicht 32 Stunden am Tag arbeiten können! Auch ein Fußball-Profi, dessen Gehalt verdreifacht wird, kann kaum dreimal so viele Tore schießen wie zuvor!

Zurzeit werden täglich etwa 76 Millionen Barrel Öl gefördert. Der Vorsitzende von BP, John Brown, hat beim World Economic Forum 2001 in Davos erklärt, dass er die maximale Produktionskapazität bei 90 Millionen Barrel pro Tag erwartet.

Schindler/Zittel erwarten höchstens eine Förderung von 80 Millionen Barrel täglich und erklären in ihrem Kommentar: »Die Erfahrung zeigt, dass eine Ölregion ungefähr dann das Produktionsmaximum überschreitet, wenn etwa die Hälfte des insgesamt förderbaren Öls gefördert worden ist.«

Colin Campbell vom Schweizer Prognos-Institut schätzt, dass das Fördermaximum insgesamt etwa 2005 erreicht sei. Ein Shell-Vorstandsmitglied sagte mir, er rechne damit, dass es 2010 so weit sei.

Wirtschaftspsychologisch wird dieser Zeitpunkt eine *einmalige historische Zäsur* bedeuten. Das Ende des Stoffes, an dem die gesamte Industrialisierung hing und hängt, ist absehbar. Das wird zu einem ökonomischen Strukturbruch und Umbruch führen. Diese Brüche werden dadurch hervorgerufen, dass zuerst die Erdölförderung und – wie wir noch sehen werden – bald danach auch die Erdgasförderung erst regional und dann auch global nicht mehr gesteigert werden können und dann zu schwinden beginnen. In einem Wirtschaftssystem, das auf permanentes Wachstum angelegt ist, in dem »Nullwachstum« schon eine Katastrophe bedeutet, *muss* die Einsicht in die Endlichkeit einer Basisressource wie ein Desaster wirken.

Endliche Ressourcen werden teurer – unendliche billiger

Schon die beginnende Verknappung muss die Preise für die fossilen Energieträger in einem marktwirtschaftlichen System nach oben treiben. Mit heftigen Preisausschlägen nach oben und unten muss gerechnet werden. Das wird – wie wir im zweiten Teil des Buches sehen werden – bei unendlich zur Verfügung stehenden erneuerbaren Ressourcen genau umgekehrt sein. Deren Preise werden ständig sinken.

Es ist absehbar, dass sich die Preisanstiegskurve der alten Energien und die Preisabstiegskurve der regenerativen kreuzen. Danach wird es noch rasanter abwärts gehen mit den fossilen. Die Sieger dieser Energierevolution stehen bereits ebenso fest wie die Verlierer.

Jörg Schindler und Werner Zittel:

»Seit Mitte der 60er Jahre wird tendenziell immer weniger Öl gefunden. Seit etwa 20 Jahren können die Funde den Verbrauch nicht mehr ausgleichen. Die heutigen Neufunde sind um Größenordnungen kleiner als vor 30 Jahren.«

Heute kennen wir weltweit 42 000 Erdölfelder. Aber in etwa einem Prozent dieser Felder waren 75 Prozent des bisher gefundenen Öls enthalten. Die meisten dieser ungefähr 400 Felder wurden schon vor 30 Jahren entdeckt. Neue kamen kaum hinzu. Das Maximum der Neufunde war Mitte der 60er Jahre erreicht. Seitdem wird tendenziell immer weniger Erdöl gefunden.

Die Grafik auf der gegenüberliegenden Seite macht deutlich, dass seit etwa 1980 der jährliche Ölverbrauch nicht mehr durch Neufunde ersetzt werden kann. Insgesamt wird immer weniger gefunden und immer noch ständig mehr verbraucht. Vermutlich sind etwa 90 Prozent aller förderbaren Ölreserven gefunden.

Der Übergang von zunehmender zu abnehmender Produktion ist der Zeitpunkt, an dem die Endlichkeit der Ressourcen sich auf den Märkten widerspiegelt. Das Investitionsverhalten wird sich ändern. Wer die heutigen Windpark-Investitionen in Deutschland, Spanien, Dänemark und USA beobachtet und den beginnenden Atomausstieg in Schweden, den Niederlanden und Deutschland ins Auge fasst, bekommt einen Vorgeschmack des sich verändernden Investitionsverhaltens am Energiemarkt.

Die absehbare Endlichkeit der fossilen Ressourcen, die steigenden Umweltbelastungen durch das Verbrennen von Öl, Gas, Kohle und Benzin, die immer schwierigeren Förderbedingungen der alten Energieträger und die steigenden Öl-, Gas- und Kohlepreise verlangen unausweichlich eine forcierte Förderung der erneuerbaren Energieträger. Eine Erneuerbare-Energie-Politik ist notwendig, möglich und erfolgversprechend, wie noch aufzuzeigen ist.

Weltweite Ölfunde und Ölförderung

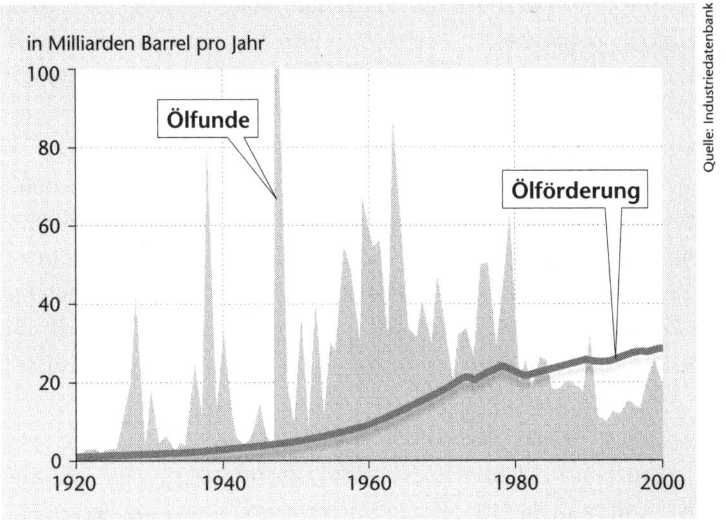

Deutschland und die EU wollen bis 2010 den Anteil der erneuerbaren Energie von 6 Prozent im Jahr 2000 auf 12 Prozent verdoppeln. Dieses Ziel ist allein durch die bisherigen Zuwächse seit dem Jahr 2000 erreichbar. Möglich wäre aber durch zusätzliche politische Maßnahmen mindestens eine Verdreifachung, auf ca. 18 Prozent.

Mit der Natur wirtschaften

Bisher wurde, wenn es um erneuerbare Energien geht, fast immer von Kosten gesprochen. Es wird aber sowohl ökonomisch wie erst recht psychologisch ganz entscheidend darauf ankommen, endlich die Gewinne durch erneuerbare Energien in den Blick zu nehmen. Allein die vermeidbaren Kosten durch Energieeinsparpotenziale und eine bessere Energieeffizienz sind gigantisch. Hinzu kommen vermeidbare Kosten durch den Umstieg von fossilen auf erneuerbare Energiequellen. Was würde die Reparatur des Weltklimas kosten, falls ein solches Vorhaben technisch überhaupt realisierbar wäre? Mit der Natur zu wirtschaften ist grundsätzlich preiswerter als gegen sie zu arbeiten. Beim hundertprozentigen Umstieg auf regenerative Energien geht es immer um ökologische *und* ökonomische Gewinne.

Viele Politiker – in Deutschland auch Politiker der Grünen – trösten uns im Angesicht der genannten Zahlen mit dem möglichen Umstieg auf Erdgas. Richtig ist, dass Erdgas weniger CO_2 freisetzt als Erdöl. Aber bei den Reichweiten sieht die Situation nicht wesentlich anders aus. Auch Erdgas ist eine endliche Ressource, auch wenn sie oft unendlich schön geredet wird.

Teure Erdgasreserven

Die Zusammenstellung der möglichen Erdgas-Reserven sieht laut BGR so aus:*

– United States Geological Survey	131,8 Billionen m^3
– World Oil, Annual International Outlook	144,0 Billionen m^3
– Oil and Gas Journal	144,3 Billionen m^3
– BP Statistical Review	144,7 Billionen m^3
– BGR	152,9 Billionen m^3

Zurzeit werden jährlich 2,3 Billionen Kubikmeter Erdgas gefördert. Danach würden die Reserven noch zwischen 57 und 65 Jahren reichen. Da aber die Steigerungsraten beim Erdgas höher sind als beim Erdöl, kann auch das Gasvorkommen zwischen 2040 und 2045 bereits erschöpft sein.

* zitiert nach Hermann Scheer: *Solare Weltwirtschaft*, S. 101

Wie steht es aber mit nichtkonventionellen Gasvorkommen? Wie zum Beispiel Erdgas aus Kohleflözen? 130 Billionen Tonnen sollen es sein. Außerdem sollen aus den Sedimentbecken des tiefen Erdinneren bis zu 10 000 Billionen Kubikmeter Gaspotenziale und in den Permafrostböden von Alaska, Russland, der Antarktis und am Kontinentalabhang der Ozeane noch mal 1000 Billionen Kubikmeter gewonnen werden können.

Das schwierige Erschließen und Gewinnen dieser Ressourcen wäre um ein Vielfaches teurer als die konventionellen Gasreserven. Hochbrisante Eingriffe in das Ökosystem der Ozeane wären notwendig, das internationale Abkommen zum Schutz der Antarktis müsste gekündigt werden, und die bisher schon dramatischen Vorhersagen über den Klimawandel – bis zu 5,8 Grad globale Erderwärmung in diesem Jahrhundert – wären Makulatur. Wenn wir alles erschließen, was theoretisch möglich wäre, schaufeln wir unser eigenes Grab.

Auch die Wissenschaftler der Ludwig-Bölkow-Stiftung gehen davon aus, dass der Produktionspeak beim Erdgas etwa zehn bis zwanzig Jahre nach dem des Erdöls erreicht sein wird. Die Exploration ist bereits so weit fortgeschritten, dass seit 1992 jährlich mehr verbraucht als neu gefunden wird.

In regionalen Märkten sind Engpässe bereits absehbar – vor allem in den USA, wo neben den Ölreserven auch die Gasreserven bald zu Ende gehen. In den USA wurde wie beim Öl bereits vor 30 Jahren das Maximum der Gasförderung erreicht. Seither geht's bergab. Über 80 Prozent der bekannten Gasreserven der USA sind verbraucht. »Möglicherweise wird in den USA eine Gaskrise noch vor einer Ölkrise kommen«, vermuten die Mitarbeiter der Ludwig-Bölkow-Stiftung.

In England wird in etwa vier bis fünf Jahren der Höhepunkt der Gasproduktion überschritten sein. Ab etwa 2010 wird Holland – heute noch der zweitgrößte Gasexporteur der Welt –

nichts mehr exportieren, sondern gerade noch den Eigenverbrauch decken können. Norwegen hat noch für ca. 25 Jahre Erdgas für den Eigenverbrauch.

Die Lobby der Gaswirtschaft argumentiert häufig mit dem Anstieg der jährlichen Neufunde von Gasfeldern. Dies waren 1950 ca. 100 und 1990 ca. 800 im Jahr. Aber die Summe des gefundenen Gases ging dennoch zurück, weil – analog zum Erdöl – auch beim Erdgas die größten und am leichtesten erschließbaren und abbaubaren Felder zuerst gefunden worden waren. Seit einigen Jahren geht auch die Anzahl der Neufunde zurück.

Nach Berechnungen der Industriedatenbank sowie von Jörg Schindler und Werner Zittel sehen die Kurven der Neufunde im Vergleich zu den gefundenen Mengen bis zum Jahr 2000 so aus:

Viele Gas-Neufunde mit wenig Menge

Durchschnittliche Größe und Gesamtanzahl der jährlich neu gefundenen Gasfelder (Welt außerhalb der USA)

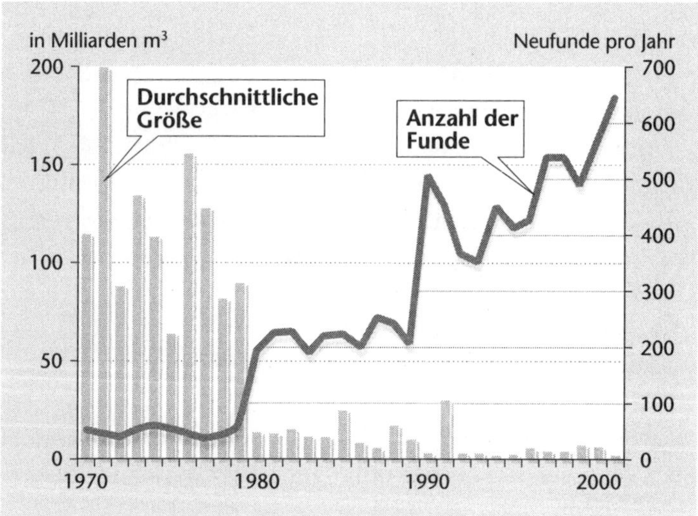

Quelle: Industriedatenbank 2002

Wie rasch in den nächsten Jahren der Gasverbrauch steigen wird, wenn er das abfallende Erdöl ersetzen muss, zeigt die folgende Kurve, die bis etwa 2015 sehr rasch ansteigen, aber danach wegen der Endlichkeit des Gases genauso rasch bis 2040 wieder abfallen wird.

Entwicklung des Erdgasverbrauchs

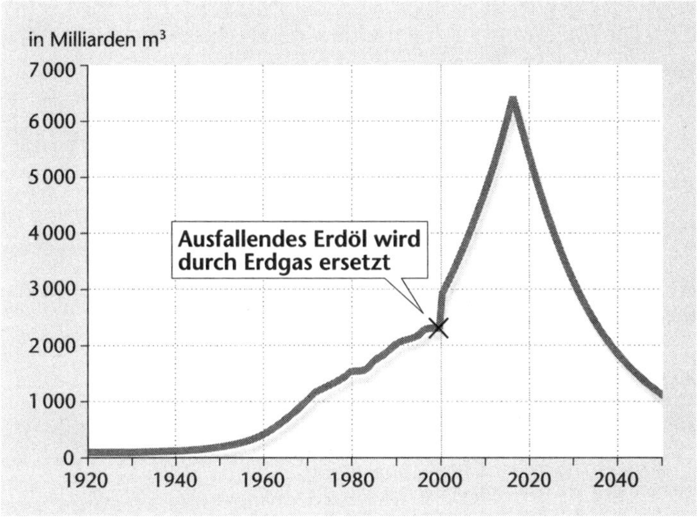

Quelle Schindler/Zittel, L-B-Systemtechnik GmbH

Für die bereits genannten nichtkonventionellen Vorkommen, über die immer wieder spekuliert wird, gilt:

- Die Förderkosten sind enorm.
- Die Umweltbelastungen sind wesentlich höher als beim konventionellen Gas.
- Der Energieeinsatz zur Gewinnung von nichtkonventionellem Gas beträgt das Mehrfache gegenüber dem herkömmlichen Gas.

Bundestagsabgeordnete bei Gazprom

Russland verfügt noch über die größten Erdgasreserven der Welt. Im März 2001 fuhr eine Delegation von Bundestagsabgeordneten, Mitglieder der Enquête-Kommission »Zukunftsfähige Energieversorgung unter den Bedingungen von Globalisierung und Liberalisierung« auf Einladung der Ruhrgas zum größten Erdgaskonzern der Welt »Gazprom« nach Russland. Die deutsche Ruhrgas ist an der russischen Gazprom zu 5 Prozent beteiligt. Die Delegation besuchte das größte russische Erdgasfeld, Jamburg in Westsibirien. Es ist zugleich das größte Gasfeld der Welt. Die Beobachtungen der Delegation entsprechen unseren bisherigen Überlegungen und Zahlen über die noch vorhandenen Reserven an Erdgas.

Der Bundestagsabgeordnete Ulrich Kasparick war dabei, er hat ausführlich Buch geführt über Gespräche mit Gazprom-Vertretern und über seine Eindrücke. Er stellte mir seine Aufzeichnungen dankenswerterweise zur Verfügung.

Das Fazit der deutschen Delegation:

1. Ab 2002 geht die Förderung am größten Erdgasfeld der Welt um jährlich ca. 25 Milliarden Kubikmeter zurück.
2. Es gibt zwar im hohen Norden Sibiriens noch weitere Lagerstätten, aber die »neuen Aufschlüsse« werden entschieden teurer als die bisherigen.
3. Die Transportwege werden immer weiter und damit teurer.
4. Die »Gazprom«-Bosse bestätigten den deutschen Energiepolitikern, dass »die Kosten für die Wiederherstellung der Natur immer höher steigen werden«.

Ulrich Kasparicks persönliche Bilanz seiner Sibirienreise: »Das Gas geht zur Neige. Selbst die Magnaten sagen es.« Der wichtigste Energieberater Präsident Putins, Valery Yasef, hatte der deutschen Delegation wörtlich gesagt: »Wir haben das Gas und ihr braucht es, also zahlt ordentlich dafür.« Und er drohte: »Es kommt zum Wettbewerb um die Lagerstätten, um den Zugang zu den Ressourcen, das wird den Preis hoch treiben.«

Derselbe Präsidentenberater über den Treibhauseffekt: »Das ist alles dummes Zeug einiger verdrehter Wissenschaftler. Die Erwärmung kommt von der geänderten Umdrehung der Erdkugel und nicht von irgendwelchen Abgasen.«

Nach allen realistischen Vorhersagen werden die zu erschwinglichen Preisen erschließbaren Erdöl- und Erdgasquellen in etwa 35 bis 40 Jahren erschöpft sein. Das bedeutet das Ende der fossilen Weltwirtschaft bis ca. 2040 und den Durchbruch der solaren Weltwirtschaft. Wir werden in den nächsten Jahrzehnten entweder einen beispiellosen Existenzkampf um die letzten alten Ressourcen führen, an deren Verbrauch die heutige Dritte und Vierte Welt ebenso beteiligt sein möchte wie wir in den Industriestaaten Europas, Nordamerikas und Japan – oder wir lernen in großem Stil erneuerbare Energien weltweit zu nutzen. An der Frage, die über unsere Zukunft entscheiden wird: *Krieg um Öl oder Frieden durch die Sonne?* führt nun kein Weg mehr vorbei.

Die USA importieren zurzeit jeden Tag zehn Millionen Barrel Erdöl aus Ländern, »die uns nicht besonders mögen« (George W. Bush). Acht Prozent davon kommt allein vom Oberspitzbuben Saddam Hussein aus dem Irak.

Die Bush-Krieger, die Politik und das Öl

Einen Hinweis darauf, wie sehr Politik, Krieg und Öl miteinander verknüpft sind, liefert auch ein Mann, der es wissen muss: Der frühere saudi-arabische Erdölminister Scheich Yamani. Der erklärte Freund des Westens verweist darauf, wie leicht sein

Land durch den ungelösten Nahostkonflikt zwischen Israel und den Palästinensern oder auch durch einen US-Angriff auf den Irak destabilisiert werden könnte. Saudi-Arabien ist eine islamische, aber auch eine islamistische Nation. Bei einer Umfrage nach dem 11. September sympathisierten über 90 Prozent der saudischen Jugendlichen mit Bin Laden.

Fast alle Industriestaaten hängen am Tropf des saudischen Öls. Aber wie bereits erwähnt: 15 der 19 Selbstmordattentäter vom 11. September 2001 stammen aus Saudi-Arabien. Ihre grünen Pässe waren verziert mit einen Koranspruch und dem Schwert des Propheten.

Am 11. September stürzten nicht nur die Türme des World Trade Centers ein. Auch die lange für selbstverständlich gehaltene Sicherheit der westlichen Ölversorgung wurde in Manhattan begraben. 22 Prozent des Öls, das in den USA heute verbraucht wird, kommt aus saudischen Quellen.

Eine Rebellion am saudischen Hof, ein Anschlag Bin Ladens in Mekka oder Medina, ein blutiger Konflikt in Riad – und der Ausfall des saudi-arabischen Öls würde zu einem ökonomischen Desaster in den USA und in allen Industriestaaten führen.

Bisher schützte auch die Anwesenheit von US-Truppen das saudische Königshaus. Das Weiße Haus in Washington und das Königshaus in Riad kooperierten über Jahrzehnte wie siamesische Zwillinge. Washington bekam Öl und die Saudis erhielten Petrodollars. Dafür kaufte das korrupte Regime der 5000 Prinzen in Saudi-Arabien wieder modernste Waffen in den USA. Die grauenhaften Menschenrechtsverletzungen im Wüstenstaat kümmerten Washington ebenso wenig wie das Fehlen jeglicher demokratischer Institutionen. Hauptsache Öl, Hauptsache Waffen.

Es geht um viel Geld, um viel Öl und um viele Waffen bei der Kooperation zwischen den USA und den Wüstenscheichs. Zugleich sind solche Geschäfte ein idealer Nährboden des Terrors. Seit dem 11. September sind die USA und Saudi-Arabien noch mehr aneinander gekettet. Die beiden Länder gleichen jetzt zwei angeschlagenen Männern, die sich noch stützen, wenn auch widerwillig.

Diese Ketten einer Freundschaft reißen den anderen mit, wenn der eine fällt. Der Ausweg, den die USA jetzt suchen: Das kleine Golfemirat Katar wird zum neuen riesigen US-Militärstützpunkt und zur Ausgangsbasis beim Kampf gegen Saddam Hussein ausgebaut. Die USA sind schon so ölimportabhängig, dass sie 50 Milliarden Dollar jährlich ausgeben müssen, um Öl im Wert von 20 Milliarden Dollar zu sichern. Die Erzkapitalisten haben längst das klassische ABC des Kapitalismus verlernt. Süchtige handeln immer ökonomisch irrational.

Verfilzt und zugenäht!

George Bush senior war einige Male zu Gast in Saudi-Arabien, zweimal auch bei der Großfamilie Bin Laden in Dschidda. So wie der alte US-Präsident kommt auch Bush junior aus der Ölwirtschaft. Beide Bushs waren und sind mit dem Ölgeschäft verbandelt. Es war die Öllobby, die George W. Bushs Wahlkampf wesentlich finanzierte. Bei der Öllobby steht der US-Präsident besonders in der Pflicht – weltweit.

Aber nicht nur der Präsident und seine Familie standen bzw. stehen im Dienst und Sold der US-Energiewirtschaft. Das Gleiche gilt für enge Mitarbeiter in seiner Regierung und in seiner Partei, den Republikanern. George W. Bush hat viele alte Kameraden aus der Ölwirtschaft um sich versammelt.

Vizepräsident Dick Cheney ist Bushs oberster Energiepolitiker. Er hat früher ein Erdölunternehmen geleitet und jetzt das neue Energieprogramm der Regierung formuliert. Während der Arbeit am Energieprogramm hat er sich häufig mit seinen alten

Freunden aus der Energiewirtschaft getroffen – allein sechsmal mit Vertretern des inzwischen Pleite gegangenen und kriminell gewordenen Energieriesen Enron.

Cheney wörtlich: »Energiesparen ist vielleicht eine persönliche Tugend, aber kein Beweis für eine vernünftige Energiepolitik.« So redet der oberste Energiepolitiker der Energieverschwendungsnation Nummer eins. Der frühere US-Präsident und gelernte Ingenieur Jimmy Carter hatte dagegen den Zusammenhang von Energie- und Kriegspolitik verstanden: »Energiesparen und erneuerbare Energien sind die moralische Alternative zu einem Krieg.«

Bushs Wirtschaftschef im Weißen Haus, Lawrence Lindsey, hatte früher einen 100 000-Dollar-Beratervertrag bei Enron. Und Pat Wood, der Chef der US-Energie-Regulierungsbehörde, wurde von Bush auf Drängen von Enron-Chef Ken Lay eingesetzt.

Bevor Bushs Vize Cheney sein Energie-Regierungsprogramm entwarf, hat er von den 25 US-Energiekonzernen, die Bushs Wahlkampf finanzierten, 18 zu Beratungen über dieses Programm eingeladen.

George W. Bush selbst hat in den 70er Jahren das Energieunternehmen »Arbusto« geleitet – mit wenig Erfolg übrigens. Sein Parteivorsitzender, Marc Racicot, war noch 2001 als Lobbyist für Energieunternehmen tätig. Und Bushs Sicherheitsberaterin, Condoleezza Rice, saß acht Jahre im Aufsichtsrat von Chevron. Nach ihr war früher ein 130 000 Tonnen schwerer Öltanker benannt.

Thomas White, Bushs Minister der Streitkräfte, war zuvor leitender Manager bei Enron und hatte 25 Millionen Dollar in Aktien des Konzerns angelegt.

Bush und die US-Energiewirtschaft: verfilzt und zugenäht!

Die westliche Welt insgesamt ist abhängig vom »Blut der Erde« wie George W. Bush von der amerikanischen Energiewirtschaft. Je größer unsere Ölabhängigkeit, desto mächtiger die Ölstaaten. Wir hängen am Tropf der Ölstaaten und Ölmultis wie ein Junkie an der Nadel. Je knapper das Öl in den nächsten Jahrzehnten werden wird, desto teurer wird es aber auch sein. So wollen es die Regeln der Marktwirtschaft.

Je schneller die Industrialisierung Indiens und Chinas voranschreitet, je mehr Menschen in Dritte-Welt-Ländern sich westliche Energie-, Mobilitäts- und Lebensstandards aneignen, desto rascher wird uns der alte Stoff ausgehen. Politische, militärische und ökonomische Katastrophen werden wahrscheinlich. Die größten Weltölreserven liegen im arabischen Halbmond zwischen der Golfregion und den noch unerschlossenen Reserven in Zentralasien von Kasachstan bis Usbekistan. Ohne Kriege wird es immer schwieriger werden, Zugang zu diesen Feldern zu finden, auf die auch die Atommächte China, Russland, Indien und Pakistan ein Auge werfen.

40 Jahre Öl oder fünf Milliarden Jahre Sonne?

Die Frage, vor der wir stehen, ist denkbar einfach: Worauf setzen wir? Auf Öl und Gas, die bald zu Ende gehen, immer teurer werden, die Umwelt zerstören und Kriege provozieren, oder auf die Sonne, die noch fünf Milliarden Jahre scheint, uns 15 000-mal mehr Energie schickt, als zurzeit alle Menschen verbrauchen und die preiswert in Strom und Wärme umgewandelt werden kann und nicht die Mitwelt belastet?

Die Fossile der fossilen Energiewirtschaft und ihre politischen Helfershelfer in den alten Parteien haben vor dieser Fragestellung eine panische Angst. Kleinmütig rechnen sie permanent ihre Reserven hoch, verdrängen die Umweltzerstörung durch Kohle, Gas, Öl und Benzin und spielen die Chancen und Möglichkeiten eines hundertprozentigen Umstiegs auf erneuerbare Energien herunter.

Trotz verbesserter politischer Rahmenbedingungen in den letzten Jahren – zum Beispiel für die Windenergie unter der Regierung Kohl und durch das 100 000-Solardächer-Programm und das Erneuerbare-Energien-Gesetz unter der rot-grünen Regierung – sind in Deutschland die Bedenkenträger und die politisch Abhängigen noch immer die Wortführer, wenn es um die Energiezukunft geht.

In Deutschland stehen etwa 28 Millionen Gebäude. Das sind 28 Millionen potenzielle Solarkraftwerke. Aber wer mit offenen Augen durch Deutschlands Städte und Dörfer geht, stellt fest, dass weit weniger als ein Prozent der Gebäude Solaranlagen auf dem Dach oder an den Außenwänden haben.

»Jede fossile Utopie gilt als realistisch, jede umfassende solare Perspektive als unrealistisch« (Hermann Scheer). Für die so genannten Energie-Realos gilt als ewig, was begrenzt ist, und als begrenzt, was uns unendlich zur Verfügung steht.

Dies ist der Grundwiderspruch gegenüber jedem Fortschritt beim Thema Frieden, beim Thema Umwelt, beim Thema Wachstum, beim Thema internationale Gerechtigkeit und beim Thema neue zukunftsfähige Arbeitsplätze.

China will 20 Millionen Chinesen in Tibet ansiedeln, um an die Erdöl- und Gasreserven auf dem Dach der Welt zu kommen. Soeben lese ich, dass Shell quer durch China und Tibet für vier Milliarden Dollar eine große Ost-West-Pipeline bauen möchte. Der verzweifelte Widerstand der Tibeter, um eine der ältesten Hochkulturen der Welt zu retten, wird das Milliardengeschäft kaum verhindern.

Zwischen dem Kaukasus und Zentralasien sind gleich mehrere neue Pipelines geplant. Konflikte mit Russland und China um die Reserven in Zentralasien nimmt der Westen in Kauf. Präsident Bush lässt in Alaska und in Naturschutzparks der USA zusätzlich nach Öl bohren. Der Widerstand der Naturschützer in den USA wird politisch einfach ignoriert. In Nigeria und im Kongo gibt es Bürgerkriege um Gas und Öl. Die Opfer sind ja nur Menschen in der Dritten Welt.

Wir wissen, dass alle Energie, die wir brauchen, über Sonne, Wasser, Wind, Biomasse, Erdwärme, Gezeitenkraft, Wellen- und Strömungsenergie der Ozeane sowie solar erzeugten Wasserstoff gewonnen werden kann, aber es werden immer mehr Erdgas- und Erdölleitungen gebaut. Der Verbrauch von fossilen Rohstoffen steigt noch immer. Und in Deutschland glaubt die nordrhein-westfälische Landesregierung außerdem, der geplante Braunkohleabbau in Garzweiler habe etwas mit Zukunft zu tun. Eher nehmen wir 300 Jahre Grundwasserprobleme in Kauf, zerstören die Landschaft und siedeln wie im 19. Jahrhundert 8000 Menschen um, als dass wir 6000 Windräder in Nordrhein-Westfalen aufstellen, womit wir so viel Strom erzeugen könnten wie mit Garzweiler II Braunkohle.

Eher führen wir Kriege um Öl und Gas oder laufen wie blind in die größten Ressourcenschlachten hinein, als noch rechtzeitig fähig zu werden, die vielfältigen und überreichen Energieangebote der Natur zu nutzen. Sind wir noch zu retten?

Wie zuvor erwähnt: Die beiden größten Gesellschaften unseres Planeten, China und Indien, haben ihren Energieverbrauch in den letzten 30 Jahren vervielfacht. Aber sie stehen erst am Anfang ihrer ökonomischen Entwicklung. Die IEA schätzt, dass sich der *globale* Energieverbrauch bis 2050 sogar verdreifacht. Bei heute schon täglichem Ausstoß von 100 Millionen Tonnen Kohlendioxid: Wie soll unser geschundener Planet diese Entwicklung aushalten? Wie wird die Erde reagieren, wenn alle Chinesen, Russen und Afrikaner eines Tages so viele Autos fahren, wie wir Europäer es heute tun?

Öl oder Frieden?

Entweder wir schaffen die heutige Energiepolitik ab, oder diese schafft uns ab.

Die Geschichte des Ölzeitalters begann – natürlich – in den USA. 1858 stieß Oberst Drake in Titusville, Pennsylvania, auf Öl und wusste daraus ein Geschäft zu machen. Mit einer alten Pumpe förderte er täglich 25 Fass, raffinierte es und verkaufte das schwarze Gold als Leuchtöl. Schon zehn Jahre später standen mehrere tausend Bohrtürme um das alte Gerüst des Oberst Drake. Sechs Millionen Fass wurden pro Jahr gefördert, 200 Millionen Dollar investiert und 60 000 Arbeiter lebten vom Öl um Titusville und Oil Creek.

Ein einziger Unternehmer namens John D. Rockefeller gründete 1870 die Standard Oil und legte damit den Grundstein für den ersten Trust der Wirtschaftsgeschichte. Der Sohn eines fahrenden Quacksalbers, der Erdöl noch als Wunderheilmittel verkauft hatte, wurde zum ersten Ölgiganten. Standard Oil wurde bald zum mächtigsten Industrieunternehmen der USA.

Der erste Krieg, bei dem Öl eine Rolle spielte, war der amerikanische Bürgerkrieg 1861–1865. Die Nordstaaten konnten mit Öl die fehlenden Terpentinlieferungen der Südstaaten ausgleichen. Rasch wurde das Erdöl auch nach Europa exportiert.

Die schwedischen Brüder Robert und Ludwig Nobel besaßen die Ölquellen um Baku in Russland, wo das Ölzeitalter ebenfalls schon Ende des 19. Jahrhunderts begonnen hatte.

Durch die Umrüstung seiner Flotte von Kohle auf Erdöl am Ende des 19. Jahrhunderts, sicherte sich England die Vorherrschaft über die Weltmeere. Deutschland konzentrierte damals seine Interessen auf die türkischen Ölreserven. Im Ersten Weltkrieg galt der Zugang zum Erdöl als wichtigste Voraussetzung für militärische Erfolge.

Damit waren Politik und Ölkonzerne in einer unheiligen Allianz verflochten. Hans Kronberger hat in seinem Buch *Blut für Öl – Der Kampf um die Ressourcen* kenntnisreich die Zusammenhänge von Energieversorgung und Kriegsverläufen beschrieben: »Erdöl war zum Ziel des Krieges geworden und zugleich dessen treibende Kraft. Die Sicherung der Erdölreserven wurde zum alles bestimmenden militärischen Faktor.«

Lord Curzon, früher Vizekönig von Indien, sagte nach dem Ersten Weltkrieg: »Die alliierte Sache ist auf einer Woge von Öl zum Sieg geschwommen.« Und der Direktor des Comité Général du Pétrole, Henry Bérénger, meinte: »So wie das Öl das Blut des Krieges war, wird es das Blut des Friedens sein. In dieser Stunde, am Anbeginn des Friedens, rufen unsere Völker, unsere Industrie, unser Handel, unsere Bauern nach mehr Öl, immer mehr Öl, nach mehr Benzin, immer mehr Benzin.« Dieser Ruf will bis heute nicht verstummen.

Da Deutschland nach 1918 von den Zugängen zum Öl weitgehend abgeschnitten war, sah es im Vertrag von Rapallo 1922 eine Möglichkeit, an russische Ölquellen zu kommen. Eine deutsch-sowjetische Ölgesellschaft (Derop) wurde gegründet – so waren in der Zwischenkriegszeit für Deutschland die Ölvorräte gesichert.

Die alliierten Sieger über Deutschland und Japan im Zweiten Weltkrieg konnten ihre Truppen fast jederzeit an jedem Ort mit genügend Treibstoff versorgen. Japan und Deutschland konnten dies nicht.

Nach dem Zweiten Weltkrieg ging der Energiehunger weltweit über alles. Saudi-Arabien, Kuwait, Irak, Bahrain und Persien wurden die neuen Ölzentren. Die Automobilität verlangte nach immer mehr Erdöl und Benzin. Zwischen 1949 und 1972 hat sich der Weltenergieverbrauch verdreifacht und seither nochmals mehr als verdoppelt. In den letzten 50 Jahren hat sich der Erdölverbrauch global mehr als verzwanzigfacht. In den 70er Jahren des letzten Jahrhunderts zeigten die beiden Ölpreiskrisen die totale Abhängigkeit der gesamten Weltwirtschaft vom Rohstoff Öl.

Der damalige US-Präsident George Bush senior sagte 1991: »Unsere Wirtschaft, unsere Lebensart, unsere Freiheit und die Freiheit befreundeter Länder aus der ganzen Welt, alles würde leiden, wenn die Kontrolle über die großen Ölreserven der Welt in die Hände Saddam Husseins fielen.« Freiheit als die Freiheit des Zugriffs auf die Ressourcen anderer Länder.

Hans Kronberger: »Der Golfkrieg ist in vielen Bereichen ein Musterbeispiel der bedingungslosen Skrupellosigkeit im Kampf um Öl.« Und die Frankfurter Rundschau meinte am 26. Mai 1992: »Den größten Gewinn in ihrer Firmengeschichte hat die Deutsche Shell AG im Golfkriegsjahr erwirtschaftet. Der enorme Jahresüberschuss von 547 Millionen Mark 1991 ist nach Unternehmensangaben auf die gestiegenen Ölpreise während des Golfkrieges zurückzuführen.«

»Weit mehr als Erdöl«

Hat der Golfkrieg 1991 schon gezeigt, in welche Abgründe die Abhängigkeit vom Öl uns führt, so wird das gesamte Ausmaß unserer Ölsucht durch die Ereignisse des 11. September noch deutlicher. Jetzt erst lernen wir das Firmenmotto von BP Amoco so richtig verstehen: »Weit mehr als Erdöl«!

Islamistische Terroristen hatten schon in den 90er Jahren in den USA die »Ausgeburt des Bösen« gesehen. Bin Laden und seine Mörderbande hassten und bekämpften einerseits die westliche Supermacht, hatten aber andererseits beste Beziehungen zu höchsten politischen Kreisen in den USA. Bin Laden wurde zwar vom FBI verfolgt, aber vom State Department in Washington gedeckt.

Beim FBI war John O'Neill bis zum August 2001 mit den Ermittlungen gegen Bin Laden wegen dessen früherer Anschläge

1995, 1996 und 1998 auf US-Bürger und auf US-Einrichtungen verantwortlich. Ende Juli 2001, sechs Wochen vor dem 11. September, sagte John O'Neill dem französischen Wirtschaftsberater und Chef einer Wirtschaftsauskunftei, Jean-Charles Brisard:

> »Das größte Hindernis bei den Ermittlungen gegen islamistische Terroristen waren die Interessen der US-Ölkonzerne und die Rolle Saudi-Arabiens.«

Der FBI-Ermittler gegen Bin Laden starb am 11. September im World Trade Center!

Für John O'Neill gab es nur einen Grund, weshalb er in seinen Ermittlungen gegen Bin Laden seit Jahren vom amerikanischen Außenministerium, von der amerikanischen Botschaft in Saudi-Arabien und von der gesamten US-Diplomatie ausgebremst und behindert wurde: das Erdöl! Die Wächter über das Schwarze Gold mussten um jeden Preis bei Laune gehalten werden. O'Neill war davon überzeugt, dass Osama Bin Laden noch im Sommer 2001 zur politischen Spitze des saudischen Ölreichs intensive Beziehungen unterhielt. Der Top-Terrorist des 11. September war nicht nur Drahtzieher für die Anschläge, er war auch indirekt Partner der ölabhängigen Industriestaaten. Der Bericht, den die Wirtschaftsauskunftei von Jean-Charles Brisard im Auftrag des französischen Nachrichtendienstes schon 1996 erstellte und bis Juli 2001 mehrmals für den amerikanischen FBI überarbeitete, macht die engen Verbindungen zwischen dem Terrornetz des Osama Bin Laden, Saudi-Arabien und westlichen Öl- und Waffengeschäften deutlich.

In diesem Bericht heißt es: »Das Bestehen einer Verbindung zwischen dem terroristischen Netzwerk und einer weitläufigen Finanzierungseinrichtung ist kennzeichnend für die von Osama Bin Laden durchgeführten Aktionen.«

Jean-Charles Brisard hat zusammen mit dem Journalisten Guillaume Dasquié die Verbindungen des Bin-Laden-Clans mit der US-Politik und -Wirtschaft untersucht. Das spannende Ergebnis ist in dem Buch *Die verbotene Wahrheit* nachzulesen.

Hier wird akribisch aufgezeigt, wie zwei saudische Familien, die von Bin Laden und die von Khalid Bin Mahfouz, ein unüberschaubares Wirtschaftsimperium beherrschen. So sind sie auch Finanzgeber beim Aufbau eines Firmenkonzerns von George Bush senior. In dem Buch *Die verbotene Wahrheit* – in Frankreich ein Bestseller, in der Schweiz durch einen Bruder von Osama Bin Laden verboten – wird auch nachgewiesen, dass der US-Energiekonzern Unocal durch den Afghanistan-Krieg seinem lange gehegten Ziel einer Pipeline vom Kaspischen Meer über Afghanistan nach Pakistan näher gekommen ist.

Das Autorenteam deckt auf, dass Hamid Karsai, Chef der afghanischen Interimsregierung, ebenso für die Unocal gearbeitet hat wie der heutige Repräsentant der USA in Kabul. Während ich diese Zeilen schreibe, werden in Frankreich täglich 1000 Exemplare des Buches verkauft. Wenn in vielleicht zwei oder drei Jahren für Unocal die erträumte Pipeline durch Afghanistan endlich gebaut wird, werden vielen die Augen aufgehen über den wirklichen Grund des »Krieges gegen den Terrorismus«.

Das Weiße Haus und das Königshaus

Die westliche Politik hat am Beginn des 21. Jahrhunderts zwei Achillesfersen: die Abhängigkeit vom Öl und die Abhängigkeit von der muslimisch-fundamentalistischen Politik Saudi-Arabiens. Das Königshaus in Riad und das Weiße Haus in Washington gehören zu den schizophrensten Herrscherhäusern unserer schizophrenen Zeit.

Das saudische Königshaus exportiert viel Öl in die USA und importiert von dort die meisten seiner Waffen und ist zugleich

Brutstätte jenes Terrors, gegen den das Weiße Haus in Washington jetzt Krieg führt.

Die USA kämpfen angeblich für Freiheit und Menschenrechte. Aber in Saudi-Arabien gibt es keine freie Presse, keine Gewerkschaften, keine Parteien und keine Menschenrechte. Saudi-Arabien ist zugleich die Heimat der heiligsten Stätten des Islam und der größten Erdölreserven, aber auch Heimat der verschleierten Frauen und der Playboy-Prinzen.

Die andere Schizophrenie: Das Weiße Haus in Washington bekämpft seit Jahrzehnten jene Schurken, die es vorher großgezogen hat.

Diese Schizophrenie passt zur Großfamilie Bin Laden: Von den über 50 Sprösslingen des verstorbenen Bauunternehmers und Multimillionärs Mohammed Bin Laden finden sich nach Ansicht der »Washington Post« einige »auf beiden Seiten der Barrikaden«. Die einen haben amerikanische Militärbasen und Botschaften mitgebaut – die anderen haben dieselben Basen und Botschaften der USA später in die Luft gesprengt.

Die Bush-Bin-Laden-Connection ist freilich keine Erfindung von durchgeknallten Journalisten. Sie ist auf Öl gebaut. Dafür pilgerte – wie gesagt – George Bush senior nach seiner Zeit als Präsident der USA mindestens zweimal nach Dschidda, um Mitglieder der Bin-Laden-Familie zu treffen. Er war ihr Privatgast.

Der »Spiegel« berichtet, dass nach dem 11. September die Chefs der Prince Sultan Air Base bei Riad neue Schutzvorrichtungen für den US-Militärstützpunkt angeordnet und bei Regierungsstellen in Riad in Auftrag gegeben haben. Wenige Tage später war am US-Stützpunkt dieses Schild angebracht: »Security upgrades by Binladin Group«. Verstärkte Sicherheit für die US-Armee – organisiert vom Bin-Laden-Clan!

Die Schizophrenien der Häuser sind leicht erklärbar: Schutz des saudischen Königshauses vor seinen Feinden durch das Weiße Haus gegen billige Energie. Das eine Haus braucht Öl und das andere hat es – also hilft man sich gegenseitig um jeden Preis. Die Geschäfte laufen nach wie vor unter dem Motto: Was Terrorismus ist, bestimmen wir selbst. Und nach unseren gerade vorherrschenden Interessen!

Wegen der Erdölinteressen der USA haben noch zwischen Februar und August 2001 mehrere geheime Treffen zwischen der US-Regierung und Taliban-Vertretern stattgefunden. Afghanistan und seine Taliban-Regierung litten unter den Sanktionen, die der UNO-Sicherheitsrat im Dezember 2000 beschlossen hatte. Zugunsten seiner Energiepolitik wollte Washington jetzt die schrittweise Anerkennung der Taliban-Regierung unterstützen. Im Gegenzug zeigte sich Afghanistans Taliban-Regierung bereit, Bin Laden auszuliefern. Jenseits der afghanischen Berge locken im Norden von Turkmenistan, Usbekistan und Kasachstan riesige Bodenschätze. Um das Erdöl und Erdgas zu transportieren, gibt es drei Wege: westlich über Russland, Aserbaidschan und die Türkei zum Mittelmeer oder südwestlich über den Iran und Irak oder südlich durch Afghanistan und Pakistan.

Die dritte, südliche Option scheint aus politischen Gründen die einfachste zu sein. Verhandlungen mit Teheran oder Moskau wegen Ressourcen-Durchleitungen sind für Washington eher ein Albtraum.

Dass der Krieg in Afghanistan auch viel mit den Balkankriegen zu tun hat, belegt das Buch *Global brutal* des Ökonomen Michel Chossudovsky von der Universität Ottawa: »Washingtons heimlicher Krieg in Mazedonien soll seine Einflusssphäre in Südosteuropa festigen. Es geht um den strategischen Transport-, Kommunikations- und Ölpipeline-Korridor Bulgarien-Mazedonien-Albanien – vom Schwarzen Meer zur Adria.«

Die größten Öllager der Welt

Chossudovsky ist sich sicher, dass Washington einen »Flickenteppich von Protektoraten auf dem Balkan« schaffen will, um diese Pipeline-Strecken zu sichern. Profitieren würden von dieser Politik hauptsächlich die anglo-amerikanischen Ölriesen BO Amoco-Arco, Chevron und Texaco.

Das Projekt der transbalkanischen Pipeline wird von dem US-Konsortium Ambo kontrolliert. Michel Chossudovsky will wissen, dass Ambo »direkt verbunden ist mit der Zentrale der politischen und militärischen Macht in den Vereinigten Staaten«. Alle energiepolitischen Fäden der Regierung Bush laufen bei seinem Vizepräsidenten Dick Cheney zusammen. Er war vor Amtsantritt Generaldirektor der Firma Halliburton-Energy und ist bis heute ihr Teilhaber. Halliburtons britische Tochter hat die Machbarkeitsstudie für die Ambo-Pipeline vom Schwarzmeerhafen Burgas bis Vlore an der albanischen Adria erstellt.

Das Öl, das durch diese Pipeline einmal fließen soll, kommt aus Zentralasien. Michel Chossudovsky: »Das Projekt einer transbalkanischen Pipeline würde den Anschluss herstellen zu den Pipeline-Strecken vom Schwarzen Meer zu den ehemaligen Sowjetrepubliken nahe Afghanistan, in denen die größten unerschlossenen Öllagerstätten der Welt liegen.«

Um dieselben Ölreserven buhlen auch europäische Ölkonzerne wie Total Fina Elf. Alle wollen ans Öl, um den großen Durst der Industriestaaten zu stillen. Es geht wie im 19. Jahrhundert um das »Great Game« in Afghanistan. Das »große Spiel« – so hat der Literat Rudyard Kipling einst das britisch-russische Duell um Afghanistan genannt. Damals hatte London einen Albtraum: nämlich dass Russland nach der blutigen Eroberung des Kaukasus seine Herrschaft bis nach Indien ausdehnen und England sein »Juwel des Empire« streitig machen könnte.

Inzwischen wird das »Great Game« freilich mit neuen Akteuren gespielt. Mit Akteuren, die im heutigen Afghanistan so wenig zu suchen haben wie Russen und Engländer im 19. Jahrhundert. Und wieder einmal auf Kosten der Afghanen und anderer Länder in Zentralasien.

Die russischen »Spieler« im Great Game sind noch immer dabei. An Stelle der Engländer vertreten die USA jetzt die westlichen Ressourcen-Interessen. Die Chinesen und Inder kommen im heutigen hegemonialen Wettlauf neu hinzu.

Vor über einem Jahrhundert ging es beim »großen Spiel« um Militärbasen und Baumwolle, das »weiße Gold«, heute um Militärbasen und Gas und Öl – hauptsächlich um das »schwarze Gold«.

Im alten »großen Spiel« kamen die Spione als Pilger verkleidet, die Pistole im Ärmel ihrer weiten Roben versteckt. Im heutigen »großen Spiel« werfen die Spieler »smarte« Streubomben über Afghanistan ab oder fahren in Mercedes-Limousinen in den Hauptstädten Kasachstans, Afghanistans, Aserbaidschans und Usbekistans vor. Am Öle hängt, zum Öle drängt es jede Großmacht.

George W. Bush, der Ölmann aus Texas, hat die Bedeutung von Zentralasien und der Kaukasusregion für seine Ölpolitik wohl erst nach dem 11. September begriffen. Wer Asiens Zentrum zwischen Kaspischem Meer und Afghanistan beherrscht, kontrolliert die derzeit wichtigste Weltwährung, das schwarze Gold. Heute ringen Moskau, Peking, Neu-Delhi und Washington um Einfluss im Herzen Asiens (vergleiche Grafik S. 126).

Die Anti-Terror-Koalition stirbt vor Bin Laden

Unmittelbar nach dem 11. September haben sich die Großmächte zum Kampf gegen den Terrorismus in einer erstaunlichen Koalition zusammengefunden. Doch ihre Interessen waren vorher und sind heute schon wieder zu verschieden. Die Anti-Terror-Koalition wird wahrscheinlich vor Bin Laden sterben.

Das britische Nachrichtenmagazin »Economist« sieht wegen der widersprüchlichen Interessen der Großmächte am Kaspischen Meer ein mögliches »Szenario für den dritten Weltkrieg« – es wäre ein Krieg um Öl.

Schon seit 1991 hatten mehrere US-Öl- und Gaskonzerne wichtige Vertretungen in Kasachstan, Turkmenistan und in Kirgisien aufgebaut – darunter auch Chevron. Doch Russland verweigerte bislang die Nutzung seiner Pipelines.

Ende November 2001 kündigt Saparmurad Nijasow, Turkmenistans autokratischer Herrscher, an: »Wir könnten jedes Jahr 120 Milliarden Kubikmeter Erdgas auf den Weltmarkt bringen.« Damit stünde sein Land auf Platz vier in der Welt-Gas-Liga. Heute ist es noch nicht einmal unter den ersten zwanzig Erdgasstaaten aufgeführt.

Wie könnte es auch: Turkmenistan hat keinen Zugang zu Weltmärkten und Weltmeeren. Bisher hatte Russland Turkmenistans geringen Gasexport eher behindert als gefördert. Turkmenistan könnte künftig auch Erdöl exportieren, wenn es eine Pipeline durch Afghanistan gäbe.

Der kalifornische Energiemulti Unocal will sie in den nächsten Jahren bauen. Unocal macht schon mal vorsorglich darauf aufmerksam, dass Gas- und Ölleitungen kostensparend gebaut werden können, wenn sie gleich parallel durch Afghanistan und Pakistan zum Arabischen Meer gebaut würden. Die neuen turkmenischen Energieperspektiven sorgen freilich für Unruhe beim Erdgasweltmeister Russland. Moskau belieferte bisher den Weltmarkt mit 24 Prozent. Turkmenistan kann zu einem Konkurrenten werden, der die Preise drückt, und Moskau verlöre außerdem Gastransitgebühren, die bisher von den zentralasiatischen früheren sowjetischen Republiken bezahlt werden mussten.

Im Sturz der Taliban erblicken andere Potentaten ihre große Chance. Schmieden Zentralasiaten und Washington eine Energieallianz – auch militärisch abgesichert –, dann wird diese geopolitische Veränderung sowohl Moskau wie auch China und Indien nicht gleichgültig lassen. Politische Spannungen sind vorprogrammiert. Die Interessen von mindestens fünf Atommächten stoßen heute in Zentralasien zusammen. Es tobt ein Kampf um die Weltenergieherrschaft.

Es geht um drei Dinge: um Öl, um Gas und um Pipelines für Öl und Gas. Demokratie, Menschenrechte und Religionsfreiheit spielen dabei keine Rolle.

In diesem »großen Spiel« gibt es nun neue Sieger und Verlierer. Zu den Siegern gehört nach dem 11. 9. zum Beispiel Usbekistans Präsident Karimov. Kurz zuvor hatte Joschka Fischer Karimov noch vorgeworfen, dass er die Menschenrechte mit Füßen tritt, dass es in seinem Land keine freie Presse gibt und schon gar keine Religionsfreiheit für gemäßigte Muslime und dass das Volk von 25 Millionen Usbeken trotz guter Ernte hungern muss. Nun ist derselbe Präsident unser Verbündeter im Kampf gegen das Böse. Karimov ist Kriegs- und Krisengewinnler Nummer eins in Zentralasien.

Zumindest langfristig aber wird die Region um das Kaspische Meer für Amerikas Öldurst wichtiger als die Golfregion, solange Washington so wenig Anstrengungen für Klimaschutz und Energiewende unternimmt.

Deshalb ist Amerikas Krieg gegen den Terrorismus immer auch ein Krieg um Gas und Öl – ein »Feldzug für eine sichere Energieversorgung und neue zentralasiatische Pipelines« (Erich Follath im »Spiegel«).

Auch das alte Ölland Aserbaidschan gehört heute zur geostrategischen Interessenzone der USA. Öl ist für diese frühere Sowjetrepublik alles. In der westlich anmutenden Metropole Baku am Kaspischen Meer haben sich 1300 Ölfirmen eingerichtet. Schon zwischen 1870 und 1914 erlebte das Land seinen ersten Ölboom. In Baku wurde die erste Pipeline der Welt verlegt, die ersten Öltanker fuhren von hier aus. Die Gebrüder Nobel wurden hier ebenso reich wie Rothschild oder Shell.

Vor rund hundert Jahren war Baku der geschäftigste Hafen der Welt. Von hier stammten etwa 95 Prozent der zaristischen Ölproduktion. Heute erlebt Aserbaidschan seinen zweiten Ölfrühling. Die Ölvorkommen rund ums Kaspische Meer sind vergleichbar mit denen des Nahen Ostens. Hier agieren die Regierungen von Russland, China, der Europäischen Union und der USA als Lobbyisten ihrer Ölkonzerne. Auch hier hat das globalpolitische Tauziehen um die noch vorhandenen Ressourcen begonnen.

Pipeline zur Hölle

Im Oktober 1995 unterzeichneten die US-Firma Unocal und ihr saudischer Partner Delta Oil mit dem turkmenischen Diktator Nijasow ein Abkommen, wonach Gasexporte über acht Milliarden Dollar geplant waren. In diesem Abkommen war auch der Bau einer Erdgasleitung durch Afghanistan beabsichtigt. Anwesend bei der feierlichen Zeremonie in New York war ein prominenter Unocal-Berater: Henry Kissinger, Ex-Außenminister Washingtons. Eingefädelt hatte das Geschäft Alexander Haig, ebenfalls Ex-Außenminister der USA. Der »Spiegel« spricht von »Schurkenstück« und »Gaunerkomödie« und nennt die geplante Durchleitung eine »Pipeline zur Hölle«.

Denn zugleich begann auch die Zusammenarbeit zwischen den USA und den »Gotteskriegern« der Taliban. Den USA ging es bei dieser Zusammenarbeit nicht mehr nur um geostrategische, sondern immer auch um Ressourceninteressen. Sowohl Saudi-Arabien wie die USA gaben die Kooperation mit den usbekischen und tadschikischen Minderheiten in Afghanistan auf, und die islamistischen Fundamentalisten der Taliban übernahmen am 27. September 1996 die Macht in Kabul.

Amerikanische Politiker wie Barnett Rubin, Afghanistan-Spezialist des renommierten Council of Foreign Affairs, kommentierte den Machtwechsel voller Weitsicht so: »Die Taliban haben nicht die geringsten Verbindungen zu der radikal-islamischen Internationale. In Wirklichkeit verabscheuen sie diese sogar.« Öl- und Gasprojektionen machen offensichtlich politisch blind. Wenn die Businessbosse von »stabilen Verhältnissen« in Kabul durch die Taliban reden, meinen sie: sichere Pipelines.

Solche Erklärungen wurden abgegeben, *nachdem* die Koranschüler, also die Taliban, bereits ihr »Islamisches Emirat Afghanistan« ausgerufen hatten und *nachdem* die Taliban den ehemaligen Präsidenten Muhammad Najibullah ohne Gerichtsverfahren hingerichtet hatten!

Doch die USA machten Politik nach dem Motto »Hauptsache Gas und Öl« und schickten ihre Energieexperten nach Kabul. Aber nur ein halbes Jahr später war zunächst einmal Schluss mit dem Flirt zwischen Washington und der Taliban-Regierung. Zu offensichtlich und über die Medien verbreitet waren die Menschenrechtsverletzungen in Afghanistan. Hauptsächlich die Unterdrückung der Frauen durch die Taliban wurde in den US-Medien thematisiert.

Die Organisation »Feminist Majority« startete eine Kampagne gegen US-Ölkonzerne und ihre Afghanistan-Geschäfte. Und Hillary Clinton stellte sich an die Spitze der Protestbewegung.

Als jedoch George W. Bush im Januar 2000 Präsident geworden war, traten die früheren Geschäftsinteressen sofort wieder in den Vordergrund. Schließlich waren die Erdöl- und Gaskonzerne Bushs Finanziers im Wahlkampf gewesen. Die neue Regierung beschloss sogar, im Nationalen Naturreservat von Alaska nach Öl zu bohren, das Klimaschutzprotokoll von Kioto zu boykottieren und neue Verhandlungen mit Kabul zu führen.

Nach ersten Gesprächen in Washington fanden dann im Juli 2001 noch zwei Geheimtreffen zwischen Vertretern der US-Regierung und der Taliban-Regierung in Berlin statt. Der 11. September sollte alles ändern.

Jetzt stürzten die Bush-Krieger mit militärischen Mitteln die Taliban-Regierung, mit der sie noch Wochen zuvor Verhandlungen führten, und Bin Laden sollte gefangen werden.

Jedoch: Sowohl Osama Bin Laden wie die Taliban-Regierung wie die islamistische Hamas in Palästina oder auch die fundamentalistischen Terrorgruppen in Algerien werden so lange weiter ihr Unwesen treiben, wie sie von Amerikas Freunden in Saudi-Arabien finanziell und religiös-ideell unterstützt werden.

Banken, Öl und Religion

Saudi-Arabien exportiert nicht nur Erdöl, sondern auch religiösen Fanatismus. Osama Bin Laden ist ein Todfeind des Herrscherhauses Saud in Saudi-Arabien – die USA aber sind dessen Protektor. Trotzdem hörte man aus Riad keinen Jubel, als die USA Osama Bin Laden gefangen nehmen wollten – eher ein »ohrenbetäubendes Schweigen«, wie Josef Joffe in der »Zeit« schrieb.

Amerika beschützt das saudische Herrscherhaus, seit 1932 das US-Unternehmen mit dem bezeichnenden Namen »Arabian Standard Oil Company« (später Aramco) zum ersten Mal in Saudi-Arabien auf Öl stieß.

Die weltliche Macht in Saudi-Arabien hatte sich schon vor 300 Jahren mit dem Radikalislamisten Abd al-Wahhab verbündet. Seither sicherte die Regierung die Vorherrschaft des religiösfundamentalistischen Wahhabismus. Diese puritanische Version des sunnitischen Islam finanziert heute islamistische Terroristen nicht nur in Afghanistan.

Für die Wahhabiten sind Christen und Juden Ungläubige, die den heiligen Boden des Islam nicht betreten und schon gar keine Militärbasen dort einrichten dürfen. Aber genau das haben die USA nach dem Golfkrieg 1991 getan, als sie in Saudi-Arabien 6000 Soldaten ständig stationierten. Die Regierung in Riad ist also hin und her gerissen zwischen den Ölinteressen mit den USA und den fundamentalistischen Glaubensüberzeugungen der sie unterstützenden Geistlichen. Immer mehr wahhabitische Geistliche erklären seit einigen Jahren schon: »Der wahre Feind ist nicht der Irak, sondern der Westen und besonders die USA.« Die von den Wahhabiten finanzierten Religionsschulen sind jene terroristischen Kaderschmieden, in denen Bin Laden seine Kämpfer rekrutierte und wahrscheinlich noch rekrutiert.

Saudi-Arabien spielt auf absehbare Zeit eine Schlüsselrolle bei der Verbreitung eines doktrinären militanten Islam. Zur Finanzierung von Terroristen und Fundamentalisten geben die 5000 Prinzen an der Spitze der saudischen Gesellschaft viel Geld aus. Sie holen es durch erhöhte Ölpreise, die wir im Westen bezahlen, wieder herein. Die Petrodollars zur Finanzierung der Islamisten stammen aus den ölabhängigen Industriestaaten. Das saudi-arabische Netzwerk zur Finanzierung des Fundamentalismus ruht auf drei Säulen: Öl, Banken und Religion.

Diese Geschichte ist Teil der westlichen Erdölpolitik in den letzten 60 Jahren. Und unsere Erdölpolitik war und ist ein ganz wesentlicher Teil unserer wirtschaftlichen Entwicklung. Die Jagd nach dem Öl verlangt einen immer höheren Preis: unzählige Tote in immer schrecklicheren Kriegen.

Die Kriegsgefahr nimmt zu – Ressourcen nehmen ab

Die Ressourcenbasis ist für jede moderne Gesellschaft existenziell. Wenn sie nicht mehr vorhanden oder auch nur bedroht ist, wächst die Bereitschaft zur Gewaltanwendung. Was wir heute erleben, ist erst das Vorstadium. Die Kriegsgefahren werden zunehmen, je mehr die Ressourcen abnehmen, und die Zahl der Konfliktregionen wird wachsen, je deutlicher die Endlichkeit der alten Ressourcen ins globale Bewusstsein rückt.

Der Vorschlag, dann müssen wir eben alle auf vieles verzichten, scheint mir politisch nicht realisierbar. Nach aller historischen Erfahrung sind die Herrschenden eher zu Kriegen bereit, als dass sie ihren Gesellschaften Verzicht predigen. Völlig unklar bleibt bei diesem Vorschlag auch, wer wo bis zu welchem Grad und mit welchen Mitteln Verzicht durchsetzen sollte. Verzichtsvorschläge sind zwar gut gemeint, aber politisch nicht zu Ende gedacht.

Wer will, dass die künftige Entwicklung eine friedliche ist, muss Abschied nehmen von Erdöl und Erdgas und sich einsetzen für eine ökonomische Entwicklung mit erneuerbaren Energien auf der ganzen Welt. Um Sonne und Wind, um Wasserkraft und Biogas, um Strömungs- und Wellenenergie werden niemals Kriege geführt. Die erneuerbaren Energiequellen reichen für alle Menschen und für alle Zeit und verursachen keine Umweltbelastung. Sie sind – im besten Sinne des Wortes – Geschenke des Himmels. Sonne, Wind und Wasser kommen von oben, von ganz, ganz oben!

Nur mit erneuerbaren Energien ist Frieden mit der Natur und Frieden zwischen den Völkern und Kulturen möglich. So wird neues Wachstum für *alle* entstehen. Wir haben erstmals die Chance, daran mitzuarbeiten, dass auf unserer Erde kein Kind mehr verhungern muss.

Die Chance in der Krise ist die erneuerbare Ressourcenbasis. In den meisten Entwicklungsländern scheint die Sonne reichlich, aber sie haben keine Energie. Zwei Milliarden Menschen sind heute noch ohne Strom. Doch wir wissen, wie sich diese groteske Situation ändern lässt.

Trotzdem wird die Illusion, wir könnten mit der alten Energiepolitik weitermachen und dennoch Frieden organisieren, aufrechterhalten, nicht nur in Asien, sondern auch in Afrika.

Blut für Öl in Afrika

»In keiner Branche werden Menschenrechte so mit Füßen getreten wie im Erdölbusiness. Für ihre Profite aus dem schwarzen Gold finanzieren einige unserer Treibstofffirmen Kriege, bezahlen Killertruppen und machen ganze Landstriche unbewohnbar.« Das schreiben die österreichischen Autoren Klaus Werner und Hans Weiss in ihrem *Schwarzbuch Markenfirmen – Die Machenschaften der Weltkonzerne.*

Im Krisenkontinent Afrika kann man darüber hinaus ein überraschendes soziales Phänomen betrachten: Je reicher ein Land an Rohstoffen, desto ärmer seine Bevölkerung. Das Geld aus den Ölvorkommen fließt in die Kassen und auf die Konten der wenigen, die ohnehin schon viel haben. Beispiel *Nigeria* und Shell: Der holländisch-britische Ölmulti Royal Dutch/Shell fördert im Nigerdelta schon seit 45 Jahren Öl. Seit über 30 Jahren macht Shell, der drittgrößte Ölkonzern der Welt, gemeinsame Sache mit Militärdiktatoren im westafrikanischen Land. Von 1993 bis 1998 dauerte die Schreckensherrschaft des brutalsten Diktators, General Abacha. Klaus Werner und Hans Weiss:

> »Die Milliarden US-Dollar sollen Abacha und seine Familie auf insgesamt 19 Konten bei Schweizer und französischen Banken deponiert haben, während ein Großteil der 120 Millionen Nigerianer

> nicht einmal Zugang zu Nahrung, Gesundheitseinrichtungen und Bildung hat. Im Jahr der Unabhängigkeit Nigerias 1960 lebten 30 Prozent der Bevölkerung unter der Armutsgrenze. Bis 1999 stieg der Anteil auf 70 Prozent.«

Shell wurde wegen seiner Kumpanei mit der Diktatur öffentlich für die soziale Katastrophe im Land mitverantwortlich gemacht. In Nigeria wurde der Slogan *»Shell to hell«* allgegenwärtig.

1995 erlitt Shell in Europa einen großen Imageverlust, weil es seine Ölplattform »Brent Spar« mit 130 Tonnen Ölschlämmen, Schwermetallen und radioaktiven Abfällen an Bord schlicht in der Nordsee versenken wollte. Greenpeace organisierte spektakuläre Aktionen gegen dieses Vorhaben. 74 Prozent der Deutschen waren damals für einen Boykott von Shell-Tankstellen. Der Konzern erlitt Einbußen bis zu 80 Prozent und ging in die Knie. Die »Brent Spar« wurde schließlich ordnungsgemäß abgewrackt.

Kurze Zeit danach kam ein noch größerer Imageverlust. In Nigeria wurde der populäre Dichter Ken Saro Wiwa zusammen mit acht weiteren Männern vom Volk der Ogoni trotz weltweiter Proteste hingerichtet. Das Regime Abacha behauptete, sie seien für die Morde an rivalisierenden Stammeschefs verantwortlich.

Tatsächlich hatte Ken Saro Wiwa 1993 erstmals zehntausende Menschen zum Protest gegen die Shell-Machenschaften in Nigeria mobilisiert. Durch steinzeitliche Fördermethoden und überalterte und leck gewordene Pipelines war die Region der Ogoni auf Jahrzehnte unfruchtbar gemacht, Fischfang und Landwirtschaft waren zerstört sowie Trinkwasser und Luft vergiftet.

Die Weltöffentlichkeit reagierte schon vor »Brent Spar« kritisch gegenüber Shell. Der Konzern musste jetzt vorübergehend seine Produktion in Nigeria einstellen. Bei den Gegenmaßnahmen des Regimes verloren 2000 Menschen ihr Leben. Der Schriftsteller Ken Saro Wiwa war Träger des Alternativen Nobelpreises. Im gesamten Nigerdelta war kein Henker zu seiner Exekution bereit. Wiwas Henker musste aus tausend Kilometern Entfernung eingeflogen werden.

In den USA läuft ein Gerichtsverfahren der Familie von Ken Saro Wiwa gegen Shell. Die Vorwürfe:

- Shell habe die nigerianische Militärregierung zur Folter und Ermordung von Wiwa angestiftet;
- Zeugen bestochen;
- den Ogonis durch Luft- und Wasserverschmutzung die Lebensgrundlage genommen;
- Polizei und Militär gegen die einheimische Bevölkerung rekrutiert;
- dem Militär Geld und Waffen zur Verfügung gestellt, um die Bevölkerung zu bekämpfen, die gegen die Umweltverschmutzung protestierte.

An 60 Standorten in Nigeria verbrennt Shell einfach das Gas, das durch die Erdölgewinnung entsteht, es wird abgefackelt. So der Vorwurf von Greenpeace. Dadurch entsteht weltweit eine der größten Emissionsquellen, welche das Klima belasten. In einer Greenpeace-Studie heißt es: »Wegen der extrem unvollständigen Verbrennung dieses Erdgases gelangen jährlich zwölf Millionen Tonnen Methan in die Atmosphäre. Das ist das Elffache der gesamten Methanemission der Niederlande.«

Für Shell geht es beim Prozess in den USA weniger um einige Millionen Dollar »Wiedergutmachung« – der Ölmulti muss weltweit um seinen Ruf fürchten.

Krieg um Öl wird auch in *Angola* geführt. 90 Prozent des gesamten Staatshaushaltes dieses südwestafrikanischen Landes stammen aus Ölexporten. Mit diesen Einnahmen von jährlich zwei bis drei Milliarden Dollar finanziert die angolanische Regierung seit 25 Jahren einen Bürgerkrieg. Heute leben mehr als 100 000 Menschen in Angola mit Amputationen, weil sie auf Landminen getreten sind. Angola ist ein an Rohstoffen reiches Land. Aber drei von zehn Kindern sterben vor dem fünften Lebensjahr. 80 Prozent der zwölf Millionen Angolaner leben in Armut. 2,5 Millionen Menschen sind Bürgerkriegsflüchtlinge. Das Elend des Landes ist eine direkte Folge des Ölreichtums. Die sich bekämpfenden Eliten des Landes finanzieren ihre Kriege mit Petrodollars.

Die USA und Frankreich unterstützen in Angola rivalisierende Bürgerkriegsparteien und verdienen am Waffenhandel gegeneinander. Die Erdöl fördernden Konzerne Chevron, Total Fina Elf, BP Amoco, Texaco, Shell, Agip und Exxon Mobil finanzieren den Bürgerkrieg und das Elend des Volkes.

Der französische Ölkonzern Total Fina Elf ist der viertgrößte Energiekonzern der Welt. Sein Motto lautet: »Partner im täglichen Leben«. Klaus Werner und Hans Weiss: »Der Tankstellenmulti Total Fina Elf ist fast überall dort aktiv, wo Menschenrechtsverletzungen und Erdölförderung zusammentreffen: in Myanmar, im Sudan, in Angola und in Nigeria.«

Blut für Öl fließt auch im *Sudan*. Im *Tschad* und in *Kamerun* ist ab 2003 durch geplante Erdölprojekte eine ähnliche Entwicklung wie in Angola und Nigeria zu befürchten. Die Konzerne Esso, Chevron und Petronas wollen auch dort ihre schmierigen Geschäfte treiben.

Halb Afrika versinkt im Schuldensumpf, während die Multis genau dort weiter ihre Profite machen. Das Motto von Royal Dutch/Shell heißt: »Aufrichtigkeit, Integrität sowie Achtung und Respekt vor den Menschen«.

Weg vom Öl und Gas

Erdöl stellt heute nicht nur 40 Prozent des Weltenergieverbrauchs, sondern sogar 90 Prozent des Grundstoffbedarfs der chemischen Industrie. Ohne Erdöl würde von heute auf morgen kein Auto, kein Flugzeug und kein Schiff mehr bewegt werden können. Die Industriegesellschaften hängen so sehr am Tropf des Erdöls, dass zur Sicherung dieses Energieträgers Kriege geführt wurden und immer mehr geführt werden *müssen,* wenn die gesamte Weltwirtschaft nicht zusammenbrechen soll.

In dieser Abhängigkeitssituation wird nun immer wichtiger, deutlich zu erkennen, dass das finanzierbare Potenzial an Erdöl wahrscheinlich schon in der ersten Hälfte unseres neuen Jahrhunderts zu Ende gehen wird.

Zudem ist Erdöl der Hauptverursacher des Treibhauseffektes und der Luftverschmutzung und verursacht Gesundheitsschäden bei Millionen Menschen. In einer engen Garage sind wir bei laufendem Motor in kurzer Zeit tot. Im Freien werden die todbringenden Abgase lediglich mehr verteilt. Das Gift ist dasselbe.

Der Einsatz von Erdöl verschärft die globale Wasserkrise: Riesige Wassermengen werden durch die Förderung von Erdöl verschlungen und Tankerhavarien führen zur Verseuchung von Meeren und Gewässern. Der Einsatz von Erdöl in der Chemieindustrie führt zu immer größeren Mengen schwer recycelbarer Stoffe. Zu Recht hat der Ölmagnat Rockefeller das Erdöl als »Tränen des Teufels« bezeichnet. Solarenergie hingegen ist ein Geschenk des Himmels.

Der Tanz um das ölige Kalb

In diesem Buch wurde bisher aufgezeigt, dass – neben den Umweltgefahren – Erdölförderung zunehmend auch Kriegsgefahren bedeutet. In unverantwortlicher Weise kooperieren westlich-demokratische Regierungen mit autoritären und diktatorischen Regimen in Arabien, Lateinamerika, Afrika und Asien, wenn es um ihre Ölinteressen geht. Bürgerkriege werden in mehreren afrikanischen Staaten geschürt und gefördert – um des Erdöls willen. Ohne westliche Ölinteressen hätten die Taliban in Afghanistan ihre Schreckensherrschaft nicht errichten können. Und anschließend glaubten die westlichen Regierungen, zur Beseitigung der Taliban selbst Kriege führen zu müssen.

Zugunsten westlicher Ölinteressen wurden von Angola bis zum Sudan Millionen Menschen aus ihrer Heimat vertrieben. Die Fortsetzung des Tanzes um das ölige Kalb programmiert weltpolitische und umweltpolitische Katastrophen. Ähnliches muss man für das Erdgas vorhersagen.

In den Ölpreiskrisen der 70er Jahre wurden Entwicklungsländer in ihre hoffnungslose Schuldenfalle getrieben, der sie bis heute nicht entrinnen konnten.

In diesem Buch suchen wir eine »Sonnenstrategie« (Hermann Scheer) statt der alten Öl- und Gasstrategie.

Eurosolar hat ausgerechnet, dass die USA an laufenden Militärkosten im arabischen Raum pro von dort geliefertem Barrel Öl 100 Dollar ausgeben. Die Rohstoffsicherung kostet bereits das Mehrfache seines wirtschaftlichen Wertes. Dabei steht die NATO erst am Beginn einer Militarisierung ihrer Rohstoffpolitik.

Die Rechtfertigung dieser immer unverantwortlicher werdenden Ölpolitik heißt penetrant: Das Potenzial erneuerbarer Energien reiche nicht aus. Wir werden die Lächerlichkeit und Absurdität dieses Arguments noch kennen lernen. Eurosolar hat seit

Jahren gesagt und kann inzwischen durch tausende Beispiele und Modelle beweisen, dass »mit erneuerbaren Energien – zum Beispiel Bio-Ethanol oder Bio-Alkohol, gewonnen aus nachwachsenden Energiepflanzen sowie forst- und landwirtschaftlichen Rohstoffen und Pflanzenölen – dauerhaft und umweltschonend das gesamte fossile Treibstoffpotenzial ersetzt und auf Energieimporte weitgehend verzichtet werden« könnte. Mit der umfassenden Mobilisierung solarthermischer Energienutzung und der Energieeinsparung in Gebäuden ist es möglich, fossile Heizenergie in überschaubarer Zeit verzichtbar zu machen – und die Menschen nicht länger den unkalkulierbaren Risiken steigender fossiler Energiepreise auszusetzen.

Aus ökonomischen, ökologischen, sozialen, ethischen und friedenspolitischen Gründen habe ich deshalb gerne den folgenden Aufruf von Eurosolar mitunterzeichnet:

> »Wir fordern Bundesregierung und Bundestag auf, eine umfassend angelegte Strategie zur Befreiung von der Ölabhängigkeit einzuleiten. Schwerpunkte dafür sind:
>
> - die vollständige Steuerbefreiung für Treibstoffe aus erneuerbaren Energien, um deren Markteinführung zu beschleunigen;
> - nationale und internationale Initiativen zur Abschaffung der Steuerbefreiung für fossile Flug- und Schiffstreibstoffe;
> - massive Schritte zum Ausbau von Schienenwegen und zur Neubeschaffung von Schienenfahrzeugen; umfangreiche Ausweitung der Förderprogramme zur ökologischen Altbausanierung und zur Installation solarthermischer Anlagen;
> - die breite Mobilisierung der dezentralen Kraft-Wärme-Kopplung, ohne weitere Rücksichtnahme auf die großen Kraftwerksbetreiber;
> - ein Programm zur Erforschung und Entwicklung von ›Null-Emissionshäusern‹ und ›Null-Emissions-Fahrzeugen‹ und für verbesserte technische Verfahren zur Treibstofferzeugung aus Pflanzen.

Diese Strategie kann aus den Einnahmen der ›Ökosteuer‹ vorangetrieben werden. Jährlich würden damit neue Investitionsanreize in Höhe von 50 Mrd. Euro gegeben. Damit könnten in kürzester Zeit eine halbe Million neuer Arbeitsplätze in Industrie, Handwerk sowie in der Land- und Forstwirtschaft entstehen.«*

Angebote erneuerbarer Energien weltweit

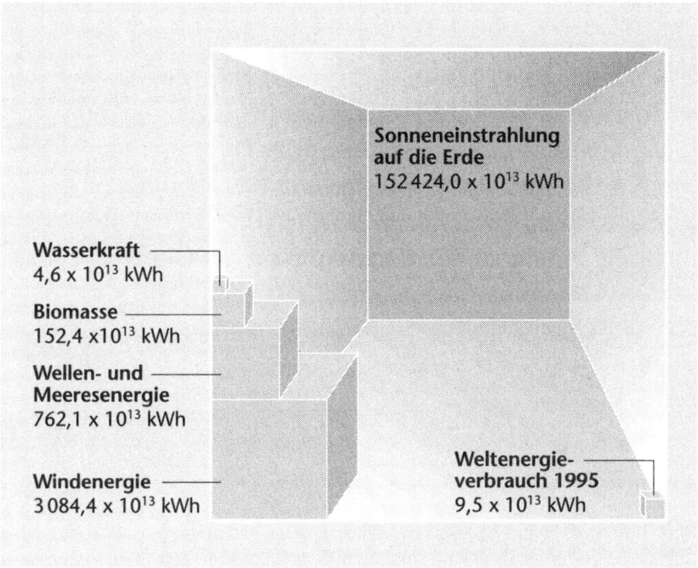

Quelle: Bundesverband WindEnergie e.V.

Der hier abgebildete Würfel zeigt, um wie viel tausendmal mehr uns erneuerbare Energie zur Verfügung steht, als wir tatsächlich jemals brauchen werden.

Das kleine Quadrat rechts unten im großen Quadrat zeigt, wie viel Energie die 6,2 Milliarden Menschen heute verbrauchen. Das ganz große Quadrat, das alle anderen umschließt, soll

* Weitere Infos von Eurosolar: *www.eurosolar.org*

andeuten, dass uns die Sonne 15 000-mal so viel Energie zur Verfügung stellt, wie alle Menschen heute nutzen.

Allein die Wasserkraft könnte theoretisch reichen, um alle Menschen mit Energie zu versorgen. Dazu kommen noch zehnmal mehr Biomasse (gespeicherte Sonnenenergie), als wir heute an Energie verbrauchen, etwa 40-mal mehr Wellen- und Meeresenergie sowie etwa 80-mal mehr Windenergie.

Wie gesagt: Das sind theoretische Angaben. Aber sie machen deutlich, dass ein Mix dieser erneuerbaren Energien auch praktisch ausreicht, um alle Energie für alle Menschen zu allen Zeiten vielfach zu organisieren. Ich möchte in den kommenden Kapiteln nun aufzeigen, wie die solare Energiewende konkret und praktisch, im Detail und global aussehen kann. Seit 15 Jahren habe ich in Dutzenden Fernsehsendungen und in fünf Büchern die Probleme und Chancen der Energiekrise behandelt. Jetzt also die Summe meiner Erfahrungen.

Wir werden dabei sehen und spüren: Eine andere Welt ist möglich!

V. KAPITEL

Klima-Wechsel

Gerhard Schröder und die Kohle

Vor 15 Milliarden Jahren gab es den Urknall. Nun sind wir alle da. Aber was machen wir eigentlich? Was macht zum Beispiel ein deutscher Bundeskanzler im Wahljahr 2002?

Wieder einmal ging es um »blühende Landschaften« in der alten DDR. Gerhard Schröder besuchte am 27. März 2002 das Braunkohleunternehmen MIBRAG in Zeitz/Sachsen-Anhalt. In seiner Rede vor den 1800 Beschäftigten bekannte sich der Kanzler natürlich zur Braunkohle. Vorher hatte er sich bei der Einweihung von Windrädern schon mal zur Windkraft und bei der Einweihung eines Solarkraftwerkes zur Sonnenenergie bekannt und zum Klimaschutz sowieso und immer.

Weiß ein Bundeskanzler nicht, dass unter allen Energieträgern die Braunkohle der gefährlichste Klimakiller ist? Natürlich weiß er das! Und ihm ist auch bewusst, dass seine eigene Regierung sich in internationalen Verträgen verpflichtet hat, bis zum Jahr 2005 die Treibhausgase um 25 Prozent – gemessen an 1990 – zu reduzieren.

Was also sagt der Regierungschef aus einem solchen Anlass vor den Mitarbeitern eines Braunkohleunternehmens? Klärt er auf über die Zusammenhänge von Klimazerstörung und Braunkohle? Sagt er, dass diese Arbeitsplätze in Zeitz aus Klimaschutzgründen nicht zu halten sein werden? Zeigt er Alternativen auf, die es ja längst gibt und die auch erfolgreich sind? Alternativen wie: von der Kohle zur Sonne! Sagt er den Braunkohle-Kumpels die Wahrheit? Spricht er den notwendigen Strukturwandel wenigstens an?

Er hat gesagt: »Wir müssen heimische Energieträger hegen und natürlich auch nutzen. Ein Viertel des Stroms in Deutschland wird mit Braunkohle gewonnen.«

Ist das nun die Wahrheit? Die Wahrheit von heute ist es. Also die halbe Wahrheit. Die Wahrheit von morgen ist es nicht. Denn Braunkohle ist ein Auslaufmodell. Aber das hat der Bundeskanzler den Braunkohle-Mitarbeitern verschwiegen. Am Tag danach habe ich dem Bundeskanzler diesen Brief geschrieben:

> »Lieber Gerhard Schröder,
>
> auf der Braunkohlen-Grube in Zeitz haben Sie gesagt: ›Wir müssen *heimische Energieträger* hegen und natürlich auch nutzen.‹
> Warum aber ausgerechnet die klimaschädliche Braunkohle?
> Die klimafreundlichen *heimischen Energieträger* sind Sonne, Wind, Wasser, Biogas und Erdwärme. Hinzu kommt: Sonne und Wind schicken keine Rechnung.
>
> Sonnige Grüße, Ihr Franz Alt«

Kohle und Braunkohle sind Klimakiller, also energetische Auslaufmodelle. Sie schädigen die Gesundheit der Kumpel, ihr Abbau belastet die Landschaft und das Grundwasser – aber sie werden mit Milliarden Euro Steuergeldern unterstützt. Der Abbau unter Tage ist der Irrsinn unserer Jahre.

In seinem Antwortbrief bekannte sich Gerhard Schröder zu einem »Energiemix«. Darin spielen allerdings erneuerbare Energien nicht nur heute, sondern auch in Zukunft keine dominante, sondern nur eine untergeordnete Rolle – keine Rede von der Notwendigkeit einer kompletten solaren Energiewende.

Nicht wesentlich anders als Gerhard Schröder sprach im Wahljahr 2002 sein Gegenspieler Edmund Stoiber. Auch der konservative Kanzlerkandidat zeigte keine Alternativen zur »Ökonomie des Todes« (Hermann Scheer). Im Gegenteil: Selbst den bescheidenen Atomausstieg, den das Kabinett Schröder beschlossen hat, will Edmund Stoiber wieder rückgängig machen – dann hätten die erneuerbaren Energien noch größere Schwierigkeiten zu überwinden. Unsere Spitzenpolitiker übertreffen sich in ihren Sonntagsreden mit Appellen zum Umdenken. Ihr Auftrag aber heißt: umlenken!

Eine Ausnahme unter Deutschlands Spitzenpolitikern ist, wenn es um die alte Kohlepolitik geht, der saarländische Ministerpräsident Peter Müller (CDU). Mit dem einleuchtenden Argument »Kohle hat keine Zukunft« hat er schon 1998 seine Landtagswahl gewonnen – gegen seinen SPD-Mitbewerber, der die Losung ausgegeben hatte: »Kohle hat Zukunft«.

Im Sommer 2002 sagt Peter Müller über die Zukunft der Kohlepolitik und -förderung: »Nach der Bundestagswahl wird es bei den Kohlehilfen ein Erwachen geben.« Das wäre ein Segen für ein zukunftsfähiges Deutschland. Peter Müller will Hightech-Firmen ansiedeln, wo früher Kumpels in Bergwerken schwitzten und sich krank arbeiteten – hoffentlich solare Hightech-Firmen.

Asche oder Sonne?

Unsere Zeit ist von diesem Grundwiderspruch geprägt: Einerseits erleben wir eine technologische Hochleistung nach der anderen, Innovation genannt. Aber andererseits soll der technologische Fortschritt mit einer zukunftslosen Energiepolitik organisiert werden. Je erfolgreicher dieses alte Wirtschaften mit alten Energieträgern ist, desto schneller treiben wir ins ökonomische, ökologische und soziale Chaos. Die heutige Weltwirtschaft wird von Kohle, Gas, Erdöl und nuklearen Brennstoffen »angefeuert« und von Pyromanen beherrscht. Mit ihren Streichhölzern entfachen sie gefährliche Brände. Endliche Ressourcen erklären sie für unendlich und zerstören gleichzeitig die unverzichtbaren Lebensgrundlagen auf unserem blauen Planeten: Boden, Luft, Wasser und die Erdatmosphäre. Hermann Scheer: »Die Weltgesellschaft steht vor der ultimativen Grundentscheidung. Es ist in der Konsequenz eine zwischen Asche und Sonne.«

Gerhard Schröder verkörpert diesen Grundwiderspruch so idealtypisch wie Edmund Stoiber. Kanzler und Kanzlerkandidat werben im Bundestagswahlkampf mit Modernisierungsthesen für ein zukunftsfähiges Deutschland. Aber Gerhard Schröder und seine SPD hängen so sehr an der Kohle und Braunkohle und ihrer Lobby wie Edmund Stoiber und seine CDU/CSU an der Atomenergie und ihrer Lobby. Ein modernes Industrieland mit einer Energieversorgung und Energiepolitik von gestern kann es nicht geben. Mit einer fossilen Wirtschaft können wir keine hoffnungsvolle Zukunft organisieren.

Ein eindrucksvolles Beispiel für diesen Grundwiderspruch bietet auch die gesamte Branche der Informationstechnologie (IT), die uns in das Informationszeitalter führen will. Hierfür sind allerdings Milliarden neuer technischer Geräte wie PC, Computer, Internetanschlüsse, Handys, neue TV-Geräte, digitale Kameras usw. notwendig. Zum Betreiben dieser Geräte in allen Ländern brauchen wir in Zukunft viel elektrischen Strom. Wo aber soll die notwendige Energie herkommen, wenn nicht aus erneuerbaren Quellen? Diese Überlebensfrage der gesamten Elektronik-, Telekommunikations- und Informationsbranche stellen deren Vertreter seltsamerweise gerade nicht. Sie reden und träumen vom Informationszeitalter, aber fragen nicht nach der Energie, mit der ihre Milliarden Geräte betrieben werden sollen. Selten haben die Ökonomen eine gesamte Zukunftsbranche so sehr auf Sand gebaut, wie die Protagonisten der Branche dies tun. Davon hängen Millionen Arbeitsplätze ab.

Deutschland hat Zukunfts-Aids

Die Alternative ist klar: Entweder gibt es ein *solares* Informationszeitalter, *oder es gibt gar kein Informationszeitalter.* Alle könnten es wissen, aber keiner will es wahrhaben. Wirkliche Innovation kann nicht von Realitätsverweigerern organisiert werden. Eine ganze Branche ist von Zukunfts-Aids befallen. Sie sind zerrissen zwischen ihren technologischen Fantastereien und ihrer energetischen Ignoranz. Diese Zerrissenheit ist *die* technologische Schizophrenie unserer Zeit. Auch hier gilt: Ohne neue und erneuerbare Energiequellen keine wirkliche Zukunft. Es gehört aber zu den technologischen und ökonomischen Schizophrenien unserer Zeit, dass die alles überragende Bedeutung von Energie- und Stoffverbrauch umso mehr übersehen wird, je wichtiger er für eine neue Technologie ist. Allem wirtschaftlichen Handeln liegt die physikalisch-chemische Umwandlung von Stoffen mit Hilfe von Energie zugrunde.

Die heutige Ökonomie und die Politik verdrängen noch immer die Energiefrage, von der wir letztlich leben. Wir haben vergessen, dass unser industrieller Reichtum ohne die Produktivität der Ökosysteme nicht möglich wäre. Vor lauter Spezialisierung haben wir den Blick auf das Ganze, die Natur, und den Blick auf das große Ganze, Gott und Geist, verloren. Die Ursache unserer Geist- und Gottvergessenheit ist unsere Naturvergessenheit.

Der Energiereport des US-Präsidenten besagt, dass die USA ab 2010 etwa 50 000 Megawatt Kraftwerkskapazitäten ersetzen müssen. Da die Öl-, Gas-, Kohle- und Atomlobby diesen Bericht nahezu selbst verfasst hat, überrascht es nicht, dass vorgeschlagen wird, mehrere tausend neue Kraftwerke für die *alten* Energieträger zu bauen. Die weltweite Atomkraft-Community wittert Morgenluft und will neue AKWs herbeireden – auch in Europa. Die »Frankfurter Allgemeine Zeitung« träumt schon von der »Renaissance der Reaktoren«.

Die Energielüge

Auch in der EU wird über Kraftwerksersatz diskutiert. Die Rede ist von ca. 100 000 Megawatt, die neu bereitgestellt werden müssen. Die Mineralölkonzerne wollen von Öl auf Gas umsteigen. Selbst Umweltverbände und Umweltpolitiker unterstützen den Gaspfad, weil sie der Täuschung erliegen, dass Erdgas weit länger zur Verfügung stehe als Erdöl und außerdem längst nicht so viele Treibhausgase emittiere wie dieses. Dabei wird übersehen, dass auch die Gasreserven bald zur Hälfte erschöpft sein werden – wie aufgezeigt – und dass die starken Methanemissionen bei der Förderung und beim Transport von Erdgas das Weltklima weit stärker belasten als die CO_2-Emissionen. Die Erdgasphilosophie übersieht, dass ein Methanmolekül das Klima etwa 30-mal mehr schädigt als ein CO_2-Molekül. Die gigantischen konventionellen Ausbaupläne der USA und der EU können deshalb noch immer ernsthaft diskutiert werden, weil die alte Energiewirtschaft erfolgreich das Märchen verbreitet, dass die erneuerbaren Energien die alten niemals ersetzen könnten.

Von dieser Energielüge lebt die alte Energiewirtschaft. Die permanente Wiederholung dieser Energielüge – die Erneuerbaren bringen zu wenig, sie seien zu teuer und nicht speicherbar – wirkt wie eine Droge bei Millionen Menschen. Das Gewicht der milliardenschweren atomar-fossilen Energiekonzerne ist in der Wissenschaft, in der Politik und in der Publizistik so übermächtig, dass die Davids der erneuerbaren Energien vor den Goliaths der alten Konzerne zittern.

Wenn die Energiegoliaths mit ihren haarsträubenden Energieprognosen politischen Erfolg haben, werden wir durch die Macht des Faktischen in Form von tausenden neuer herkömmlicher Kraftwerke weitere vier Jahrzehnte verlieren. Tausende neu gebaute Großkraftwerke müssen sich erst in Jahrzehnten finanziell amortisieren, bevor sie durch Millionen Solaranlagen,

Windmühlen, Biogasanlagen und Wasserkraftwerke ersetzt werden können.

Neu installierte Großkraftwerke verbauen die Breiteneinführung erneuerbarer Energien. Deshalb ist dieses, unser jetziges Jahrzehnt »das Jahrzehnt der Entscheidung« (Hermann Scheer) für das nächste halbe Jahrhundert. *Jetzt* also! Oder es wird zu spät sein.

Wir müssen *jetzt* den Bau fossil-atomarer Kraftwerke verhindern, indem wir dezentrale Strukturen für den Durchbruch erneuerbarer Energien schaffen und auf Biotreibstoffe statt auf Erdgas setzen. Die Erdgaslüge, wonach Erdgas das zu Ende gehende Erdöl ersetzen könne, ist ein wichtiger Baustein der gesamten Energielüge der alten Energiewirtschaft. Wir müssen den Vertretern der fossil-atomaren Energien widersprechen, wo immer wir sie treffen, zu Wasser, zu Land und in der Luft. Und ihre politischen Handlanger in Parlamenten und Regierungen dürfen wir nicht auch noch in der Wahlkabine aus Ignoranz unterstützen.

Die Supermacht Sonne

Spitzenpolitiker auf der Höhe der Zeit könnten uns Wählerinnen und Wählern eine aufregende Botschaft schmackhaft machen:

- Die solare Energiewende ist in den nächsten zwei Generationen machbar.
- Energie aus Sonne, Wind, Erdwärme, Biomasse und Wasserkraft wird auch ökonomisch immer attraktiver.
- Der unschlagbare Vorteil der regenerativen Energien ist ein ökonomischer: Sonne, Wind, Erdwärme und Wasser stehen uns kostenlos zur Verfügung.

- Die alten Energien werden immer teurer, die neuen Energien immer preiswerter.
- Nur erneuerbare Energien bieten noch einen Fluchtweg aus dem Treibhaus.
- Um Sonne und Wind werden keine Kriege geführt.

Die Sonne ist *die* Energiesupermacht aller Zeiten. Warum verbünden wir uns nicht rasch mit ihr? Gegenüber der direkten und indirekten Sonnenenergie sind fossile Energien und Atomenergie marginal und nicht mehr als eine Fußnote der Energiegeschichte.

Der Kernfusionsreaktor Sonne aber hat zur Erde einen Sicherheitsabstand von 150 Millionen Kilometern. Seine Restlaufzeit beträgt noch etwa fünf Milliarden Jahre. Störungsfrei. Ohne Wartung und ohne radioaktive Abfälle.

In Zeiten der Globalisierung versuchen sich Politiker ständig mit jemandem zu verbünden: in der NATO, in der EU, in der UNO. Unser wichtigster Verbündeter aber ist die Sonne. Sie ist die Supermacht der Supermächte. Doch ausgerechnet diese Supermacht vernachlässigen wir sträflich.

Erneuerbare Energien sind sauber und sicher. Und dennoch ist über solche Visionen in Wahlkampfreden von Spitzenpolitikern der alten Parteien nichts zu hören. Selbst in Krisenzeiten wie heute wollen sie nicht verstehen, dass unsere alte Energiepolitik den Terror fördert. Eine Sonnenpolitik hingegen wäre eine Erdsicherheitspolitik.

Und wir – was machen wir Nichtpolitiker auf diesem wunderschönen blauen Planeten mit der Sonne?

Die Art und Weise, wie wir heute Auto fahren, fliegen, Strom erzeugen und Wärme oder Kühlung in unseren Wohnungen organisieren, ist in einem dreifachen Sinne asozial:

- Asozial benehmen wir uns gegenüber den nachfolgenden Generationen, indem wir Pyromanen wertvolle, sich nicht erneuernde Rohstoffe durch die Kamine und Auspuffrohre blasen. Wir brennen unseren Kindern alles weg.
- Asozial benehmen wir uns auch gegenüber den Menschen in den armen Ländern, denen wir unseren »Western way of life« nicht gestatten. Und wenn sie eines Tages doch so leben sollten wie wir heute, dann sind in kurzer Zeit alle Rohstoffe aufgebraucht und unser Planet wird für Menschen fast unbewohnbar geworden sein.
- Asozial benehmen wir uns schließlich gegenüber allem nichtmenschlichen Leben. Der menschengemachte Treibhauseffekt ist eine der Hauptursachen für das Artensterben. Keine Baumart kann so rasch von Süd nach Nord wandern, wie sich zurzeit die Wüste von Süd nach Nord ausbreitet.

Pyromanen waren nie sozial. Wir sind dabei, unseren Brutinstinkt zu verlieren!

Die ökologische Tagesschau

Warum ist unsere heutige Ökonomie eine Ökonomie des Todes?

Wenn es heute Abend bei uns in der ARD eine ökologisch-realistische Tagesschau geben würde, dann müssten meine Hamburger Kollegen Folgendes berichten:

Auch heute wieder

- haben wir durch das Verbrennen von Kohle, Gas und Öl 100 Millionen Tonnen Treibhausgase produziert. In wenigen Jahrzehnten haben wir an fossilen Rohstoffen verbraucht, was die Natur in vielen hundert Millionen Jahren angesammelt hatte;
- sind wie an jedem Tag etwa 150 Tier- und Pflanzenarten aus-

gestorben. Zurzeit des ersten großen Umweltgipfels 1992 in Rio de Janeiro starben täglich etwa 100 Arten aus. Das Aussterben der Arten hat sich dramatisch beschleunigt;

- wurden Urwälder in der Größe von 43 000 Fußballfeldern abgeholzt. 50 Prozent der Urwälder sind in den letzten 50 Jahren verschwunden;
- haben sich die Wüsten unseres Planeten um 30 000 Hektar vergrößert. Wir ver-wüsten unseren Planeten im wahrsten Sinne des Wortes. Und auch heute wieder
- haben wir etwa 86 Millionen Tonnen fruchtbaren Boden durch Erosion verloren und sind wir zugleich – wie an jedem Tag – 220 000 Menschen mehr geworden.

Die Zerstörung der Ozonschicht, die Belastung und Verseuchung von Trinkwasser durch Chemikalien, die rasch zunehmenden Umweltkrankheiten sind in dieser ökologischen Tagesschau noch gar nicht vorgekommen. Das Schreckensszenario ließe sich noch erweitern und vertiefen.

Wir führen einen dritten Weltkrieg gegen die Natur – neben den Kriegen, über die bisher berichtet wurde. Und ein Weltkrieg um die Ressourcen ist nicht auszuschließen – er wird täglich wahrscheinlicher, so wie täglich der Krieg gegen die Natur weitergeht. Wir leben in einer Zeit des Übergangs. Übergänge deuten sich meist in Katastrophen an – siehe unsere ökologische Tagesschau. Auch der Übergang ins Solarzeitalter wird katastrophisch daherkommen. Der GAU von Tschernobyl war nicht die letzte große Katastrophe vor dem Durchbruch zum Neuen.

Eine ökologisch realistische Tagesschau habe ich lange nicht gesehen. Die Frage, mit wem der Bundeskanzler heute telefoniert oder was der Kanzlerkandidat einem Unternehmerverband versprochen hat, ist auch uns Journalisten viel wichtiger als die Überlebensfragen der Menschheit. Und die Bilder, bei denen sich Filmemacher von ARD, ZDF, Sat.1 und RTL auf Pressekonferenzen gegenseitig beim Filmen filmen ebenfalls.

Durch den Umweltgipfel von Rio wurde der Treibhauseffekt zum weltweiten Thema – alle 174 Teilnehmerstaaten haben beschlossen, zu einer nachhaltigen Wirtschaftsweise umzukehren. Dazu gehört primär die nachhaltige Energiepolitik. Und das heißt: die solare Energiewende mit einer hundertprozentigen Energieversorgung aus erneuerbaren Energien. Davon sind wir allerdings heute, zehn Jahre nach Rio, so weit entfernt wie damals. Wir produzieren jetzt global noch mal 30 Prozent mehr Treibhausgase als vor zehn Jahren.

Wir tanzen wie am letzten Tag auf der »Titanic«. Wie war der Luxusdampfer 1912 untergegangen? An Deck gab es Tanz und Theater, Champagner und Luxuskleider, viel Geld und wenig Geist. Deshalb hielten die Passagiere das Schiff für unsinkbar.

Die Klimakatastrophe ist da

Den Beginn des Treibhauseffektes, seine Ursachen und seine Folgen habe ich in meinen früheren Büchern ausführlich beschrieben.* Deshalb will ich hier im Wesentlichen nur über zwei persönliche Beobachtungen berichten.

Wenn ich aus unserem Wintergarten in Baden-Baden oder aus meinem Büro im Südwestrundfunk auf die Schwarzwaldberge schaue, dann sehe ich ein 850 bis 1100 Meter hohes Mittelgebirge, in dem es vor 30 Jahren, als wir hierher zogen, noch Wintersport gab. In manchen Jahren konnten wir von Mitte Dezember bis Ende März Ski fahren. Sieben Skilifte an der Schwarzwaldhochstraße waren in 30 bis 45 Minuten mit dem

* siehe Literaturverzeichnis

Auto leicht erreichbar. Die Abfahrten waren nicht lang – höchstens 600 Meter, aber erholsam für Leib und Seele. Mit oder ohne unsere Kinder hatten wir viel Spaß beim Sport »direkt vor der Haustür«, oft auch mit Nachbarn und Freunden und Geschwistern und deren Kindern. Manchmal waren wir bei Flutlicht bis um 22 Uhr auf der Skipiste.

Im Winter 1969/70 lagen zum Beispiel bis zu vier Meter Schnee im Schwarzwald. Ein Wintermärchen: blauer Himmel, hohe weiße Tannen und herrlicher Pulverschnee. Freude pur!

Doch heute stehen die meisten Skilifte im Schwarzwald an den meisten Wintertagen still. Es schneit im Winter immer weniger und es regnet immer mehr. Die Winter wurden wärmer. Damals schien das Bauen von Skiliften eine lohnende Investition. Doch heute sind bereits tausende von Arbeitsplätzen im Schwarzwälder Wintertourismus wieder verschwunden. Zum Skifahren müssen wir heute viel weiter fahren als früher und belasten dadurch noch mehr das Klima.

Klimaforscher haben im Auftrag der UNO errechnet, dass es im 21. Jahrhundert global um bis zu 5,8 Grad wärmer werden könnte. Im Auftrag der bayerischen Staatsregierung wurden regionale Klimaveränderungen prognostiziert. Ergebnis: Schon ab 2050 wird es zwischen dem Bodensee und München durchschnittlich um fünf Grad wärmer sein als heute.

Deutschlandweit betrug der Temperaturanstieg im 20. Jahrhundert ca. ein Grad. In den 60er und 70er Jahren des 20. Jahrhunderts gab es pro Jahrzehnt im Schnitt einen schneearmen Winter und neun schneereiche. Wenig Schnee war im Schwarzwald die Ausnahme – heute ist es schon die Regel. Eine weiße Weihnacht – früher beinahe eine Selbstverständlichkeit – ist heute sogar eine seltene Ausnahme in Deutschland. In Mitteleuropa verschwindet der Winter. Dafür schneit es an Weihnachten gelegentlich in Spanien oder Jerusalem!

Schon in den 90er Jahren des 20. Jahrhunderts gab es wie nie zuvor eine Folge der weltweit wärmsten Jahre seit der Temperaturmessung. In dem Schweizer Forschungsprojekt »Klimaänderung und Tourismus« wird vorhergesagt, dass sich die Schneegrenze mit jedem weiteren Grad Celsius um 150 Meter nach oben verschieben wird. Mittlerweile liegt die Schneegrenze in den Alpen bereits bei über 1200 Metern.

Mojib Latif, Leiter der Forschungsgruppe Klimamodelle am Max-Planck-Institut für Meteorologie in Hamburg, sagte in meiner Fernsehreihe »Querdenker«: »Der globale Klimawandel ist in vollem Gange.« Deshalb hat der Gletscher auf dem Watzmann, auf Deutschlands zweithöchstem Berg, im 20. Jahrhundert 90 Prozent seiner Masse verloren.

Die Fieberkurve der Erde steigt

Die durchschnittliche Temperatur auf der Erdoberfläche der Nordhalbkugel hat sich in den letzten tausend Jahren so entwickelt. Die Kurve auf der nächsten Seite zeigt, was der unsichtbare Müll im All (CO_2) mit unserem Klima in den letzten hundert Jahren angestellt hat.

Es ist heute auf unserer Erde wärmer als je zuvor in den letzten 16 000 Jahren. Im letzten Jahrhundert ist der Meeresspiegel um 15 Zentimeter gestiegen. Der Gehalt an Kohlendioxid (CO_2) in der Atmosphäre ist seit 500 000 Jahren nicht so hoch gewesen wie heute, und dieser dramatisch hohe Wert wird weiter ansteigen.

Die Pole schmelzen. Das Meereis in der Arktis ist inzwischen nur noch halb so dick wie vor 50 Jahren. In den Alpen ziehen sich die Gebirgsgletscher zurück. Deshalb ist vor einigen Jahren »Ötzi« wieder aufgetaucht. Die tropischen Ozeane erwärmen sich, sodass El Niño 1997/98 zu einem früher unvorstellbaren weltweiten Korallensterben geführt hat. Als ich dem über achtzigjährigen Ozeanforscher und Meeresfilmer Hans Hass in einer

Durchschnittliche Temperatur auf der Erdoberfläche der Nordhalbkugel

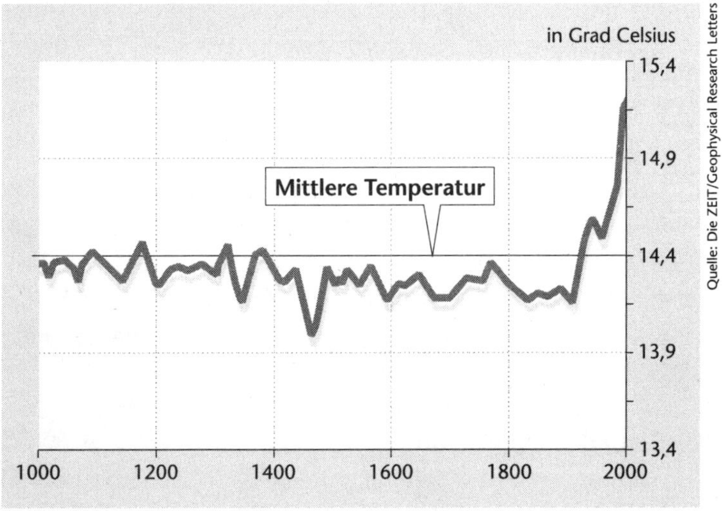

Fernsehsendung die toten Korallenbäume vorführte, weinte er im Studio: Den Film hatten wir »Requiem auf die Korallen« genannt. Klaus Töpfer sagte mir: »Das weltweite Korallensterben ist der deutlichste Indikator für die Klimakatastrophe.« Viele Klimaforscher befürchten den nächsten El Niño bis zur Jahreswende 2002/2003.

El Niño 1997 bedeutete: Hurrikans über Kalifornien, Wolkenbrüche über Chile, Buschbrände in Australien. Feuer, Fluten, Dürre, Stürme: Die Elemente waren außer Rand und Band. 24 000 Menschen mussten sterben. Die Versicherungen errechneten Schäden von über 20 Milliarden Dollar. Sicher: El Niños gab es auch früher. Aber heute häufen sie sich und werden immer gewaltiger und gewalttätiger.

Die Chefmathematiker der Münchner Rückversicherung bringen es eindrucksvoller auf den Punkt als jedes Öko-Institut:

Wenn der Schadensverlauf witterungsbedingter Naturkatastrophen so anhält wie seit 1980, dann werden bis 2060 – bei einem globalen Wirtschaftswachstum von jährlich drei Prozent – die klimabedingten Schäden höher sein als das gesamte Bruttosozialprodukt der Welt. Der Klimawechsel wird, wenn wir nicht gegensteuern, zum Negativmotor der Weltwirtschaft.

Unsere zweite Beobachtung: Kurz vor dem letzten El Niño haben meine Frau, unsere Töchter und ich auf den Malediven den Tauchschein gemacht. Deshalb haben wir die alte Schönheit der Korallenbänke noch erleben dürfen. Keine Fantasie kann sich erträumen, welche Pracht des Lebens unter Wasser zu finden ist. Wir sahen noch die volle Vielfalt an Farben und Formen des Lebens im Meer. Korallenbänke bilden das größte, älteste und schönste Ökosystem auf unserem Planeten. Wir tauchten ins Paradies.

Nur ein Jahr später – nach El Niño – sahen wir bei Filmaufnahmen dieselben Korallenbänke abgestorben und grau in grau im Meer liegen. In wenigen Wochen hatte sich die Wassertemperatur selbst in 30 Meter Tiefe um fünf Grad erhöht. Wir erlebten jetzt einen Meeresfriedhof. Selten sahen wir unsere Kinder so fassungslos und traurig. Um eine fantastische Vielfalt des Lebens zu schaffen, stand der kreativen Intelligenz der Evolution alle Zeit der Welt zur Verfügung. Einen Teil davon haben wir in wenigen Jahren zerstört – durch schöpfungswidriges menschliches Verhalten.

Das Leben im Treibhaus

Jede und jeder kann es sehen: Im Frühjahr blühen die Bäume früher, die Vögel zwitschern vorzeitig und im Herbst wird es später kühl und kahl. Die Natur reagiert auf den Klimawandel.

In Europa sind die frostfreien Perioden erheblich länger geworden, und in den letzten 40 Jahren ist die Schneebedeckung um zehn Prozent zurückgegangen. Die Niederschläge nehmen seit langem pro Jahrzehnt in Deutschland um ein Prozent zu. In den Subtropen aber nehmen sie in derselben Zeit um 0,3 Prozent ab.

Diese Veränderungen kamen hauptsächlich zustande, weil sich im 20. Jahrhundert die Temperatur *global* um 0,6 Grad Celsius erwärmt hat. Die Veränderungen im 21. Jahrhundert werden bei bis zu 5,8 Grad Erwärmung fast unvorstellbar dramatisch sein. Schon heute wandern die Vegetationszonen jedes Jahrzehnt weiter nach Norden.

Die heute schon frühreifen Schmetterlinge und die klimageschädigten Wetterfrösche sind erst die Vorboten. In England haben die Frösche bisher ihr Fortpflanzungsverhalten nicht an die steigenden Temperaturen angepasst. Eier und Kaulquappen der sich früh vermehrenden Frösche wandern daher zunehmend in hungrige Molchmäuler. Die Klimaveränderung bedroht die Existenz der Frösche in England.

In Costa Rica und in den Gebirgen im Westen der USA hat der Klimawandel die Niederschläge deutlich verändert. Tümpel, die bisher Laichplätze für Frösche und andere Amphibien waren, trocknen früher aus. Die Zahl der Frösche und Kröten hat hier schon dramatisch abgenommen. Langfristig drohen sie auszusterben. Der Treibhauseffekt zieht eine erste deutliche Spur auch durch die europäische Natur.

Die auf uns zukommenden Katastrophen werden seit über einem Jahrzehnt analysiert und diskutiert, aber es wird nicht wirklich gegengesteuert. In Wirklichkeit beschleunigt sich die Fahrt in Richtung Abgrund ständig.

Warum lässt eine Umkehr noch immer auf sich warten? Die Manager der Klimakatastrophe sitzen in den Vorstandsetagen von Energiekonzernen und an der Spitze der Großbanken. In meinem Buch *Der ökologische Jesus* habe ich seitenweise die Verfilzungen aufgezeigt. Hinzu kommt die Abhängigkeit vieler Politiker von Großbanken und Energiekonzernen. Die Stromkonzerne setzen noch viele Jahrzehnte auf Kohle und Atom, und die meisten Politiker enttäuschen sie nicht. Konzerne haben das große Geld, und Geld regiert die Welt – auch wenn die Welt dabei zugrunde geht. Konzerne machen sich Wissenschaftler und Politiker gefügig.

Sie sichern sich die Macht der Experten, also die Wissenschaftler, und die Experten der Macht, also die Politiker. Wenn Vertreter der alten Energiewirtschaft und ihre Politiker heute immer noch behaupten, die solare Energiewende sei leider, leider noch nicht möglich, weil zu teuer, technisch noch nicht machbar, denn der Wirkungsgrad müsse erst noch verbessert werden, und die Speicherung bringe ja außerdem noch Probleme mit sich, dann müssten solche Argumente die sofortige Entlassung zur Folge haben, wenn es in der Energiewirtschaft halbwegs vernünftig zuginge. Die Probleme, die wir bei einer hundertprozentigen Energieversorgung mit erneuerbaren Energien noch zu lösen haben, sind harmlos gegenüber den niemals zu lösenden Problemen eines atomaren GAUs oder der Treibhauskatastrophe.

Meine Erfahrungen in vielen Fernsehsendungen und Diskussionen: Je höher bezahlt die Energievertreter sind, desto größer ihre Ignoranz gegenüber neuen Energietechnologien. Vielleicht wissen sie auch mehr. Dann sind sie zu feige, es zuzugeben. Sie sind oft hochbezahlte Feiglinge, denen ihr Job wichtiger ist als ihr Gewissen. Das heißt für uns als Konsumenten dreierlei: informieren, informieren, informieren. Dann kann uns niemand mehr ein X für ein U vormachen.

Und zweitens heißt das für uns als Wählerinnen und Wähler, dass diese Fragen unser Wahlverhalten entscheiden: Wer ist unabhängig vom großen Geld? Wer setzt sich für ein solares

Deutschland und für ein sozialökologisches Europa ein? Wer arbeitet für Frieden durch eine Sonnenpolitik? Wer garantiert uns mehr Sicherheit durch Klimaschutz?*

Mehr Sicherheit durch Klimaschutz

Klimaschutz ist spätestens seit dem 11. September 2001 mehr als Umwelt- und Energiepolitik. Klimaschutz ist Sicherheitspolitik.

Die Ölregionen wie Nahost, der Kaukasus, das Kaspische Meer oder Zentralasien werden immer unsicherer. In dieser Unsicherheitslage weiter am Öl- und Gastropf hängen zu bleiben ist unverantwortlich. Der politische und neuerdings auch militärische Preis ist zu hoch. Energie sparen und Energieeffizienz, Windräder, Wasserkraft, Erdwärme, Solarzellen, solarer Wasserstoff, Biogas- und Biomasse-Energie sowie Strom und Wärme aus Energiepflanzen machen uns unabhängiger und sicherer. Die gesamte Palette einer dezentralen Energieversorgung ist die intelligenteste und effektivste Vorbeugung gegen Terror. Nur eine solare Weltwirtschaft ermöglicht für alle Zeit die Befriedigung des Gesamtbedarfs an Energie und Rohstoffen durch solare Energiequellen und solare Rohstoffe.

Fünf namhafte europäische Forschungsinstitute (IRED, Paris; Faculté Polytechnique de Mons, Belgien; Roskilde University, Dänemark; Wuppertal-Institut in Wuppertal und Zentrum für Europäische Wirtschaftsforschung, Mannheim) haben im Auftrag der Europäischen Kommission in Brüssel das folgende Energieszenario über den Energieverbrauch zwischen 1990 und 2050 innerhalb der Europäischen Union erstellt. Danach ist die solare Energiewende zu fast 100 Prozent (5 Prozent Erdöl sind noch vorgesehen) bis zur Mitte unseres Jahrhunderts machbar und fi-

* Meines Wissens setzt sich zurzeit nur die kleine, eher konservative Ökologisch-Demokratische Partei für eine ehrliche Lösung all dieser Fragen ein. (Parteiprogramm: ÖDP; Bohnesmühlgasse 5, 97070 Würzburg.)

nanzierbar, wenn der politische Wille dazu vorhanden ist. Die Energiewende in den nächsten Jahrzehnten kann demnach in Europa so aussehen:

Energieverbrauch 1990–2050 in der EU

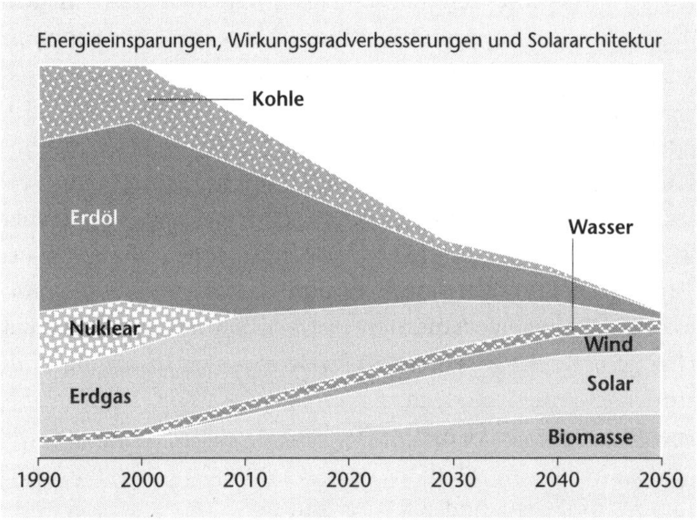

Quelle: Europäische Kommission, Brüssel

Ein Szenario ist eine Möglichkeit, keine Gewissheit. Die solare Energiewende kommt, wenn viele Menschen sie wirklich, wirklich wollen. Nach diesem Szenario können wir bis zur Mitte des Jahrhunderts 60 Prozent des heutigen Energieverbrauchs durch Energieeinsparung, Energieeffizienz und Solararchitektur einsparen und die Restenergie fast ausschließlich über Sonne, Wasserkraft, Wind und Biomasse gewinnen.

Die Deutsche Telekom weist in ihrem Nachhaltigkeitsbericht 2000/2001 überzeugend nach, wie bei einem großen Unternehmen Energieeinsparung und Energieeffizienz funktionieren können: Von 1995 bis 2001 wurden der gesamte Energieverbrauch um 21 Prozent und die CO_2-Emissionen um 27 Prozent reduziert. Von 2000 bis 2001 wurde der Stromanteil aus regenerativen Quellen mehr als verdoppelt und der Atomanteil halbiert. Der größte Fortschritt bestand allerdings darin, dass innerhalb eines Jahres der Anteil des gesamten Stromverbrauches aus Kraft-Wärme-Kopplung von 22 Prozent auf 59 Prozent erhöht und Strom aus fossilen Quellen von 41 Prozent auf 18 Prozent reduziert werden konnte. Das ist beispielhaft.

Ist Solarenergie teuer?

Ein Haupteinwand gegen die »Sonnenpolitik« lautet: Das ist alles zu teuer. Die einzig richtige Gegenfrage lautet: Wie teuer wird es für uns alle, wenn wir das Klima nicht schützen? Klaus Töpfer stellt diese wichtige Frage auf jeder internationalen Klimaschutzkonferenz. Nach diesem Szenario wird ein »Energiekuchen« in etwa fünfzig Jahren dann so aussehen können:

Energieszenario der EU für 2050

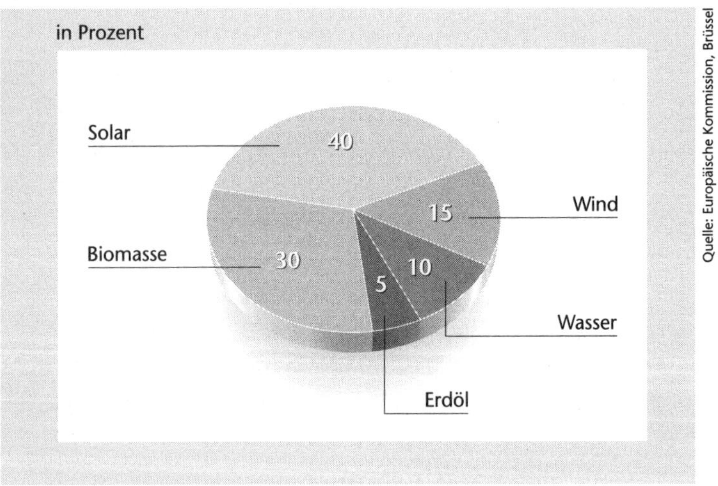

Wie kommen wir diesem Ziel der solaren Energiewende *konkret* näher? Wie finden wir den Fluchtweg aus dem Treibhaus?

An vielen bereits realisierten Beispielen, die ich in den letzten Jahren sehen durfte und zum Teil auch filmen konnte, will ich nun diese wichtigen Fragen beantworten.

VI. KAPITEL

Frieden durch die Sonne

Sonne ist Leben

Ohne Sonnenlicht würden wir nicht existieren. Die Sonne lässt uns leben. Ohne Sonne gäbe es keine Atmosphäre und keine Ordnung auf der Erde – sie wäre wüst und leer. Diese Sonne, ihr Licht, ihre Kraft und ihre Energie gilt es neu zu entdecken.

Nicht zufällig ist die Sonne in allen Religionen, heiligen Schriften und Weisheitslehren *das* göttliche Symbol. Schon Leonardo da Vinci wusste: »Die Sonne hat noch nie im Schatten gestanden.« Irgendwann werden die Theologen vielleicht Gott als Energie definieren – als die Kraft, aus der alles Leben und alle Ordnung und alles Sein, das wir kennen, hervorgingen und permanent hervorgehen. Gott ist Liebe, Leben und Energie. Gott ist die Kraft, die alles am Leben hält und zusammenhält. Sonne ist einleuchtend.

Die Sonne ist das Fusionsprinzip schlechthin – sie funktioniert physikalisch wie eine Fusionsreaktion. Fusion ist Verbindung. Mit unseren Atomreaktoren aber betreiben wir das Gegenteil. Wir spalten. Obwohl das griechische Wort a-tomos unteilbar heißt, teilen wir, was die Natur verbunden hat. In einem Atom verbirgt sich die kleinste Einheit des Lebens. Durch Kernspaltung trennen wir etwas, was nicht wieder zusammenfinden kann. Deshalb Atommüll.

Energiegeladene Atome vereinigen sich, stellen Bindungen her, die wir in ihrer Masse als Materie bezeichnen und die wir erst nach ihrer Verbindung überhaupt wahrnehmen können.

Wenn wir diese Urenergien aber spalten, dann sind sie nicht mehr Bausteine des Lebens, sondern Elemente des Todes. Dann wirken sie zerstörend und vernichten das Leben. Ein zeitgemäßes 11. Gebot müsste nach diesen Einsichten heißen: »Du sollst den Kern nicht spalten – weder den Atomkern noch den Zellkern!«

Weil wir trotz dieser wissenschaftlichen Erkenntnisse viele »Kerne« schon gespalten haben, existieren alleine in den USA bis heute 70 000 Tonnen Atommüll. Ein Endlager dafür ist uns seit rund 30 Jahren versprochen. Es gibt aber bis heute weltweit kein einziges atomares Endlager. Fachleute befürchten, dass es ein solches niemals wirklich geben kann. Wir haben uns am Schöpfungsprozess versündigt. Atommüll strahlt mehrere 10 000 Jahre. Deshalb gibt es weltweit Proteste gegen »Endlager« – auch von denen, die zuvor für Atomkraftwerke plädierten.

Bei solarer Energienutzung fällt kein Müll an, es entsteht kein Treibhausgas und damit keine Klimabelastung. Allein deshalb ist die Sonnenenergie in ihrer ganzen Vielfalt über Wind, Wasser, Biogas, Biomasse, solaren Wasserstoff und Erdwärme *der* Schlüssel für eine friedlichere Welt. Sonne ist nicht nur Leben. Sonne schafft Leben. Atomenergie zerstört.

Die Natur oder die Evolution, Gott oder die Göttin haben durch Licht, das aus der Sonne hervorgeht, Strukturen gebildet, die Leben wachsen und Evolution gedeihen lassen.

Nur durch Licht entstehen seit Milliarden Jahren auf unserer Erde immer wieder Lebensstrukturen, schöpferische Energie. Der Schweizer Arzt und Tiefenpsychologe C. G. Jung schrieb 1911, mit 36 Jahren, sein grundlegendes Werk *Wandlungen und Symbole der Libido.* Darin identifizierte der wohl bedeutendste Seelenarzt des 20. Jahrhunderts die Kraft der Sonne mit dem Schöpfergott oder dem Feuer. Die äußere sichtbare Sonne und ihre Lebenskraft ist ein Symbol und ein Ausdruck unserer unsichtbaren inneren Kraft, der seelischen Energie oder der Libido. Der solare Kontext der Seele, der inneren Sonne, war Anlass genug für eine Kommune von Künstlern, Tänzern, Musikern und Dichtern wie zum Beispiel Hermann Hesse, sich auf dem Monte Verità bei Ascona als »Sonnenanbeter« viele Jahre zusammenzuschließen. Jung sieht in der Sonne »das einzig vernünftige Gottesbild«. »Die Sonne ist der Vatergott, von dem alles Lebende lebt.«

Am Anfang war das Licht

Diese Einsicht deckt sich mit der Erkenntnis von Naturreligionen ebenso wie mit einer Jesus-Aussage in der Bergpredigt, wie wir noch sehen werden und den Erkenntnissen der modernen Naturwissenschaft. Unser Planet ist durch von der Sonne initiiertes Leben gestaltete Energie. Am Anfang war das Licht. Und wenn das Licht nicht mehr ist, wird unser Planet nicht mehr sein. Über das Leben nachzudenken heißt immer, auch über das Licht, also über die Sonne und über Gott nachzudenken. Darin verbirgt sich eine anspruchsvolle Provokation an eine Architektur der Zukunft, die eine solare Architektur sein wird, indem sie die gebaute Umwelt harmonisch und lebensfreundlich mit den kosmischen und natürlichen Energiekräften koordiniert.

Wenn wir eines Tages lernen, das Licht der Sonne als Energiequelle für *alle* Zeit und für *alle* Menschen zu nutzen, fangen wir an, das Jesus-Wort aus der Bergpredigt zu verstehen: »Er (der himmlische Vater) lässt seine *Sonne* scheinen auf böse wie auf gute Menschen« (Matthäus 5,45) – also in gleicher Weise für Bin Laden wie für George W. Bush und für alle. Die Lösung steht am Himmel. Dieses Jesus-Wort ist weit mehr als ein astrophysikalischer Hinweis. Hier *leuchtet* uns die Überlebensstrategie des Lebens entgegen.

Aber noch immer verdrängen und verleugnen wir die Friedens- und Heilungschancen des Sonnenlichts. Die Milliardeninteressen der Atom-, Öl-, Gas- und Autolobby stehen dagegen. Materiell sind diese Interessen zurzeit die stärkste Macht der Welt. Also organisieren wir über die alten Energieträger weltweit ökonomisches, ökologisches und soziales Chaos auf unserer schönen Erde.

Was geschieht dabei? Die Natur hat in hunderten Millionen Jahren mit Hilfe des Sonnenlichtes über die Photosynthese bei Pflanzen und Bäumen im ursprünglich viel zu reichlich vorhandenen Kohlendioxid den Kohlenstoff und den Sauerstoff getrennt und den Kohlenstoff in der Erde gebunden.

Erst danach konnte höheres Leben auf unserer Erde entstehen. Aber gegen alle Naturgesetze verbrennen wir Kohle, Gas und Öl massenhaft in wenigen Jahrzehnten und vermischen Kohlenstoff und Sauerstoff wieder zu Kohlendioxid, CO_2, dem Hauptklimakiller! Und mit dem Zerstören der Regenwälder vernichten wir die Klimaanlage des Planeten.

So entsteht erneut Chaos wie am Beginn der Schöpfung. Aus diesem pyromanischen Prozess erwächst unser heutiges Selbstmordprogramm. Wir verstoßen damit gegen das wichtigste Ordnungsprinzip der Natur oder der Sonne oder Gottes.

Das Tohuwabohu des Anfangs, das einer wunderbaren und ästhetischen Ordnung gewichen war, ist die neue Horrorvision einer chaotischen Zukunft.

Am Anfang war das Licht. Und das Licht des Anfangs wandelte das Chaos in Ordnung. Wir Menschen aber drehen seit einigen Jahrzehnten diesen Prozess um. Dabei zerstören wir jene Ordnungsstrukturen, denen wir unser Leben verdanken.

Die Sonne schickt uns keine Rechnung

Wir haben jetzt nur *eine* Chance, dem Teufelskreis zu entkommen: die Nutzung der Sonnenenergie, die überall verfügbar ist, wo Menschen leben.

Dabei gewinnen wir nicht nur ökologische, sondern ebenso ökonomische Vorteile. So wenig wie die Pflanzen für ihre Photosynthese etwas an die Sonne bezahlen müssen, so wenig müssen wir Menschen es. Der ökonomische Vorteil der ökologischen Solarenergie ist: Die Sonne schickt uns keine Rechnung!

Die Energie gibt es umsonst. Wir müssen nur die Technik für die Umwandlung bezahlen. Wenn wir diese – durch entsprechende politische Rahmenbedingungen – massenhaft produzieren lernen, wird sie wie jede Technik immer preiswerter. Auch Transportkosten entfallen. Denn Licht fällt auf jedes Dach und an jede Hauswand. Wir müssen uns lediglich öffnen für die Sonne. Das ist freilich mehr als ein technischer Umdenkprozess – es ist eine geistige Umkehr.

Bisher haben wir von tief unten »schwarze Energie« – Kohle, Öl, Gas – organisiert. Jetzt aber sollten wir uns öffnen für das Licht, für die »weiße Energie« von oben. Es geht um ein komplett anderes und neues Energie-Organisationsprinzip.

Das Gleiche gilt für die Windenergie. Auch der Wind, dieses himmlische Kind, schickt uns keine Rechnung. Diese kosmische Energie ist ebenso wie das Licht ein Geschenk des Himmels – im besten Sinne des Wortes. In alten Sprachen ist Wind und Geist dasselbe Wort – zum Beispiel *to pneuma* im Griechischen. Der Wind ist eine Geisteskraft. *Ruach* im Hebräischen heißt Geist oder Geistin.

Solares Denken und Handeln ist also mehr als der Umstieg von einer alten Technik in eine neue, es erzeugt eine neue Grundeinstellung zum Leben. Viele, die von Atomstrom auf Sonnenstrom umgestiegen sind, erklären: »Wir haben ein neues Verhältnis zur Natur und zur Sonne gewonnen – wir schauen jetzt öfter mal nach oben.«

Umweltkrise – Innenweltkrise

Dieser Blick nach oben bewirkt bei vielen Umsteigern auch einen Blick nach innen. Wir werden uns auf dem Weg über die äußere Energie-Autarkie auch unserer inneren Energie-Autarkie bewusst. Wir können jetzt besser erkennen, dass die äußere Energiekrise ein Abbild einer viel tieferen, einer inneren Energiekrise ist. Außen wie innen und innen wie außen. Die Heilung im Außen kann einen Heilungsprozess im Inneren initiieren. Wir werden aktiver – auch politisch – und tragen damit wiederum zu einem Heilungsprozess im Außen bei.

Über unser »inneres Licht« (Jesus in der Bergpredigt) können wir ein sonniges Wesen nach außen werden. Sonnige Wesen können verstehen lernen, dass die wichtigsten Dinge des Lebens nichts kosten: das strahlende Licht aus uns und die Freude und Dankbarkeit in uns. Liebe und Freude sind so wenig käuflich wie die Sonne. Sie sind ein Gottesgeschenk. Wir sollten es intelligent nutzen. Dafür müssen wir unsere Herzen öffnen – so wie wir unsere Dächer und Hauswände für Solaranlagen zur Verfügung stellen können als Landeplätze für die Strahlen aus dem Kosmos.

Durch ein solares Zeitalter haben wir die Möglichkeit – vielleicht erstmals in der Geschichte – daran mitzuarbeiten, dass auf dieser Erde kein Kind mehr verhungern muss.

Der Traum aller großen Geister wird realisierbar: Wir können einen Beitrag für das Paradies auf Erden leisten. Vielleicht haben wir diesen Traum lange Zeit für reine Spinnerei und Utopie gehalten. Aber heute beginnen wir zu ahnen, dass wir im Informations- und Solarzeitalter der Verwirklichung dieses Traumes näher kommen können. Etwas wissen wir nämlich heute schon: Wir verfügen über sehr viel Energie, sodass es ein für allemal ausreicht, um jedermanns und jederfrau Bedürfnisse zu befriedigen. Es reicht freilich nicht für jedermanns Habgier. Wir werden lernen müssen, Öko-logie und Ego-logie in Einklang zu bringen.

Wenn wir Menschen des dritten Jahrtausends das Energiefeld, das uns umgibt und das wir »anzapfen« können, als »göttliche Liebe« oder »Energie von oben« oder »göttliche Energie« erkennen, dann sind wir bereits auf der Spur der großen Lebensmeister wie Buddha, Jesus, Laotse oder Mahatma Gandhi. Sie haben uns den Weg zum Paradies gewiesen. Erstmals hängt das Überleben der Menschheit von einer radikalen geistigen und seelischen Umkehr ab. Wann endlich öffnen wir uns für das Licht und die Energie von oben? Wann verbünden wir uns mit der Supermacht Sonne?

In wenigen Jahrzehnten wollen etwa acht bis zehn Milliarden Menschen so leben wie heute die 800 Millionen in den Industriestaaten. Darauf sind wir weder technisch noch spirituell vorbereitet. Wir haben allein im 20. Jahrhundert mehr zerstört als in 50 Jahrhunderten zuvor. Im Angesicht dieser ökologischen und ökonomischen Katastrophe predigen die politischen, ökonomischen, wissenschaftlichen und publizistischen Eliten: »Weiter so!« Sie sind so taub und tumb geworden, dass sie die Alarmglocken wie die des 11. September nicht mehr hören. Wer heute »Weiter so!« propagiert, macht sich des Verbrechens an künftigen Generationen schuldig.

Wir verbrauchen und verbrennen das Erbe unserer Kinder. Wir sind die Generation der Endverbraucher. Am deutlichsten wird diese Schlussverkaufsmentalität bei unserer Energiepolitik. Allein die Sonnenpolitik kann nachhaltig sein. Die Sonne lässt sich nicht verbrauchen. Nie zuvor haben wir so viel über unsere Situation gewusst wie heute, aber noch nie zuvor haben wir so wenig für das kollektive Überleben des Lebens getan.

Der bekannte Paläoanthropologe und Biologe, Professor Richard Leakey, beschreibt in seinem Buch *Die sechste Auslöschung* die Dramatik der bisherigen fünf großen Zeiträume des Artensterbens.

In den bisherigen Auslöschungen – die letzte war vor 65 Millionen Jahren, als die Dinosaurier ausstarben – sind jeweils zwischen 65 und 95 Prozent aller Arten vernichtet worden. Heute, so hat auch Leakey erforscht, werden täglich bis zu 150 Arten ausgelöscht. Diese Zahl reicht mit erschreckender Genauigkeit an die bisherigen fünf großen Auslöschungen heran. Leakeys Fazit: »Beim sechsten Aussterben kennen wir die Schuldigen: Das sind wir.«

80 Prozent unserer Umweltprobleme sind Energieprobleme. Wenn wir auf die Energiefragen für alle Menschen intelligente Antworten finden, sichern wir das Überleben für alle mit Lebensqualitätschancen wie nie zuvor.

Die Umweltkrise ist eine Innenweltkrise. In der Schule der oben genannten Meister können wir lernen, unsere äußeren Krisen von innen her, über unsere Seele, zu lösen. Das Wissen, dass Gott uns attraktiv findet, ist die Basis jedes spirituellen Wachstums ebenso wie der Urgrund ökologischer Heilungsprozesse. Wer spirituell wächst, ist nicht mehr abhängig von äußerem Wachstum. Spirituelles, ökologisches und solares Wachstum stehen jetzt auf der Tagesordnung der Geschichte. Der 11. September hat uns wie ein Donnerschlag mitten im Schlaf darauf aufmerksam gemacht.

Die biblische Schöpfungsgeschichte lehrt uns, dass die Sonne bereits am »ersten Tag« die Erde erhellte: »Da befahl Gott: ›Licht soll ausstrahlen‹ und es wurde hell. Gott hatte Freude am Licht; denn es war gut. Er trennte das Licht von der Dunkelheit und nannte das Licht Tag, die Dunkelheit Nacht. Es wurde Abend und wieder Morgen, der erste Tag« (1. Mose 1,3–5).

Vor 15 Milliarden Jahren also war das Feuer des Urknalls. Physikalisch war wahrscheinlich eine gewaltige Explosion der Auslöser für alles Sein und alles Leben in unserem Sonnensystem.

Als bei der Entstehung der Sonne Helium und Wasserstoff miteinander verschmolzen sind, müssen unvorstellbar starke Kräfte gewirkt haben. Religiöse Menschen sehen diese Urkräfte hinter dem Urknall als Gott oder die Göttin an. Die Sonne bildet die Grundlage allen Lebens. Davon profitieren wir bis heute. In allen Kulturen ist die Sonne ein göttliches Geschenk und ein göttliches Symbol. Die »Sonne« hinter der Sonne nannte Jesus »Vater« – heute würden wir wohl sagen »Energie« oder »göttliche Energie«. Unsere eigentliche »Ursünde« ist: Wir unterschätzen die Kraft der Sonne in sträflicher Art und Weise.

Der neue Reichtum für alle

Pazifismus, Solarenergie, Ökologie und Demokratie sind Voraussetzungen für die Bewahrung der Schöpfung. Um Leben zu erhalten und zu entfalten, brauchen wir im Atom- und Ölzeitalter so sehr eine Politik der Kriegsvermeidung wie im Zeitalter der ökologischen Krise eine solare Weltwirtschaft. Solarpolitik und Pazifismus bedingen einander. Es kann nie mehr einen Weltfrieden geben ohne Frieden mit der Natur. Und es wird keinen Frieden mit der Natur geben ohne Weltfrieden und ohne eine wirklich demokratische Kultur. Jeder Krieg ist auch Naturzerstörung, und die ökologische Ausbeutung bedeutet Krieg gegen die Natur und damit gegen uns selbst.

Die Vereinten Nationen haben sich nach dem Zweiten Weltkrieg zum Ziel gesetzt, die Menschheit von der Geisel des Krieges zu befreien. Dieses Ziel ist ohne erneuerbare Energien nicht zu erreichen. Die Frage heißt jetzt: Sonnenfrieden oder Ölkriege? Sonnenpolitik ist Friedenspolitik so wie heute schon Ölpolitik Kriegspolitik ist und künftig noch weit mehr sein wird, wenn wir nicht rasch auf erneuerbare Energien umsteigen.

Den Zusammenhang zwischen Sonnenpolitik und Ölkriegen finden wir in dem bereits zitierten Text aus der Bergpredigt:

»Ich aber sage euch: *Liebt eure Feinde* und betet für die, die euch verfolgen. So erweist ihr euch als Kinder eures Vaters im Himmel. Denn er lässt seine *Sonne* scheinen auf böse wie auf gute Menschen.« (Matthäus 5,45)

Jesu Hinweis auf die Sonne für alle steht also im Kontext zur Feindesliebe. Jesus vertröstet nie auf das Jenseits, er will die Gegenwart verändern und verbessern. Es geht ihm ganz konkret um Frieden durch die Sonne und um Frieden unter den Menschen.

Der Sonnenforscher Professor Wolfgang Mattig, bis zu seiner Pensionierung Astronomiedirektor am Kiepenheuer-Institut für Sonnenphysik in Freiburg und Professor für Astrophysik, schätzt, dass auch im dicht besiedelten Deutschland mit 250 Menschen pro Quadratkilometer jedem Bürger rund 1000-mal mehr Energie direkt durch die Sonne zur Verfügung steht, wie heute verbraucht wird:

»Die Abschätzung kann zeigen, dass die von der Sonne zugestrahlte Energie bei weitem ausreicht, um alle Bedürfnisse der Menschheit für immer zu decken. Nur ein kleiner Anteil der vorhandenen Fläche wäre nötig, um Empfangsflächen zur Umwandlung der Solarenergie in übliche Energieformen aufzustellen. Die Nutzung der Sonnenenergie wird die Herausforderung der nicht zu fernen Zukunft sein, denn die fossilen Energiequellen sind begrenzt, und die Kernenergie hat sich als problematisch erwiesen.«

Die Sonne liefert uns in Deutschland 1,4 Kilowatt pro Quadratmeter. Jeder Bundesbürger verbraucht zurzeit 5,9 Kilowatt. Das heißt: Jeder Mensch in Deutschland braucht eine Fläche von 4,3 Quadratmetern für seinen Energieverbrauch.

Auch im nebligen England reicht die vorhandene Fläche bei

weitem aus. Dort könnte allein auf der Fläche der heute vorhandenen Häuser, wenn auf Dächern und an Hauswänden überall Solaranlagen angebracht wären, ca. zehnmal mehr Strom gewonnen werden, als heute in Großbritannien verbraucht wird.

In diesen Zahlen sind die indirekten Solarenergien wie Wind, Wasser, Erdwärme etc. noch gar nicht mitgerechnet. Und all diese Energiequellen stehen uns nicht für wenige Jahrzehnte begrenzt und umweltbelastend zur Verfügung, sondern noch Milliarden Jahre unbegrenzt und umweltfreundlich.

Wir können auch so rechnen, um besser zu verstehen, wo und wie Zukunft organisiert werden kann: Etwa 10 Quadratmeter Sonnenoberfläche emittieren so viel Energie, wie auf der Erde ein mittleres Kraftwerk erzeugt. Diese Zahlen geben uns ungefähr ein Gefühl dafür, welches Kraftwerk die Sonne für uns ist. Die Sonne schickt uns – wie gesagt – rund 15 000-mal mehr, als wir je brauchen.

Die Sonne ist das Wichtigste, was es in der Schöpfung gibt. Nur die Solarenergie erlaubt künftiges Wirtschaften. »Die Natur hat immer Recht, der Irrtum liegt beim Menschen«, wusste schon Leonardo da Vinci vor 500 Jahren.

Bürger, zur Sonne, zur Freiheit!

Solarenergie ist also *die* Energie des Volkes und *die* Energie des Friedens. Es gibt keine Shell- oder RWE- oder E.on-Sonne, sondern nur die Sonne für *alle*. Sonnenpolitik ist eine große Chance zur Demokratisierung in allen Gesellschaften. Die Nutzung der Sonnenenergie erfolgt dezentral, autonom und unabhängig von zentralisierten Energiekonzernen. Jeder und jede besorgen sich seine oder ihre Energie selber. Bürger, zur Sonne, zur Freiheit!

Spätestens jetzt im Zeitalter der globalen ökologischen Krise, im Zeitalter der Klimaveränderung, des Artensterbens und des Waldsterbens, des Ozonlochs und der Ausbreitung der Wüsten wird deutlich: Frieden ist mehr als das Schweigen der Waffen. Es gibt keinen Frieden ohne Frieden mit der Natur.

Sonnenpolitik kann wegweisend werden für eine sozialökologische, friedliche und gerechte Politik im 21. Jahrhundert. »Die Sonne scheint auf gute wie auf böse Menschen.« Erst eine Sonnenpolitik wird eine effiziente Umweltpolitik sein – Voraussetzung für eine Welt ohne Armut. Der Energiereichtum der Sonne ist die Basis für eine Welt mit Wohlstand und Arbeit für alle. Sonnenpolitik bedeutet einen neuen Reichtum in einer neuen Zeit für alle Menschen. Noch einmal: Sonnenpolitik meint gerade nicht Askese oder Armut oder Verzicht, sondern die Chance für einen globalen nachhaltigen Wohlstand.

Die Sonne scheint »von selbst«

Die Sonne entzieht sich menschlichem Machen und Müssen. Sie scheint von selbst. Die Sonne arbeitet wie der Ackerboden. Im Markus-Evangelium erklärt Jesus diesen »Von selbst«-Mechanismus in einer einfachen Geschichte über sein Urmotiv, die »neue Welt Gottes«:

> »Mit der neuen Welt Gottes ist es wie mit der Saat und dem Bauern: Hat der Bauer gesät, legt er sich nachts schlafen, steht morgens wieder auf und das viele Tage lang. Inzwischen geht die Saat auf und wächst; wie, das versteht der Bauer selber nicht. Ganz *von selbst* lässt der Boden die Pflanzen wachsen und Frucht bringen. Zuerst kommen die Halme, dann bilden sich die Ähren und schließlich füllen sie sich mit Körnern. Sobald das Korn reif ist, fängt der Bauer an zu mähen; dann ist Erntezeit.« (Markus 4,26–29)

Dieser uns so selbstverständlich gewordene selbsttätige Prozess ist der entscheidende Beweger aller Naturvorgänge. Hier waltet göttliche Souveränität und nicht menschlicher Wille oder menschliches Wollen. Gott ist großzügig. Er schickt uns das Tausendfache dessen, was wir brauchen. Die gesamte Umweltdiskussion der letzten Jahrzehnte krankt daran, dass es dabei ständig um »Verzicht«, »Askese« oder »Opfer« geht. In Wahrheit geht es exakt um das Gegenteil: Darum, dass wir endlich den Reichtum und die Fülle des Angebots der Natur erkennen und nutzen. Es geht um neuen Reichtum – freilich nicht für wenige Milliardäre, sondern um einen Reichtum für alle.

Eine Kuh gibt viel Milch und ein Huhn legt viele Eier – kostenlos. Regen, Flüsse und Ozeane versorgen uns mit viel Wasser; Sonne und Wind schenken uns Energie – umsonst. Nur wir Menschen denken in Geldkategorien und verursachen eine Umweltkatastrophe und einen Lebensmittelskandal nach dem anderen. Viel Geld bedeutet nicht automatisch viel Glück, so wie viel Essen nicht automatisch Gesundheit bedeutet oder viel Sex viel Liebe. Die wesentlichen Dinge, die wir brauchen, gibt es umsonst – von selbst.

Die Sonne scheint »von selbst«, der Wind weht »von selbst«, das Wasser fließt »von selbst« und reinigt sich auch »von selbst« und Bäume und Pflanzen wachsen »von selbst« – wir müssen nur empfangen lernen, was die Natur für uns bereit hält.

Die erneuerbaren, kostenlosen Energieträger Sonne, Wind, Erdwärme und Wasser sowie Biomasse vom Acker und Wald, die wir wie »von selbst« empfangen können, liefern uns Energie von einer ganz neuen Qualität – nämlich ohne Folgeprobleme wie nicht entsorgbarer Atommüll, zerstörtes Klima, verpestete Luft, vergiftetes Wasser, sterbende Wälder und saure Böden. Wie »von selbst« hat diese neue Energiepolitik positive Auswirkungen auf die gesamte Produktions- und Wirtschaftsweise, für

Millionen neue Arbeitsplätze sowie für eine gesunde Umwelt und Mitwelt – ein heute noch unvorstellbarer Reichtum, den wir endlich anstreben sollten.

Eine Vorahnung dieses neuen Reichtums: Er fällt uns zu bei jedem Wetter und zu jeder Jahreszeit, bei Tag und bei Nacht. Wenn es regnet, freue ich mich darüber, dass unsere Regenwasseranlage kostenlos neues Wasser sammelt. Wenn der Wind weht, freue ich mich, dass die Windaktien steigen. Wenn die Sonne scheint oder wenn es einfach hell ist, liefern unsere Solaranlagen kostenlos Energie. Im Frühjahr, im Sommer und im Herbst wachsen Energiepflanzen, und auch im Winter liefern uns Wasserkraftwerke und Windräder preiswerten Strom. Wir bekommen alles, was wir brauchen – für alle Zeit. Die neue ökologische Allwetter-Wirtschaft macht's möglich. Wir brauchen nicht mehr gegen die Natur zu wirtschaften. Wir lassen die Natur wirtschaften. Natürlich wirtschaften lassen heißt, das Überleben des Lebens lernen.

Wenn ich in diesem Buch immer wieder versuche, eine neue Technik auch mit einer ökologischen Ethik zu begründen, dann geht es dabei nicht um eine fromme Harmlosigkeit, sondern um die Überlebensfrage der Menschheit. Ohne ökologische Spiritualität können wir die Chance eines ökologischen Wirtschaftswunders, die ich hier aufzeigen möchte, nicht nutzen. Der Schlüssel für ein ökologisches Wirtschaftswunder ist freilich die solare Energiewende – aber auch sie ist ebenso eine ethische wie eine technische Herausforderung. Technik allein allerdings wird uns nicht retten.

Wie innen, so außen

Die Friedensbotschaft der Engel bei der Geburt Jesu vor 2000 Jahren hieß: »Frieden auf Erden.« Diese wunderliche Friedensbotschaft wird im Lukas-Evangelium so beschrieben: »Alle

Ehre gehört Gott im Himmel. Sein Frieden kommt auf die Erde zu den Menschen, weil er sie liebt.« Wir sind Geliebte!

Frieden *auf* Erden wird aber nur möglich durch Frieden *mit* der Erde, Frieden *mit* der Schöpfung und Frieden *mit* allen Geschöpfen. »Religionsfrieden ist die Voraussetzung für Weltfrieden«, meint Hans Küng. Das ist sicher richtig – bedarf aber der Ergänzung: Ohne Frieden mit der Natur kein Frieden zwischen den Menschen.

Die Seligpreisungen der Bergpredigt können wir vor dem Hintergrund der ökologischen Krise am Beginn des dritten Jahrtausends so lesen: »Selig sind diejenigen, die auf Sonne, Wind und Biomasse-Energie setzen. Ihnen gehört die Zukunft. Sie sind die heutigen Sanftmütigen. Sie setzen Friedenszeichen und beenden den Kampf gegen die Natur.«

Die Entdeckung unserer inneren psychischen Sonne wird ebensolche revolutionären Folgen haben wie die technische Nutzung von Sonnenenergie. Wie innen, so außen. Die äußere Energiekrise ist ein Abbild unserer inneren Energiekrise, die uns hindert, selbst aktiv zu werden. Die Überwindung unserer äußeren Energiekrise setzt die Mobilisierung unserer inneren, ethischen Energie voraus. Wissenschaft, Politik und Wirtschaft werden lernen müssen, sich der Natur unterzuordnen und bei ihr in die Lehre zu gehen. Das Beobachten der Naturgesetze ist das Geheimnis künftigen Glücks. Andererseits: Naturblindheit ist Zukunftsblindheit.

Am Anfang war die Sonne. Sie ist unbegrenzt verfügbar. Keine andere Energiequelle ist so umweltfreundlich und preiswert. Den Stoff gibt es überall umsonst. Wir brauchen lediglich eine Massenproduktion der solaren Techniken, um den Durchbruch ins Solarzeitalter zu organisieren. Es kommt darauf an, das Vertrauen in die Kräfte der Natur wiederzugewinnen. Das Problem der erneuerbaren Energien ist also nicht, dass sie zu teuer sind, wie die Vertreter der alten Energien immer wieder behaupten. Das kann auch gar nicht sein, wenn sie uns von der Natur weitgehend kostenlos zur Verfügung gestellt werden. Wie sollte eine Energie zu teuer sein, die nichts kostet und für die keine oder nur geringe Transportkosten entstehen?

Das größte Problem der heutigen Energiepolitik ist, dass die Preise der alten Energieträger weder ökologisch noch ökonomisch die Wahrheit sagen. Ein Liter Benzin verpestet etwa 10 000 Liter Luft. Benzin scheint billig, weil wir die Naturzerstörung nicht berechnen.

Diese Milchmädchenrechnung werden wir uns nicht mehr lange leisten können. Hier muss die Politik mit einer intelligenten Ökosteuer gegensteuern. Je länger wir damit warten, desto teurer kommt uns die alte, »billige« Energie. Noch aber wird die Umweltzerstörung politisch und finanziell begünstigt – über falsche Agrarsubventionen zum Beispiel, aber auch über Kohle- und Atomsubventionen in Milliardenhöhe. Die deutschen Steuerzahler finanzieren noch immer die Klimazerstörung durch Abbau von Steinkohle und Braunkohle jährlich mit vier Milliarden Euro. Die wahren Kosten einer Kilowattstunde Atomstrom stehen auf keiner Stromrechnung. Unsere Kinder und Enkel und Urenkel müssen sie bezahlen.

Diese riesigen Summen wären weit sinnvoller eingesetzt, wenn damit die strukturellen Veränderungen finanziert würden – also eine Anschubfinanzierung zur Entwicklung und Produktion ökologischer Energietechniken. Noch 1998 wurde in Deutschland für die klimaschädliche Kohleförderung 400-mal mehr Steuergeld ausgegeben als für die Markteinführung erneuerbarer Energien. Bevor die erste Kilowattstunde Atomstrom in Deutschland produziert wurde, hatte die Atomwirtschaft 20 Milliarden Mark öffentliche Förderung kassiert, bis heute sind es über 35 Miliarden Euro.

Der solare Energiemix

Der noch immer vorherrschende Technikpessimismus gegenüber erneuerbaren Energien kommt aus einem strukturkonservativen Denken. So wie in der Telekommunikationstechnologie durch den Wegfall des Kabels ein Strukturwandel fällig wurde, so wird durch den weitgehenden Wegfall der weiten Transportwege bei erneuerbaren Energien ein Strukturwandel in der gesamten Energiewirtschaft notwendig. Dieses Umdenken fällt vielen Köpfen schwer und führt zu einer permanenten Unterschätzung der neuen Energien. Einen völlig neuen Energiemix aus Großwasserkraft und Kleinwasserkraft, Photovoltaik und Windkraft, passiver und aktiver Solarthermie, energetischer Verwertung organischer Abfälle und Reststoffen von Acker und Wald sowie von Energiepflanzen, solarthermischer Stromerzeugung aus Großkraftwerken in sonnenreichen Ländern und dem Einsatz von Wasserstoff, Geothermie, Luftthermie und Wasserthermie – all diese Möglichkeiten einer umweltfreundlichen Energieversorgung können sich erst wenige als *den* modernen Energiemix von morgen konkret und praktisch vorstellen. Bei erneuerbaren Energien haben viele noch immer ein Brett vor der Sonne.

Wenn es bei der Gentechnologie um den Einstieg in noch gar nicht erprobte Techniken geht, sind viele Wissenschaftler so optimistisch, wie sie bei längst erprobten Techniken erneuerbarer Energien Pessimisten sind. Bei erneuerbaren Energien mangelt es häufig an struktureller Fantasie, um die Chancen eines Strukturwandels zu erkennen, vermutet Hermann Scheer zu Recht.

Bei vielen modernen Technologien wird argumentiert, wir müssten schneller sein als andere, um den Wirtschaftsstandort und die Wettbewerbsfähigkeit zu sichern. Bei erneuerbaren

Energien wird seltsamerweise oft gesagt, wir dürfen anderen nicht vorauseilen, weil wir sonst nicht mehr wettbewerbsfähig wären.

Kohlewirtschaft: der alte Filz

Die Nutzung erneuerbarer Energien im großen Stil bedeutet die Erneuerung der Industriegesellschaft. An die Stelle weniger großtechnischer Anlagen setzen wir Millionen kleine Anlagen, die dezentral Energie erzeugen. Wir werden so Schritt für Schritt Erdöl, Erdgas, Atombrennstoffe und Kohle durch die neuen Energien und die entsprechenden Techniken ersetzen.

Dieser Strukturwandel hat mehr Umweltschutz *und* mehr Arbeitsplätze zur Folge. Umgekehrt gilt aber auch: Je länger ein notwendiger Strukturwandel verschleppt wird, desto mehr Umweltbelastungen und weniger Arbeitsplätze gibt es. Hätte die Bundesrepublik Deutschland den fälligen Strukturwandel in der Energiewirtschaft schon früher gefördert, dann könnten wir heute statt der 120 000 Arbeitsplätze im Bereich erneuerbare Energien bereits eine Million haben.

Hermann Scheer: »Wenn die öffentlichen Finanzströme weiter in die alten Richtungen laufen, erhalten wir mit immer mehr Geld immer weniger Arbeitsplätze und verspielen die Zukunft.« Die heutige Kohlewirtschaft in Deutschland bedeutet nicht nur Klimazerstörung, sie ist auch eine gigantische Geldvernichtung. Dass die nordrhein-westfälische Landesregierung trotz dieser Erfahrungen immer noch den Braunkohleabbau in Garzweiler II fördert, ist politisch schizophren und unverantwortlich.

Auch die Regierung in Düsseldorf sagt Klimaschutz, aber sie fördert die Klimaerwärmung; sie sagt Arbeitsplätze, aber sie verhindert zukunftsfähige Arbeitsplätze, denn Kohlearbeitsplätze sind allesamt Auslaufmodelle. 6000 Windräder in Nordrhein-Westfalen könnten Garzweiler II ersetzen – umweltfreundlich, preiswert und mit zukunftsfähigen Arbeitsplätzen. Aber in Düsseldorf stehen noch immer viele Landtagsabgeordnete im Dienst und Sold der dortigen alten Energiewirtschaft.

Da fossile Energien nur an wenigen Orten konzentriert vorkommen, aber auf der ganzen Welt gebraucht werden, hat die alte Energiewirtschaft riesige Versorgungsketten rund um den Globus aufgebaut. Hauptsächlich diese Versorgungsketten haben ihre zentralistischen Monopole gesichert. Aber von diesen Ketten können wir uns heute befreien durch eine dezentrale Energiewirtschaft mit erneuerbaren Energien.

Eine zentralistisch organisierte Energiewirtschaft in den heutigen Konzernstrukturen kann die Probleme einer künftigen dezentralen Energieversorgung nicht lösen. Die heutigen Energiekonzerne *sind* vielmehr das Problem. Sie halten die Menschheit in ihren fossilen Ressourcenketten gefangen und ziehen sie in den Abgrund.

Lasst uns die Ketten sprengen!

Hermann Scheer sieht in den langen Ketten der fossilen Ressourcen den eigentlichen Globalisierungsautomatismus: »Je seltener die Ressourcenvorkommen sind, desto länger sind auch die Lieferketten. Je länger die Ketten, desto umfangreicher die Konsequenzen. Der Bedarf der industriellen Moderne an den für sie jeweils attraktivsten fossilen Ressourcen ist der einzige Globalisierungszwang.«

Es ist leicht verständlich, dass Volkswirtschaften niemals autark werden können, solange sie in den Ketten der alten Energiewirtschaft gefesselt sind. Noch einmal George W. Bush: »Wir sind eine energieabhängige Nation. Das wirft ein Schlaglicht darauf, wie zerbrechlich unsere Wirtschaft ist.« Das ist wohl wahr.

Aber hat das große Land USA keine Sonne, keinen Wind, und wächst dort keine Biomasse? Warum argumentiert der Präsident so kurzsichtig und falsch, nachdem das US-Energieministerium zwei Jahre zuvor festgestellt hatte, dass allein mit Hilfe der Windkraft in den USA doppelt so viel Strom produziert werden könnte, wie heute von 270 Millionen US-Bürgern verbraucht wird?

Auch Bundeskanzler Gerhard Schröder unterschätzt die Chancen der erneuerbaren Energien. In seinem Antwortbrief vom 11. April 2002 schreibt er mir: »Für die Grundlast in der Stromversorgung wird Deutschland ... auch weiterhin zu einem erheblichen Teil auf die Kohleverstromung setzen müssen.«

Die deutschen Sozialdemokraten hängen noch immer so sehr am Tropf der alten Kohlewirtschaft wie die deutschen Christdemokraten am Tropf der Atomwirtschaft oder die US-Regierung am Tropf der Öllobby. Sie alle hängen am Tropf der alten Energiemultis wie ein Junkie an der Nadel.

In Deutschland spielen Energiekonzerne häufig die Rolle eines »Staates im Staate«, in den USA *sind* sie zurzeit bereits der Staat.

Die Chance der Befreiung besteht einzig darin, dass wir Wählerinnen und Wähler und wir Energieverbraucherinnen und -verbraucher die Ketten der fossilen Energiegefangenschaft sprengen und uns selber befreien, indem wir rasch auf regenerative Energien umsteigen.

Die Erdölkette reicht über viele tausend Kilometer von den Erdöl fördernden Ländern um die ganze Welt. Die Fördermethoden werden, je knapper das Öl wird, desto komplizierter und kostenintensiver. Es folgen Transportwege bis zu 20 000 Kilometer – energieaufwendig und oft gefährlich. Der Raffinerieprozess verursacht nochmals starke Umweltbelastungen in der Luft, beim Abwasser und beim Festmüll. Es entsteht Entsorgungsaufwand. Schließlich werden die Treibstoffe zu den Tankstellen oder zu den Heizungen gebracht, um dann in Motoren, Brennanlagen, Kraftwerken oder Chemieanlagen in Strom, Wärme, Beschleunigung oder zu Kunststoffen umgewandelt zu werden. Viele Glieder in der Erdölkette.

Die Erdgaskette beginnt vor allem in Russland, am Kaspischen Meer, in Zentralasien, im Iran und in Algerien, um dann ebenfalls über viele Glieder – Gewinnung, Kühlung, Pipelines, Erdspeicher, Schiffe, Gasbehälter – in Kraftwerken, Heizanlagen oder Motoren zu landen.

Auch die Kohlenkette ist komplex und extrem umweltbelastend. Die Atombrennstoffkette ist noch komplexer und gefährlicher. Die USA, die europäischen Industriestaaten und Japan werden immer importabhängiger von auswärtigen Energieressourcen: Die EU ist heute zu 50 Prozent von Energieimporten abhängig, sie wird es bis 2020 zu 70 Prozent sein. Die Zahlen für Japan und die USA liegen noch weit höher und steigen ebenfalls. Der Energieimport Deutschlands liegt bereits heute bei über 70 Prozent, bei Erdöl schon bei knapp 100 Prozent, beim Uran haben wir die hundertprozentige Abhängigkeit erreicht.

Das zweite solare Zeitalter

Die Sonne steht unbegrenzt zur Verfügung. Keine andere Energiequelle ist so umweltfreundlich, langfristig preiswert und überall vorhanden. Wenn die Umweltbelastung der alten Energieträger bei den Kosten berücksichtigt wird, dann sind die erneuerbaren Energien unschlagbar preiswert. Solaranlagen sind mit wenig Aufwand und ohne Eingriffe in die Ökologie einer Landschaft zu installieren, und zwar exakt dort, wo Strom und Wärme gebraucht werden: im eigenen Haus. Die dezentrale Energieumwandlung geschieht regenerativ, geräuschlos, emissionsfrei und ohne Folgeprobleme. Einfacher geht es nicht: Licht rein, Strom raus.

Dass Wind einen Generator antreibt und Wasser eine Mühle, ist so wenig geheimnisvoll wie Holz, das brennt. Doch dass an einer blauen Scheibe aus Glas und Silizium, das heißt Sand, zwei Drähte befestigt werden und daran eine Glühbirne, die auch noch leuchtet, das ist cool. Das ist Photovoltaik. Das hat was. Auf die Frage, was die faszinierendste Zukunftstechnologie sei, sagt Deutschlands junge Generation zu 90 Prozent: Solartechnik, mit Abstand vor Computer und Internet.

Jeden Tag liefert – wie schon gesagt – die Sonne 15 000-mal mehr Energie als alle Menschen zurzeit verbrauchen. Sonne ist Leben, und Sonne schafft Leben. Die Sonne hält – als Motor allen Lebens – alle Kreisläufe in Bewegung. Alles irdische Leben ist geprägt von der Sonne und abhängig von der Sonne. Im ersten Solarzeitalter – bis vor 200 Jahren – wussten alle Menschen um diese Abhängigkeit. Dann begann das kurze Zwischenspiel eines fossilen Zeitalters mit verheerenden Folgen von Umweltkatastrophen und grauenhaften Weltkriegen. Bevor wir jetzt weiter den dritten Weltkrieg vorbereiten, sollten wir ein zweites solares Zeitalter beginnen. Dazu will dieses Buch beitragen.

Nicht Endzeit, sondern Halbzeit

Unsere Erde ist im besten Alter. Sie existiert seit etwa fünf Milliarden Jahren und kann – so haben Astrophysiker errechnet – noch mal gut fünf Milliarden Jahre alt werden, denn so lange wird die Sonne noch scheinen. Wir leben, wenn wir ökologisch klug und weise werden, also nicht in einer Endzeit, sondern allenfalls in einer Halbzeitphase der Evolution. Wir haben die Wahl: Öl, Erdgas, Uran und Kohle sind in wenigen Jahrzehnten aufgebraucht, aber die Sonne liefert uns noch fünf Milliarden Jahre Energie. Was also wollen wir? Die Frage ist wirklich einfach zu beantworten. Alle Energie kommt aus der Sonne – letztlich auch die fossilen Energieträger Kohle, Gas und Öl. Auch sie sind gespeicherte Sonnenenergie. Die Kraft der Sonne bewegt und erwärmt etwa fünf Billionen Tonnen Luftmasse und etwa tausend Billionen Tonnen Wassermassen. Ohne die Energie der Sonne wäre dieses Wasser Eis. Die Sonne ist und war zu allen Zeiten der sichtbare Ausdruck der Schöpferkraft. Aus diesem Kraftzentrum ist alles gewachsen.

Der Sonnengesang des heiligen Franziskus kann uns ebenfalls den Weg zu einer zeitgemäßen ökologischen Spiritualität zeigen. Wer wie Franz von Assisi von der »Schwester Sonne« spricht, der ist mein Bruder. Nicht zuletzt der Sonnengesang des großen Heiligen aus dem 13. Jahrhundert hat mich zu meinem Buch *Der ökologische Jesus – Vertrauen in die Schöpfung* inspiriert.

Die franziskanisch-ökologischen Bilder im Sonnengesang sind von einer dramatisch überlebensrettenden Aktualität – so kostbar wie das Sonnenbild in Jesu Bergpredigt:

»Sei gelobt, mein Herr, durch Schwester Sonne ...
Sei gelobt, mein Herr, durch Bruder Wind ...
Sei gelobt, mein Herr, durch Schwester Wasser ...
Sei gelobt, mein Herr, durch unsere Schwester, Mutter Erde ...«

Unsere Geschwister Sonne, Wind, Wasser und Erde zeigen uns den Weg zu einer hundertprozentigen neuen Energiewirtschaft, ins solare Zeitalter. Die Natur schenkt uns alles, was wir brauchen. Auf einer spirituellen Ebene allerdings werden wir die Geschwisterlichkeit alles Lebendigen verstehen müssen. Dann wird Rettung und Heilung die logische Konsequenz sein. Bedingungsloses Vertrauen in die Kräfte der Schöpfung: In der Schule des heiligen Franziskus können wir es ebenso lernen wie in der Schule des ökologischen Jesus. Vertrauen und Hoffnung sind die wichtigsten Zukunftsressourcen überhaupt. Wichtigeres können wir Eltern unseren Kindern nicht vorleben.

Immerhin haben wir in Deutschland seit einigen Jahren damit begonnen, diese Lichtkraft zu nutzen und uns nach oben zu öffnen. Während ich diese Zeilen schreibe, sind immerhin schon 4,4 Millionen Quadratmeter Solaranlagen zur Strom- und Wärmeerzeugung installiert. Allerdings: 250-mal mehr können noch installiert werden. Welch eine Chance! Welch eine Aufgabe! Millionen Arbeitsplätze warten auf das Solarzeitalter!

Im Inneren der Sonne herrscht eine Hitze von 15 Millionen Grad. Aus diesem Urfeuer hat sich alles entwickelt. Der Kosmosforscher Karlheinz Baumgarth: »Der Mensch ist denkende Substanz der Sonne. Wir Menschen sind selber die Sonne, denn wir sind aus ihr gewachsen. Jeder von uns ist ein kleiner Teil von ihr. Die erkennende Menschheit ist gewissermaßen das Bewusstsein der Sonne.«

Der Sonnenkult war in allen Kulturen und Religionen der Urkult. »Der Ur-Kult wurde zur Kult-ur«, schreibt Baumgarth. Im Frühjahr und Sommer fühlen wir bis heute eine andächtige Hinwendung zur Sonne. Millionen werden als Touristen »Sonnenanbeter« und spüren das Göttliche in der Sonne. Im katholischen Kult ist die Monstranz eine stilisierte Sonne. Sie gilt als das Licht des Lebens. Die Sonne scheint »unendlich« und ist auch als Erlebnis ohne Ende. Dem Staunen und der Ehrfurcht bei einem schönen Sonnenuntergang folgt das Staunen und die Ehrfurcht über den Sonnenaufgang. Unsere Kinder konnten von diesem Staunen gar nicht genug bekommen. Jahrelang drängten sie mich abends ins Freie, um mit ihnen Sonnenuntergänge zu erleben. Den Platz im Wald, den wir dafür ausgemacht hatten, nennen sie bis heute »unser Paradies«. Es war der Platz unserer gemeinsam erlebten Gebete und gemeinsam erlebter Dankbarkeit für unser Leben.

Ich hoffe, liebe Leserin und lieber Leser, ich habe Sie beim Weiterlesen bis hierher etwas vom Trübsinn und der Primitivität unserer heutigen Politik, die ich im ersten Teil des Buches beschrieb, wegführen können. Schon das Nachdenken und Meditieren über die Kräfte und den Reichtum der Natur setzt Heilungsprozesse in uns frei. Johannes Müller, ein großer Freund der Bergpredigt und Begründer von Schloss Elmau bei Garmisch-Partenkirchen, sagt: »Würden wir uns immer ganz geben wie die Natur, dann wären wir auch so reich wie die Natur.«

Umweltbewegung und Umweltpolitik werden dann Erfolg haben, wenn sie darüber aufzuklären verstehen, dass Umweltschutz und Umweltpolitik ein Gewinn und kein Verzicht sind, ein Reichtum für alle und nicht Verlust, wie heute unter der Diktatur einer kurzfristig rechnenden Ökonomie. Es wird die Perspektive der Fülle, der Freude, des Reichtums und des Überflusses sein, welche die Herzen der Mehrheit dieser neuen Umweltpolitik öffnen wird. Ökologisches Wirtschaften wird sich als die intelligentere Ökonomie erweisen.

Lassen Sie uns jetzt bedenken, wie unsere Schritte konkret und praktisch aussehen können.

Der Sonnenpapst aus Freiburg

»Neue Ideen durchleben drei Phasen. Zuerst werden sie belächelt, dann werden sie bekämpft und schließlich gelten sie als selbstverständlich«, konstatierte der Philosoph Arthur Schopenhauer.

Wir befinden uns heute zwischen Phase 2 und 3. Erneuerbare Energien werden noch bekämpft; aber zugleich auch schon gefördert. Der Energieriese E.on hat 2001 vor dem Europäischen Gerichtshof versucht, die Förderung erneuerbarer Energien durch das Erneuerbare-Energien-Gesetz zu verhindern. Der Versuch misslang. Endlich hatte sich die Politik einmal gegen die Widerstände aus der Großwirtschaft durchgesetzt. Die Förderung der erneuerbaren Energien durch Berlin wurde juristisch und politisch in Brüssel abgesegnet. Wie reagierte E.on nach seiner Niederlage? Schon zwei Wochen später hat die Engineering-Abteilung des E.on-Konzerns um Aufnahme in den Bundesverband Windenergie gebeten. Der Beitritt wurde gewährt.

Ein zweiter großer deutscher Energieriese, RWE, hat nach dem Erneuerbare-Energien-Gesetz eine eigene Abteilung für erneuerbare Energien aufgebaut, produziert Solaranlagen, Windräder und will in den nächsten zwei Jahren 20 große Biomasse-Heizkraftwerke mit einem Einsatz von je bis zu 200 000 Tonnen pro Jahr erreichen.

Die Goliaths der Energiebranche wollen den Davids das Windgeschäft nicht allein überlassen. Shell hat angekündigt: »Bis 2005 wollen wir eine führende Rolle im Offshore-Bereich spielen.« Noch aber haben Mittelständler die Nase vorn im Wind. Sie heißen: Butendiek, bvt, Energiekontor, Umweltkontor, Future Energy oder Repower.

Jahrzehnte vor RWE hatte der Architekt Rolf Disch in Freiburg die Zeichen der Zeit erkannt. Als Mann, der früher einmal Weltmeister im Solarautorennen war – sein Fahrzeug hatte er selbst gebaut –, gehört er heute zur Avantgarde der europäischen Solararchitekten. Ihm kommt zugute, dass er Möbelschreiner und Schlosser gelernt und außerdem eine Maurerlehre absolviert hatte, bevor er Architektur studierte. Deshalb kann ihm nach dem beliebten deutschen Handwerkermotto »Das geht nicht« so schnell keiner was vormachen oder ausreden.

»Man muss zunächst das nutzen, was nichts kostet. Das heißt also Energie sparen, die Sonnenkraft nutzen und dabei viel Lebensqualität haben«, erklärt mir Rolf Disch in seinem eigenen »Heliotrop«. Der Mann weiß, wo Süden ist – im Gegensatz zu vielen anderen Architekten. Sein »Heliotrop« – griechisch: der Sonne zugewandt – dreht sich an Freiburgs südlichem Stadtrand einmal am Tag mit der Sonne um die eigene Achse und bietet jede Stunde einen anderen Ausblick auf die sanft hügelige, grüne Umgebung des Schwarzwaldes.

Disch hat den richtigen Dreh gefunden. Seine Sonnenwohnung mit integriertem Solarbüro wendet der Sonne mal die verglaste und mit Sonnenkollektoren bestückte Hälfte zu und mal die dick isolierte Rückseite mit den kleinen Fenstern. Mal Sonnenschutz, mal Sonnennutz – je nach Jahreszeit, je nach Belieben. Ästhetik und Komfort sind Rolf Disch und seiner Frau Hanna besonders wichtig. Natur, Wohnen und Arbeiten fließen ineinander, sind nicht mehr getrennt.

Auf dem Dach dreht sich Dischs »Solarsegel«, eine Photovoltaikanlage, die mit 55 Quadratmetern Fläche etwa fünfmal mehr Strom erzeugt, als in dem modernen Büro- und Wohnhaus mit seinen vielen technischen Geräten verbraucht wird.

Die Sonne bietet Vitalität und Lebensenergie

»Dieser Mann setzt neue Maßstäbe für künftiges Bauen«, urteilte die Fachzeitschrift »Bauen mit Holz« schon 1998. Er ist nicht nur ein Querdenker, er ist noch viel mehr ein Querhandler.

Disch baut komplett in Holzbauweise. Holz ist gespeicherte Sonnenenergie. Rolf Dischs Häuser strahlen Wärme und Harmonie aus. Holz ist ein moderner Baustoff mit jahrhundertealter Tradition, die ideale Ergänzung zur Solararchitektur. Das verwendete Holz stammt aus regionaler, nachhaltiger Waldbewirtschaftung. Holz als Baustoff kostet bei seiner Produktion etwa ein Zehntel der Energie, die für andere Baustoffe gebraucht wird. Bei konventionellen Neubauten werden noch immer überwiegend schadstoffhaltige Baustoffe verwendet mit Konsequenzen für die Gesundheit der Bewohner.

Als ich Rolf Dischs neue Solarsiedlung mit einweihen durfte

– er hat soeben die ersten Solarenergie-Plushäuser der Welt gebaut –, sagte mir eine Mutter, die seit zwei Jahren in einem Solarhaus wohnt: »Früher hatte mein Sohn Neurodermitis. Kein Arzt konnte ihm helfen. Seit wir im Solarhaus wohnen, ist er beinahe beschwerdefrei.« Eine andere Bewohnerin ergänzte: »Ich wohne seit fünf Jahren in einem Solarhaus von Rolf Disch. Früher hatte ich in den Wintermonaten ständig Erkältungen. Jetzt sind sie wie weggeblasen.«

Die Sonne bietet nicht nur Wärme und Strom, sondern als ebenso schönes Geschenk Vitalität, Gesundheit und Lebensenergie. Sonnenlicht ist die Universalarznei aus der Himmelsapotheke. Wir sind Kinder des Lichts. Das natürliche Sonnenlicht unterstützt den inneren Stoffwechsel und regt die Selbstheilungskräfte unseres Körpers an. »Bauen nach Nord ist Mord«, sagt der Mediziner Jörg Tingelhoff drastisch. Und eine Feng-Shui-Weisheit aus China besagt: »Kommt die Sonne nicht ins Haus, kommt der Doktor.«

Gesundes Wohnen ist eine der wichtigsten Forderungen an den modernen, solaren Wohnungsbau. Umweltfreundliches Wohnen ist menschenfreundliches Wohnen. Solares Bauen ist soziales Bauen. Dischs Häuser sind nicht teurer als herkömmlich gebaute Häuser, langfristig sind sie preiswerter, weil Energiekosten eingespart werden. Die ersparten Krankheitskosten sind in Euro gar nicht zu beziffern. In der konservativen Architektur wird übersehen, dass Licht ein existenzielles Grundnahrungsmittel ist. Jedes Solarhaus und jedes Ökogebäude ist ein Kurort.

Dischs Solarenergie-Plushäuser bedeuten ein Wohnen in neuer Qualität. Diese Häuser sind Solarkraftwerke mit einer warmen Haut – sie sind der Sonne zugewandt. Die Südseite ist völlig verglast. Die neuartigen Fenstergläser lassen die Sonne ins Haus, aber die Wärme nicht mehr hinaus. Sensationell ist, dass Dischs Serienhäuser mehr Energie produzieren, als sie verbrauchen. Jeder Hausbesitzer ist Energieverkäufer, weil sein Dach, seine Fenster und seine Wände kostenlos umweltfreundliche Energie liefern. Das Hausdach eines Plusenergiehauses produziert sauberen Strom, finanziert sich nach den neuen politischen Rahmenbedingungen selbst und garantiert ein monatliches Einkommen durch gesetzlich gesicherten Energieverkauf. Statt Energienebenkosten gibt es jetzt erstmals Energie-Nebeneinnahmen – eine solare »Rente«. Diese genialen Häuser schützen die Umwelt und das Klima und machen auch wirtschaftlich Sinn.

Die Grafik macht den Gewinn deutlich, den Dischs Häuser gegenüber bisherigem Bauen auszeichnen:

Die Energiebilanz verschiedener Haustypen

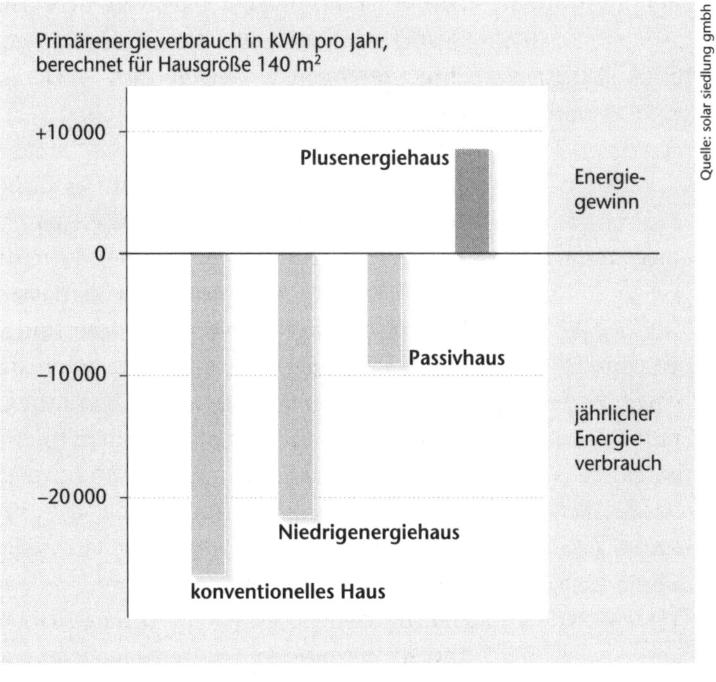

Wie kommt dieser Energiegewinn zustande? Unser Kosmos ist von der Sonne bestimmt. Solararchitektur bedeutet: Künftig symbolisieren unsere Häuser die grundlegenden Wahrheiten des Universums. Das heißt, dass künftig lichtdurchflutete Häuser unser bisher schöpfungswidriges, lebensfeindliches Bauen, Wohnen und Arbeiten beenden werden. In den Bildern van Goghs erhalten wir eine Vorahnung von künstlerisch gestalteter und kosmisch orientierter Solararchitektur in lichtvollen Farben und lebensfreundlichen Formen.

Wohnen im Wintergarten

Ein nach der Sonne gebautes Haus schläft nachts und nutzt, gut isoliert, die Restwärme des Tages. Bei Sonnenaufgang wacht das Haus auf. Die Sonne weckt nicht nur unsere Lebensgeister. Am Mittag hat sich ein Solarhaus wie eine Blüte zur Sonne hin geöffnet. Und am Abend sorgt nicht eine Ölheizung, sondern neun Monate im Jahr ein warmer Wintergarten für mollige Wärme und gute Raumluft.

Wohnen mit Pflanzen im Wintergarten: Obwohl es ohne Pflanzen gar keine Menschen gäbe, spielen in der bisherigen Architekturgeschichte Pflanzen in unseren Wohnungen nur eine geringe Rolle. Gebäude werden allenfalls nach ihrer Fertigstellung mit Pflanzen dekoriert. Unsere Erfahrung im Wintergarten mit Bäumen und Blumen, mit Pflanzen und Gräsern, mit Eukalyptus, Zitronen und Feigen, mit Orchideen und Hyazinthen: Die Luftqualität ist besser, Schadstoffe werden gebunden, alle fühlen sich wohler. Bei der Bepflanzung eines Wintergartens sind der Fantasie kaum Grenzen gesetzt. Dem Pionier der grünen Solararchitektur, Dieter Schempp, der unseren Wintergarten plante, verdanken wir viel Lebensqualität.

Mensch, Raum, Pflanze, Sonne: Dieses Verhältnis neu zu gestalten ist jetzt die Aufgabe einer ganzen Architektengeneration.

Die meisten Menschen lieben Pflanzen. Dieses natürliche Verhältnis Mensch-Pflanze wurde jedoch in der Architektur lange vernachlässigt. Wir erleben in unserem in das Haus integrierten Wintergarten das Zusammenleben mit Bäumen und Pflanzen als Bereicherung. Schon die alten Ägypter wussten beim Bauen, dass uns Pflanzen gut tun. Wenn wir nicht psychisch und physisch verarmen wollen, müssen wir auch unsere technische Weiterentwicklung mit der Natur organisieren und nicht gegen sie. Leben mit Pflanzen, die in unseren Wohnräumen verwurzelt sind, bietet dafür eine große Hilfe. Pflanzen sind auch in Wohnungen Klimamacher. Sie verbrauchen Kohlendioxid und produzieren Sauerstoff, sie erhöhen die Luftfeuchtigkeit und bauen Schadstoffe ab. Der Aufenthalt im grünen Wintergarten wirkt stressmindernd und entspannend. Grüne Pflanzen beruhigen und gestalten eine ganze Wohnung angenehmer.

Arbeiten im Wintergarten

Arbeit im Grünen – zum Beispiel an diesem Buch – macht mehr Freude als beim Anblick von Beton. Pflanzen tun der Seele gut. Die Veränderung eines Raumes mit tropischen und subtropischen Pflanzen und Bäumen aus allen Erdteilen wird zum ästhetischen Erlebnis. Es blüht und riecht und wächst und verblüht immer etwas. Ein höchst lebendiges Ökosystem, das dafür sorgt, dass das ganze Haus im Sommer kühler ist als draußen und im Winter wärmer. Baumeister in südlichen Ländern haben die Klimatisierung mit Pflanzen durch begrünte Innenhöfe schon immer genutzt.

Rolf Dischs Entwicklung zeigt sich in diesen Stichworten: Solarauto, Solarhaus, Heliotrop, Solarsiedlung, Plusenergiehaus. Das sind die ersten Etappen auf dem Weg ins Solarzeitalter und zu einer solaren Weltwirtschaft. Millionen neue Arbeitsplätze warten auf diesem Sonnenweg. Eine Sonnenpolitik auf der Höhe der Zeit muss ihn strukturell vorbereiten. Auf die immer wieder gestellte Frage, ob und wie dieser Weg finanziert werden soll, sagt der Freiburger Ökomanager ganz pragmatisch: »Solarenergie und solares Bauen ist gescheiter und billiger, als Arbeitslosigkeit zu finanzieren.«

Wir haben seit 1993 zwei Solaranlagen auf unserem Hausdach. Sie finanzieren sich von selbst. Eine Photovoltaikanlage rechnet sich heute nach etwa 15 Jahren. Sie läuft aber mindestens 30 Jahre. Eine thermische Solaranlage rechnet sich nach etwa acht bis zehn Jahren – sie hat eine Betriebsdauer von mindestens 25 Jahren. Wer richtig rechnet, verdient langfristig Geld und spart Geld, weil es den Stoff umsonst gibt und die Preise für die fossilen Energien in der Perspektive immer teurer werden müssen. Dafür sorgen die Marktgesetze bei knapper werdenden Gütern immer. Damit müssen wir rechnen, wenn wir richtig rechnen. Die Solarstromanlage produziert knapp doppelt so viel Strom, wie eine durchschnittliche Familie in Deutschland heute verbraucht. Beide Anlagen ersparen der Umwelt pro Jahr etwa sieben Tonnen des Treibhausgases CO_2. Unsere Sonnenkollektoren und unsere Photovoltaikanlage waren uns diesen Preis wert.

Solarenergie-Plushäuser

Wer solar baut und wohnt, hat die Energiewende vollzogen. Vielfalt wie in der Natur ist in Dischs Häusern Programm. Leben in Einklang mit der Natur und Wohnen mit der Sonne und dabei mehr Energie produzieren, als man selber verbraucht, ist heute möglich geworden. Hinzu kommt ein Leben in Chic und Charme und Ästhetik. Licht, Luft und Sonne spürt man in jedem Raum. Die bis jetzt gebauten 30 Plusenergiehäuser produzieren rund 176 000 Kilowattstunden Solarstrom pro Jahr; das reicht, um 80 Haushalte mit Strom zu versorgen. Pro Haus bleibt ein Gewinn aus Stromerzeugung von 200 bis 400 Euro monatlich. Ein schönes Zusatzeinkommen.

Die Dresdner Bauspar AG hat Rolf Dischs Solarhaus zum »Haus des Jahres« gewählt und bestätigt ihm die Wirtschaftlichkeit:

> »Mit diesem Plusenergiehaus entsteht erstmals eine Generation von Solarhäusern, die mit Hilfe der Sonne mehr Energie erzeugen, als die Bewohner verbrauchen. Die Photovoltaikanlage eines Plusenergiehauses produziert 3000 bis 4000 kWh. Der in das Netz eingespeiste Solarstrom wird den Bewohnern zu 50 Cent pro Kilowattstunde vergütet, garantiert für mindestens 20 Jahre. Die Jahresenergiebilanz eines Reihenhauses der Solarsiedlung ist positiv. So wird das Plusenergiehaus zur dauerhaften Einnahmequelle. Die Hauseigentümer erhalten Nebeneinkommen bis zu 450 Euro im Monat. Diese umweltfreundliche und gleichzeitig auf Wirtschaftlichkeit ausgerichtete Bauweise ist in ihrer Konsequenz einzigartig und gleichzeitig eine attraktive Wertanlage.«

Der Sonnenpapst aus Freiburg baut ökologisch und ökonomisch in einer neuen Dimension.

»Nullenergiehäuser« hat Rolf Disch schon vor zehn Jahren gebaut – jetzt ist er beim »Plusenergiehaus« angekommen. Das neue Bauzeitalter, von dem er träumt, bedeutet: Architektur auf der Höhe der Zeit darf keine Primärenergie mehr verbrauchen, gemeint ist: vergeuden. Rolf Disch rechnet wie jeder kluge Unternehmer. Er sucht nach Gewinnen. Und er hat sie bei der Energie gefunden. Damit ist ein neues Zeitalter angebrochen. Eine Epoche, in der die Menschheit in Häusern wohnen wird, die selbst mehr Energie erzeugen als verbrauchen. Ein energetischer Paradigmenwechsel.

Das Brett vor der Sonne

Wie nicht anders zu erwarten, machen die Bedenkenträger einem Pionier wie Disch Schwierigkeiten: die Banken, Stadtplaner und natürlich auch viele Bauherren und Baufrauen, die gerne so weiterwohnen und ihr Geld weiterhin zum Kamin und Fenster hinausblasen wollen, wie sie es gewohnt sind. Doch während die Baubranche insgesamt in Schwierigkeiten steckt, verkauft Rolf Disch ein Solarhaus nach dem anderen. Die neuen Bewohner der Solarenergie-Plushäuser lächeln ob der alten Vorurteile. Sie mussten sie ja selbst überwinden. Heute verspüren sie freilich eine klammheimliche Freude bei jeder Ölpreiserhöhung. Da kann noch viel Freude aufkommen in den nächsten Jahrzehnten.

Eines haben die neuen Hausbesitzer in Freiburg gemeinsam: Sie rechnen langfristig und kommen deshalb alle auf Gewinne durch ihr neues Wohnen. Bislang waren Bewohner von Solarhäusern Idealisten und Weltverbesserer, verantwortliche Bürger, die etwas gegen Klimazerstörung und Ressourcenverschwendung unternehmen wollten. Bei den Freiburgern kommt noch etwas hinzu: die Freude über finanzielle Vorteile. Ist es nicht seltsam, dass uns die Sonne unablässig Energieangebote macht, wir aber diese ablehnen? Am Tag, an dem Sie diese Zeilen lesen, haben wir allein in Deutschland Hunderte Millionen Kilowattstunden Solarstrom zurückgewiesen. Warum dieses Brett vor der Sonne? Wir wollen uns partout nicht beschenken lassen. Eher soll die Welt untergehen!

Die geringe Wärmemenge, die in Dischs Solarhäusern gebraucht wird, wird bald von einem Holzhackschnitzel-Kraftwerk kommen, die Wasserwärme aus Sonnenkollektoren. Das Regenwasser wird als Brauch- und Gartenwasser benutzt. Die Dreifachfenster sorgen von selbst dafür, dass es im Haus angenehme 20 Grad Wärme hat bei minus 10 Grad Außentemperatur. Eine eigene Heizung und einen eigenen Kamin brauchen die Häuser nicht. Das Umwelt-Abonnement für den öffentlichen Verkehr gehört beim Plusenergiehaus gleich mit zum Vertrag.

Deutschlands kreativster Solararchitekt lässt keine Zweifel aufkommen: Nur durch die Nutzung von solarer und biologischer Energie hat die Menschheit langfristig eine Überlebenschance. »Stellen Sie sich vor«, sagt Rolf Disch lachend, »Sie fahren mit Ihrem Auto ohne einen Tropfen Benzin im Tank los, und nach 500 Kilometern halten Sie an einer Tankstelle. Aber Sie tanken dort nicht, sondern verkaufen ihr kostenlos gewonnenes Benzin.« Solche Autos gibt es leider nicht, aber entsprechende Häuser gibt es. Wir können Geld verdienen mit der Sonne. Ökologie ist die intelligenteste Betriebswirtschaft, Volkswirtschaft und Weltwirtschaft. Die Alternative zur heutigen krank machenden, chaotischen Energiewirtschaft ist die Frieden stiftende solare Weltwirtschaft. Um die Sonne werden keine Kriege geführt.

Rolf Dischs Wahlspruch stammt von Victor Hugo: »Nichts auf der Welt ist so mächtig wie eine Idee, deren Zeit gekommen ist.«

Wir kennen also die Techniken, die es uns erlauben werden, in absehbarer Zeit nicht nur Atomkraftwerke zu schließen, sondern auch alle fossilen Rohstoffe zu ersetzen.

Freiburg ist überall

In Freiburg hat das Solarzeitalter bereits begonnen. Warum aber nur in Freiburg? Warum nicht in allen deutschen und europäischen Großstädten?

Freiburg war so frei und hat bis 2002 schon 6400 Quadratmeter Sonnenkollektoren und 20 000 Quadratmeter Solarstromanlagen auf seinen Dächern installiert. Dass diese Stadt mit

206 000 Einwohnern im Mai 2002 mit 64,4 Prozent der Stimmen einen grünen Oberbürgermeister gewählt hat, scheint nur logisch und öko-logisch – die CDU-Mitbewerberin erhielt noch 34,5 Prozent der Stimmen.

In Freiburg und Umgebung sind 450 Firmen angesiedelt, die sich mit Umwelt und erneuerbaren Energien beschäftigen – in diesen Ökofirmen arbeiten heute bereits über 10 000 Menschen und setzen jährlich über eine Milliarde Euro um. Freiburg ist Deutschlands erste Solarregion. Der Fußballclub SC Freiburg hat 1000 Quadratmeter Solaranlagen auf seinem Stadiondach, und gelegentlich wird während eines Fußballspiels eingeblendet: »Unsere Spieler duschen mit der Sonne.« Da brandet Beifall auf im Dreisamstadion.

Schon bei Ankunft am Bahnhof können die Gäste mehrere Solarstromfassaden bestaunen. Bis 2003 entsteht das Solar Info Center. Auf 14 000 Quadratmetern werden sich Architekten, Elektroingenieure, Bauingenieure, Energieberater, Physiker, Maschinenbauer, Betriebswirte, Marketingspezialisten, Finanzdienstleister, Unternehmensberater und Kommunikationsfachleute miteinander vernetzen. Nicht zufällig ist in Freiburg der Weltdachverband der Sonnenenergie ebenso zu Hause wie das Ökofilmfestival »Ökomedia«, die Solarfabrik des Georg Salvamoser und die SAG – die Solaraktiengesellschaft mit Harald Schützeichel an der Spitze – einem großen Freund Albert Schweitzers, Unternehmer im Geiste von Schweitzers Philosophie der »Ehrfurcht vor allem Leben«.

Freiburg gilt als Deutschlands Ökohauptstadt. Im Sinne unseres Themas »Frieden durch die Sonne« ist eine Ökohauptstadt eine »Friedenshauptstadt«. Den Geist des Protestanten Albert Schweitzer durfte ich auch in einem katholischen Kloster erleben.

Die Vision vom solaren Kloster

Diese Mönche sind in der Schule des ökologischen Jesus. Bewahrung der Schöpfung ist für sie Gottesdienst. Deshalb planen die Benediktinermönche im traditionsreichen fränkischen Kloster Münsterschwarzach den kompletten Umstieg auf erneuerbare Energien bis 2010. Schon heute gewinnen sie etwa 30 Prozent des Stroms in ihren 100 Gebäuden aus Sonne, Wasser und Wind.

Im Frühsommer 2000 habe ich, eingeladen vom Abt des Klosters, meinem Freund Pater Fidelis Rupert in Münsterschwarzach mein Buch *Der ökologische Jesus – Vertrauen in die Schöpfung* vorgestellt. Im Herbst 2000 war ich dann mit Rolf Disch ein weiteres Mal in Münsterschwarzach. Hier leben und arbeiten 100 Mönche mit 200 Mitarbeitern und 750 Schülern. Tausende Besucher, hauptsächlich junge Leute, kommen jährlich zu den Schülern des heiligen Benedikt, um zu erfahren, wie »ora et labora – bete und arbeite« heute gelebt werden kann. Zum Kloster gehören über 20 Betriebe: Landwirtschaft, Bäckerei, Metzgerei, Schreinerei, Schlosserei, Goldschmiede, ein Verlag und andere. Rolf Disch hat das Konzept eines solaren Klosters entworfen.

Eine Solarstromanlage ist inzwischen in Betrieb. Das Kloster beteiligt sich an einer Windkraftanlage, die jährlich 80 000 Kilowattstunden Ökostrom produziert, ein eigener Windpark ist geplant. Ein Blockheizkraftwerk, mit Pflanzenöl beheizt, soll gebaut und ein altes Wasserkraftrad sowie eine Biogasanlage reaktiviert werden. Wenn der Plan mit dem eigenen Windpark realisiert werden kann, machen die Benediktiner weit mehr Strom, als in ihren hundert Gebäuden gebraucht wird. Sie werden Stromverkäufer. »In den Gebäuden«, sagt Pater Christoph, der außer Theologie auch Elektrotechnik studiert hat, »wollen wir 50 Prozent der Heizenergie einsparen.«

Dieses Kloster hat Vorbildfunktion nicht nur in Deutschland, denn Mönche und Brüder aus Münsterschwarzach arbeiten auf vier Kontinenten mit anderen Benediktinern zusammen. »Wenn wir es vormachen, werden andere es nachmachen«, meint Abt Fidelis. Sie vertrauen auf die Energie von ganz, ganz oben.

Die sonst gar nicht so christliche TAZ titelte am 27. April 2002 über das solare benediktinische Energiekonzept: »Abtei am himmlischen Kabel«. Die Benediktiner in Münsterschwarzach bieten jetzt dem Heiligen Geist oder der Heiligen Geistin Landeflächen. Praktizierte Religion. »Bewahrung der Schöpfung« ist – zumindest hier – kein frommer, unverbindlicher Spruch. Aus dem alttestamentlichen »Macht euch die Erde untertan« wurde im Geist des ökologischen Jesus: »Macht euch *der* Erde untertan.«

Jede Solaranlage auf einer Kirche, einem Rathaus, einer Schule oder Stadthalle ist solare Pädagogik – ein Hinweis für alle, dass wir unser Energieverbrauchsverhalten sinnvoll ändern können.

Kann Öko auch schön sein?

Schönheit und Vernunft, Ästhetik und Ökologie sind keine Gegensätze. Rolf Disch ist ein Vertreter der neuen Eleganz des ökologischen Bauens.

Der Freiburger Solarpapst ist kein Ökoromantiker, sondern ein erfolgreicher Unternehmer. Er ist nicht trotz, sondern wegen seines Umweltengagements erfolgreich. Die Zeitschrift »Capital« verlieh ihm den Titel »Ökomanager des Jahres«. Solararchitektur und Solaranlagen müssen endlich raus aus der Müsli-Ecke. Die Branche muss sich auf modernes Marketing besinnen. Sie hat schließlich ein Edelprodukt anzubieten, gegenüber der alten Drecksenergie.

Ein Arzt erzählte bei einem Vortrag folgende Erfahrung: Er installierte vor einigen Jahren die erste Solaranlage in seiner Dorfstraße – gut sichtbar für alle. Patienten, Nachbarn und Freunde wollten schließlich wissen, wie's geht und was es bringt. Er argumentierte so: Ich verdiene durch gute Arbeit gutes Geld – also kann ich mir auch sauberen Strom leisten! Heute haben alle Anwohner seiner Straße ein oder zwei Solaranlagen auf dem Dach.

Erst wenn Solaranlagen auf dem Dach schicker werden als der Mercedes in der Garage, sind wir auf dem richtigen Weg zur himmlischen Energiegewinnung. »Einfach geil«, würden vielleicht junge Leute sagen.

Dostojewski wusste es: »Die Welt wird durch Schönheit gerettet.« Das Schöne ist immer ein Abbild Gottes – so wie das Licht der Sonne auch. Thomas von Aquin hat das Ästhetische direkt mit dem Göttlichen verbunden. Er identifizierte Gott mit drei Eigenschaften: *pulchrum, unum, verum* – das Schöne, das Eine, das Wahre. »Gott ist schön« und »Religionen haben ihre Ästhetik«, meint auch der Islamwissenschaftler Navid Kermani.

Die Stromrebellen von Schönau

Seit dem Jahr 1999 kann in Deutschland jede und jeder, die es wirklich wollen, innerhalb von wenigen Minuten seinen persönlichen Atomausstieg organisieren. Er muss seinem Energieversorger lediglich mitteilen, dass er ab sofort nur noch ökologisch erzeugten Strom beziehen möchte. Der Mehrpreis beträgt im Monat etwa drei Euro pro Person.

Man kann seinen Ökostrom auch bei Greenpeace, Naturstrom, Lichtblick, bei den Schönauer Stromrebellen oder anderen alternativen Stromlieferanten bestellen. Über die Schönauer Stromrebellen habe ich vor 14 Jahren erstmals in der ARD berichtet.

Die Gemeinde Schönau im Südschwarzwald hat 2600 Einwohner. Die kleine Stadt rüttelte an einem großen Monopol. Und das kam so:

Ursula und Michael Sladek haben fünf Kinder. Sie waren nach dem Atomunfall von Tschernobyl entsetzt über die Vertuschungs- und Weiter-so-Politik. Deshalb gründete das Ehepaar die »Bürgerinitiative für atomfreie Zukunft«. Sie organisierten zunächst Stromsparwettbewerbe, spürten aber bald, dass Energiesparen allein für einen Atomausstieg nicht reicht.

»Die Energiewende in Schönau schaffen wir nur, wenn wir das öffentliche Netz des Energiebetreibers kaufen und unseren Strom selbst produzieren«, sagten sie mir 1991 in »Report«. Ihr Ziel: »Das Stromnetz in die Hand der Bürger!« erreichten sie schließlich über zwei Volksentscheide im überwiegend konservativ orientierten Schwarzwaldstädtchen. Der alte Energieversorger wehrte sich mit viel Geld und noch mehr Flugblättern und mit Schreckensszenarien (»Die Lichter gehen aus« und »Die Wirtschaft wandert ab«) gegen den Netzkauf der Bürger. Es war ein Kampf wie David gegen Goliath.

David gewinnt gegen Goliath

Aber ganz Schönau war in den 90er Jahren eine einzige Volkshochschule für erneuerbare Energien, Blockheizkraftwerk-Technik und Energieeffizienz geworden. Die alten Energieversorger konnten den Bürgerinnen und Bürgern kein X mehr für ein U vormachen. David siegte bei der entscheidenden Volksabstimmung mit 52:48. Die Menschen in Schönau waren aufgeklärt. Informationen über die alternativen Möglichkeiten sind die wichtigste Voraussetzung für die komplette solare Energiewende. Darin wird deutlich, dass jede und jeder daran mitwirken kann.

Ich habe die einzelnen Schritte der Schönauer zu ihrer Befreiung aus der Gefangenschaft der alten Energiewirtschaft publizistisch in Fernsehsendungen, Büchern und Vorträgen begleitet. Über die »Argumente« der alten Kraftwerksbetreiber wurde zunehmend gelacht. Die Schönauer hatten gelernt, dass Geld die Welt regiert und sonst gar nichts. Vor der Geldmacht hatten sie aber keinen Respekt mehr. Stärker als Geld sind Menschen, die aufgewacht sind. Am 1. Juli 1997 konnten sie als Elektrizitätswerk Schönau (EWS) das Stromnetz übernehmen. Das war einmalig und erstmalig in Deutschland. »Die Schönauer werden schon sehen, was sie davon haben«, kommentierte damals der alte Energieversorger. Das kann man heute in der Tat sehen: Schönau ist atomstromfrei.

Die Schönauer hatten erkannt, dass die Energie der Schlüssel einer nachhaltigen Politik ist und die Voraussetzung für ökologisches Wirtschaften. Schönauer Strom soll bald ausschließlich aus Sonnen-, Wind- und Wasserkraft, Biogas und effizienten Blockheizkraftwerken gewonnen werden. Schönauer Strom wird aber auch deutschlandweit verkauft. Bis 2002 haben mehr als 13 000 Kunden bei den EWS* über 7,7 Millionen Kilowattstunden Ökostrom gekauft. Die EWS hat in über 280 Orten 150 Photovoltaikanlagen realisiert, mehrere Wasserkraftwerke gebaut sowie zwei Windkrafträder, 17 Biogasanlagen und 130 Blockheizkraftwerke installiert. Das sind über 300 Anti-Atomkraftwerke.

Blockheizkraftwerke sind Energietechnologien, die nicht mehr wie die alten Anlagen Strom *oder* Wärme erzeugen, sondern mit derselben Energiemenge Strom *und* Wärme. 40 Prozent des deutschen Stromverbrauchs könnten mit dieser umweltfreundlichen Technologie wie »nebenbei« miterzeugt werden – ohne Klimabelastung und zu geringen Mehrkosten.

Stromwechsel ist auch Geldwechsel

Der überzeugte Christ Michael Sladek sagt: »Schöpfung bewahren darf kein Lippenbekenntnis bleiben. Dafür muss man was tun. Christentum ist eine Sache der Tat.« Und Ursula Sladek er-

* Elektrizitätswerke Schönau GmbH, 79675 Schönau

gänzt: »Unsere Kinder sollen eine Welt vorfinden, in der sie wieder Kinder haben können.« Die beiden Sladeks beweisen, wie schöpferische Liebesarbeit konkret, praktisch und fruchtbar aussehen kann.

Schönau kann überall sein. Die solare Energiewende kann rasch kommen, wenn viele Menschen sie wirklich, *wirklich* wollen. »Der Stromwechsel ist auch ein Geldwechsel«, sagt Ursula Sladek. »Der Stromwechsel ist eine wirkungsvolle Möglichkeit des Stromkunden auf die Energiepolitik aktiv Einfluss zu nehmen. Die zentrale Frage hierbei ist, wem gebe ich mein Geld und welche Energiepolitik will ich damit unterstützen.« Über die Sprache des Geldes können wir unsere Wünsche am besten deutlich machen – auch gegenüber der Energiewirtschaft.

In Schönau ist Solarenergie die Energie des Volkes und die Energie des Friedens mit der Natur. In Schönau gibt es jetzt auch eine große Solarstromanlage auf dem Kirchendach, Schönauer Schöpfungsfenster genannt. Dank einer Initiative der Deutschen Bundesstiftung Umwelt in Osnabrück haben inzwischen über 300 Kirchengemeinden in Deutschland Solarstromanlagen – endlich bekommt der Heilige Geist Landeflächen auf unseren Kirchen!

Wenn ich solche Solaraktivitäten auch von Kirchen für wichtig halte, dann meine ich damit nicht, dass alle Umweltschützer fromme Christen werden müssten, aber es wäre sicher hilfreich, wenn alle Christen Umweltschützer würden – ganz im Sinne des ökologischen Jesus. Zahllose Familien, Schulen, Kirchen, Behörden und Betriebe in ganz Deutschland beziehen heute Ökostrom aus dem kleinen Schwarzwaldort Schönau. Je mehr es werden, desto stärker der Druck für immer mehr umweltfreundliche Stromerzeugungsanlagen.

Von der Schokolade zur Sonne

Im Mai 2002 habe ich wiederum erleben dürfen, wie ein weiteres mittelständisches Unternehmen in Deutschland unsere solare Zukunft organisiert. In Lauenförde im Weserbergland war ich eingeladen, eine Festrede zu halten. Der Anlass: Die Glasfirma Interpane hatte das fünfjährige Bestehen ihrer Solarabteilung »Interpane Solar« gefeiert. Der Erfolg kann sich sehen lassen.

Fünf Jahre lang wurde ein Wachstum von jeweils etwa 100 Prozent erreicht. Nach dem ersten Jahr wurden 45 000 Quadratmeter Beschichtung für Sonnenkollektoren produziert, nach fünf Jahren 440 000 Quadratmeter. Die Sonnenkollektoren gehen nach China und Indien, nach Israel und in die Türkei, nach USA und Kanada und nach ganz Europa. Jetzt wurde eine neue Produktionsanlage eingeweiht, die pro Jahr eine Million Quadratmeter Beschichtung für solare Flachkollektoren produziert. Die Anlage kann so erweitert werden, dass sie auch sehr rasch zwei Millionen Quadratmeter Solarbeschichtung im Jahr produzieren kann. Der gesamte Produktionsbetrieb läuft ab, ohne dass Treibhausgase entstehen – eine Nullemissionsfabrik. Hier wird also das Basismaterial für Sonnenkollektoren produziert, die inzwischen weltweit eingesetzt werden.

Von High-Tech-Produktionsstätten wie in Lauenförde geht ein Segen für alles Leben aus. Hier wird Solartechnik für eine gute Zukunft produziert, hier entstehen die Arbeitsplätze von morgen.

Von Atomfabriken gehen Gefahren für alles Leben aus, Ölraffinerien und Kohlegruben zerstören das Weltklima, aber Solarfabriken schützen das Leben. Von der Stiftung Warentest wurden die Solarprodukte der Firma Interpane mit dem Prädikat »sehr gut« ausgezeichnet. Interpane oder auch das badische mittelständische Unternehmen »Paradigma«, ein Ableger der Schokoladenfabrik Ritter-Sport, sind wesentlich daran beteiligt, dass im Jahr 2002 in China acht Millionen Quadratmeter Sonnenkollektoren installiert werden. Schon 2001 wurden fünfeinhalb Millionen Quadratmeter auf Chinas Dächern befestigt – in einem Jahr weit mehr als in Deutschland in den letzten zehn Jahren zusammen. Auch bei der Reduktion von Treibhausgasen rangiert China vor Deutschland. Hauptsächlich durch Energieeffizienz und durch Energiesparmaßnahmen sind seit 1995 im Reich der Mitte 17 Prozent CO_2-Abgase bei 30 Prozent Wirtschaftswachstum eingespart worden. China will 2008 die Olympischen Spiele komplett mit erneuerbaren Energien durchführen.

Wie kam der Paradigma-Chef Alfred Ritter von der Schokolade zur Sonne? »Durch Tschernobyl«, erzählt er, »90 Prozent unserer Haselnüsse kamen damals aus der Türkei, aber durch die Atomkatastrophe waren die Haselnüsse verstrahlt. Sie waren unbrauchbar geworden. Da wurde mir klar, dass dieses Energiesystem keine Zukunft hat. Und als Unternehmer wollte ich etwas unternehmen und bin in erneuerbare Energien eingestiegen.«

Heute sind bei Paradigma 180 Mitarbeiter für die Produktion von Sonnenkollektoren und Pelletsheizungen beschäftigt. Mit dem größten chinesischen Glasröhrenproduzenten Linuo hat der Mittelständler Alfred Ritter soeben ein Joint Venture gegründet. Ziel des deutsch-chinesischen Unternehmens ist langfristig die Marktführerschaft in China und ganz Asien. In China werden zurzeit zwei Drittel der gesamten Weltproduktion an Sonnenkollektoren installiert. Im staatlichen chinesischen Fernsehen laufen täglich Werbespots für Sonnenkollektoren. »Davon können wir in Deutschland nur träumen«, meint Alfred Ritter, »das Hauptproblem für erneuerbare Energien in Deutschland und Europa ist die mangelnde Information.«

Sonnenstrom als Volkssport

Im bayerischen Landkreis Traunstein ist der Run auf Sonnenstrom bereits zum Volkssport geworden, berichtet das »Traunsteiner Tagblatt«. Die Initiative »Solarstrom vom Watzmann bis zum Wendelstein« hat in zwei Jahren 600 neue Solardächer im Chiemgau installiert. Sie erzeugen bereits eine Leistung von 3,4 Megawatt. Mit dem Argument: »Die Energie, welche die Sonne in 14 Tagen zur Erde schickt, entspricht allen bekannten Öl-, Gas- und Kohlevorkommen der Welt«, wirbt die Initiative für den Einstieg ins Solarzeitalter.

Ein Renner sind die Bürgerkraftwerke: Bürger kaufen Anteile an einer Anlage, die dann auf einem öffentlichen Gebäude errichtet wird. 21 Gemeinschaftsanlagen sind entstanden. Peter Rubeck, Sprecher der Traunsteiner Initiative: »So können sich auch Bürger ohne eigenes Dach am Solarboom beteiligen. In ganz Deutschland gibt es keine Region mit so viel Gemeinschaftsanlagen.«

Im Nachbarlandkreis Ebersberg durfte ich vor sieben Jahren den »Ebersberger Solarweg« eröffnen. Landrat, Installationsinnung, Umweltverbände, heimische Mittelstandsbanken und die Kirchen haben damals ein Tausend-Solardächer-Programm für Sonnenkollektoren initiiert. Es ist inzwischen erfolgreich durchgeführt. Weil der Erfolg die Initiatoren beflügelte, haben sie mich jetzt wieder eingeladen: soeben wurde das Tausend-Photovoltaik-Dächer-Programm gestartet. Sonnenwärme *und* Sonnenstrom als Volkssport!

Ähnliche Sonnenwege wie Traunstein und Ebersberg gehen die Landkreise Freising, Landshut, Erding und Fürstenfeldbruck. In den genannten bayerischen Landkreisen gibt es überwiegend konservative Mehrheiten und CSU-Landräte. Sie organisieren quer zu den Partei- und Fraktionsgrenzen neue Koalitionen für eine zukunftsfähige Sonnenpolitik. Die Grünen sind zwar überall dabei. Aber auch bei den alten Parteien gibt es Kommunal- und Regionalpolitiker, die sich dem herrschenden Kohle- oder Atomtrend ihrer Parteioberen mutig entgegenstellen. Pro oder kontra Sonnenpolitik zahlt sich bereits bei Bürgermeisterwahlen in Niederbayern in den Stimmen aus. Eine Lokalzeitung in Landshut berichtet, dass in der Gemeinde Fürth »der Solarfreak Dieter Rubeck ohne Gegenkandidat zum Bürgermeister wiedergewählt worden« ist. In Geisenhausen dagegen habe »der Widerstand des amtierenden Bürgermeisters gegen eine Solarheizung für das Schwimmbad mit dazu beigetragen, dass er sein Amt verlor«.

In Zeiten hoher Arbeitslosigkeit überrascht es nicht, dass Wählerinnen und Wähler Kommunalpolitikern ihre Sonnenpolitik positiv anrechnen: Sonnenenergie schützt nicht nur Klima und Umwelt, sie schafft auch Arbeitsplätze für den heimischen Mittelstand, zum Beispiel bei Installateuren, Elektrikern und in der gesamten Baubranche.

Viele tausend Solarinitiativen und kommunale Agenda-21-Gruppen haben inzwischen in Skandinavien und England, in Österreich und in der Schweiz, in Spanien und in Griechenland, in Deutschland und Holland den erneuerbaren Energien einen kräftigen Anschub gegeben, sodass wir innerhalb der EU heute etwa sechs Prozent der Energie aus erneuerbaren Energiequellen beziehen. In ganz Europa ist zu beobachten, dass die solare Energiewende dort am weitesten gediehen ist, wo sie von privaten Gruppen und Personen – oft gegen die herrschende Politik – initiiert wurde.

Solaranlagen sind im Allgemeinen fest an einem Dach oder an einer senkrechten Hauswand befestigt – aber die Sonne wandert. Dadurch geht wertvolle Energie verloren. Ein schwäbischer Tüftler hat mir voller Stolz seinen »Solarpark« gezeigt: 20 Solarstromanlagen, die wie die Sonnenblume mit der Sonne wandern und dadurch bis zu 42 Prozent mehr Solarernte gewinnen. Arthur Deger aus Horb erhielt für seine Erfindung 2001 den Erfinderpreis des Landes Baden-Württemberg. Seine der Sonne nachgeführten Solarzellen werden von einem Sensor gelenkt, der etwa zwei Quadratzentimeter groß ist und die Stellung der Sonne erkennt.

Bei einer normalen, aber stationären Solarzelle, im Idealfall nach Süden, Südosten oder Südwesten ausgerichtet, beginnt die Stromproduktion früh morgens bescheiden, steigt bis mittags und fällt nachmittags wieder stark ab. Dadurch wird viel Energie verschenkt. Wenn sich aber durch das Deger-Solarsystem die Anlage ständig nach dem hellsten Punkt ausrichtet, erzeugt sie die maximale Strommenge. Auch an einem stark bewölkten Tag richtet der Sensor die Anlage in die Richtung des höchsten Lichteinfalls.* Die ersten Anlagen drehen sich nicht nur in Deutschland, Spanien, Frankreich, Italien und Portugal, sondern auch in Thailand und Südkorea – auf Garagendächern, in Gärten und über Müllhalden.

Dass es in Deutschland seit dem Jahr 2000 möglich ist, alle erneuerbaren Energiequellen wirtschaftlich zu nutzen, ist hauptsächlich der Verdienst der drei Bundestagsabgeordneten Hermann Scheer (SPD), Michaele Hustedt (Grüne) und Hans-Josef Fell (Grüne). Sie sind die politischen Pioniere einer energetischen Sonnenstrategie. Sie haben dafür gesorgt, dass der Bundestag das Erneuerbare-Energien-Gesetz verabschiedet hat. Im Bundesrat haben auch zwei CDU-geführte Landesregierungen (Thüringen und Baden-Württemberg) zugestimmt.

2004 hat der Bundestag die Einspeisevergütung für Erneuerbare Energien nochmals verbessert. Damit werden alle Erneuerbaren Energiequellen in den nächsten Jahren einen Boom erle-

* Infos bei Deger-Energie, Hochbergstr. 60, 72160 Horb-Dießen und *www.deger-energie.de*

ben. Mehrere Solarfirmenchefs berichteten mir, dass sie in den ersten Wochen des Jahres 2004 mehr Solaranlagen verkauften als im gesamten Jahr 2003. Dabei hatte es 2003 gegenüber 2002 bereits ein starkes Wachstum in der Solarbranche gegeben.

Werden Shell und BP Solarkonzerne?

Der Durst nach Öl hat die Welt verändert. Die Importabhängigkeit der USA vom Öl ist seit 1970 von 30 auf 60 Prozent gestiegen, Tendenz weiter steigend. EU-Szenarien gehen – wie wir gesehen haben – immerhin davon aus, dass wir bis 2050 alle Energie aus erneuerbaren Quellen gewinnen können. Die energiepolitische Orientierung der USA sieht freilich anders aus. Die energiehungrigste Nation der Welt spekuliert auf die letzten Öl- und Gasreserven am Kaspischen Meer und in Zentralasien und auf die im Nahen Osten ohnehin. Die USA sind bereit, um Gas und Öl Kriege zu führen. Von der Ablehnung des Kioto-Protokolls zum Schutz des Weltklimas bis zu Ölbohrungen in US-Naturschutzgebieten und den Verhandlungen mit der Taliban-Regierung über Pipelines: Die Politik der heutigen US-Regierung unter George W. Bush ist glasklar: Weiter so. There is no alternative. Die Interessen der alten amerikanischen Energiewirtschaft sind heilig.

Gibt es in dieser Situation gar keine Hoffnung mehr auf Klimaschutz und Frieden? In der Krise, heißt es, liegt die Chance. Die Ölkonzerne BP und Shell haben beschlossen, Solarkonzerne zu werden. Ist das ernst gemeint oder ein PR-Gag? Kann ein Elefant das Fliegen lernen?

Auf der Basis des folgenden Energieszenarios bis zum Jahr 2060 habe ich vier Fernsehsendungen produziert. Danach sollen in etwa 50 bis 60 Jahren 65 Prozent des gesamten Weltener-

Shell-Energieszenario bis 2060

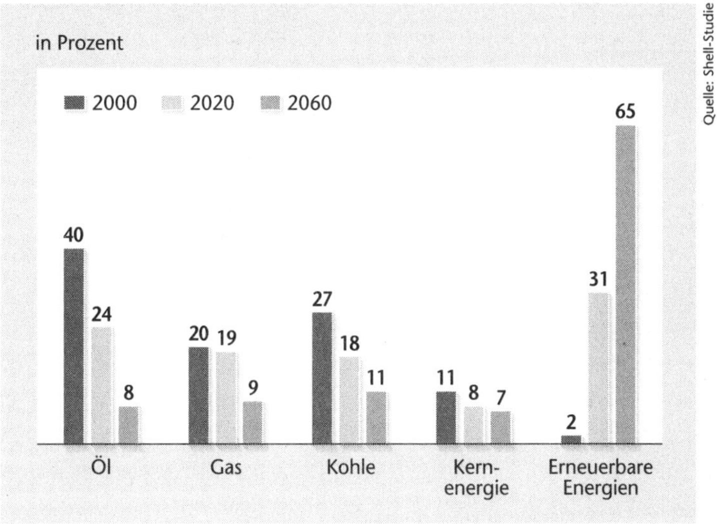

gieverbrauchs aus erneuerbaren Energiequellen gewonnen werden. Shell goes solar.

Die linken Säulen zeigen jeweils weltweit den heutigen Energieverbrauch für Öl, Gas, Kohle, Kernenergie und erneuerbare Energien. Wir sehen: viel Öl, Gas, Kohle und Atomkraft, aber nur zwei Prozent regenerative Energien. Die mittleren Säulen zeigen den möglichen Energieverbrauch im Jahr 2020. Auffällig ist, dass ausgerechnet nach der Vorstellung des Ölmultis Shell alle konventionellen Energieträger schon in den nächsten 15 bis 20 Jahren prozentual stark zurückgehen, aber die erneuerbaren Energien sich um den Faktor 15,5 steigern können. Geradezu sensationell ist dieser Shell-Blick auf das Jahr 2060, auf die rechten Säulen: Alle alten Energieträger gehen nochmals dramatisch zurück, aber erneuerbare Energiequellen liefern dann zwei Drittel des gesamten Weltenergieverbrauchs.

BP hat ähnlich ehrgeizige Pläne zugunsten der Erneuerbaren und ist heute Weltmarktführer bei der Produktion von Solarzellen. Der frühere Shell-Vorstand Fritz Vahrenholt sagte mir in einer Live-Sendung: »Shell wird ein Sonnenkonzern. Wir haben gar keine andere Wahl. Uns geht der alte Stoff aus. Aber wir wollen auch morgen noch Menschen beschäftigen und Geld verdienen.« BP-Chef John Brown sagt auf die Frage, was BP (British Petroleum) morgen bedeute, wenn es kein Öl mehr gibt: »Das wissen wir heute schon: BP wird für ›Beyond Petroleum‹ stehen.« Nachöl-Zeit!

BP-Chef Brown wurde hauptsächlich wegen seines Umweltengagements und seiner ökonomischen Weitsicht 2001 in England zum Top-Manager des Jahres gewählt. Überraschender noch aber war, dass sein Ölkonzern die Liste der Unternehmen anführt, die verantwortungsvoll mit Umweltressourcen umgehen. Royal Dutch/Shell steht auf Platz zwei.

Beide Konzerne haben sich freiwillig zur Reduktion der eigenen Treibhausemissionen im Sinne des Kioto-Protokolls verpflichtet. Beide Konzerne haben in den USA spektakulär eine Koalition von großen Energieunternehmen verlassen, die Präsident Bush in seiner Anti-Kioto-Haltung unterstützen.

Selbstverständlich haben beide Konzerne diesen Schritt nicht aus reiner Natur- und Menschenliebe unternommen. Sie wollten auch ihr Image verbessern. Diese Rechnung ging komplett auf. Die beiden europäischen Ölgiganten, die, wie wir gesehen haben, durch ihre bisherige weltweite Geschäftspolitik durchaus zu den Umweltsündern gehören, stehen in England so hoch im Kurs, dass sie bei Umfragen über verantwortlichen Klimaschutz sogar vor Greenpeace rangieren – was sicher nicht angemessen ist.

Nichtregierungsorganisationen weisen kritisch darauf hin, dass BP noch kein ähnlich konkretes Ausstiegsszenario aus den fossilen Energieträgern vorgelegt habe wie Shell. Für seine Investition in das Unternehmen PetroChina wird BP heftig kritisiert, weil dadurch Chinas Macht über Tibet gestärkt wird. Aber dennoch führt der BP-Boss permanent Dialoge mit Umweltverbänden. Er spricht von »Beziehungen zu beiderseitigem Vorteil«.

John Brown hat für BP drei Umweltziele formuliert:

- Bis 2010 mindestens 10 Prozent weniger Treibhausgase im eigenen Betrieb.
- BP Solar soll bis 2007 ein Umsatzvolumen von einer Milliarde Dollar erzielen.
- BP will die Forschung und Entwicklung von Brennstoffzellen für Wasserstoffautos forcieren.

Schon 2003 will BP in Zusammenarbeit mit DaimlerChrysler in sieben europäischen Städten Busse mit Wasserstoff fahren lassen.

Die Sonnenwende in der Energiewirtschaft

Tatsache ist, dass die Anstrengungen einiger Ölkonzerne wie BP und Shell für eine Energiewende noch bescheiden sind. Aber es gibt sie. Während Esso, Aral, Texaco und andere Konzerne noch total schlafen, haben BP-Solar und Shell-Solar wenigstens einige hundert Arbeitsplätze im Bereich erneuerbare Energien geschaffen. Allerdings beschäftigen die Mutterkonzerne je um die 100 000 Mitarbeiter. Es gibt ganz einfach noch zu viel Öl und zu wenig Skrupel, es weiter zu verschwenden. Shell hat immerhin im Jahr 1999 in Gelsenkirchen die modernste Solarzellenfabrik der Welt gebaut – sie wurde schon 2002 auf das Doppelte erweitert. Außerdem plant der Konzern, in das Geschäft von Offshore-Windparks im Meer einzusteigen – ebenso in Energieanlagen aus Biomasse in großem Stil.

Shell bewirtschaftet bereits 200 000 Hektar Wald – das entspricht fast der Fläche Luxemburgs. Bis 2005 sollen es 800 000 Hektar sein, sagt Shell-Forestry. Die Plantagen, aus denen Bioenergie gewonnen wird, befinden sich in Neuseeland, Argentinien, Chile, Paraguay, Uruguay und im Kongo.

RWE plant seine erste Solarzellenfabrik. Und drei Solarfabriken in Deutschland gingen 2002 als Aktiengesellschaften an die Börse. Die Branche boomt und wächst – nicht nur in Deutschland. Oft werde ich gefragt, warum Ölkonzerne jetzt beginnen, die Sonne anzuzapfen. Diese Frage ist einfach zu beantworten: Weil sie gewinnen und nicht verlieren wollen.

Das beglückende Jesus-Wort von der Sonne, die der himmlische Vater für *alle* scheinen lässt, war vor knapp 2000 Jahren ein großer Zeitsprung ins 21. Jahrhundert. Übertragen auf unsere Zeit heißt das: Legt eure Atomkraftwerke still, baut eure Ölraffinerien ab, schließt eure Kohlegruben, vergesst Garzweiler II und den geplanten Braunkohleabbau im brandenburgischen Dorf Horno. All das braucht ihr nicht. Vertraut vielmehr der Sonne, dem Wind, der Wasserkraft, der Erdwärme, dem solaren Wasserstoff und der Sonnenenergie in Bäumen und schnell nachwachsenden Rohstoffen.

Ökologisches Wirtschaften, solares Bauen und energiesparendes Sanieren unserer Altbauten ist kein modischer Schnickschnack, sondern eine Herausforderung an unseren Überlebenswillen. Ökologisches Bauen heißt in erster Linie gar nicht bauen, sondern energetisch renovieren und restaurieren, denn 95 Prozent unserer Gebäude sind Altbauten. Solararchitektur und energetisches Nachrüsten sind Bestandteil unserer künftigen regenerativen Energiewirtschaft. Diese Sonnenpolitik bedeutet eine in der Geschichte noch nie da gewesene Kraftanstrengung, weil wir der größten Bedrohung gegenüberstehen: dem Krieg um die letzten Ressourcen, dessen Vorspiel wir soeben erleben, *und* der globalen Erderwärmung.

Solare Großkraftwerke

Solarier haben weltweit noch immer das Image von harmlosen Tüftlern. Das könnte sich rasch ändern, wenn im Norden von Australiens Bundesstaat Victoria 2005 mit dem Bau des höchsten Gebäudes der Menschheitsgeschichte begonnen wird. Ein Turm, so hoch wie drei Eiffeltürme, soll Sonnenwärme erst in Wind und dann in Strom verwandeln. Das erste kommerzielle Aufwindkraftwerk der Welt kann sauberen, grünen Strom für 200 000 Menschen erzeugen und Australiens Klimaschutzbilanz verbessern. »Heißer Sturm im Riesenrohr«, titelte der »Spiegel«.

Die Idee für das Riesenwindrohr ist nicht neu. Schon vor zwanzig Jahren haben wir die Idee des Stuttgarter Ingenieurs Jörg Schlaich in der ARD vorgestellt. Heiße Luft, durch den Temperaturunterschied zwischen Turmspitze und Boden nach oben gejagt, soll in Australien 32 Turbinen mit einer Leistung von 200 Megawatt antreiben. Eine kleinere Forschungsanlage von Jörg Schlaich lief schon in den 80er Jahren in Südspanien zuverlässig.

Der Bau in Victoria wird riesig, die Technik ist einfach. Mit Windstärke 7 (55 Stundenkilometer) rast der Wind nach oben und treibt wie in Wasserkraftwerken die Turbinen an. Dieses Aufwindkraftwerk kann gegenüber einem Kohlekraftwerk jährlich 900 000 Tonnen Treibhausgase einsparen. Jörg Schlaich prognostiziert für sein solares Großkraftwerk »kaum Wartungsarbeit und wenig Personalkosten«. Der Gigant soll sich in 15 Jahren rechnen, aber 80 Jahre laufen – ökologisch und ökonomisch also eine Goldgrube.

Weitere Aufwindkraftwerke in Australien sind geplant, auch in Indien und Nordafrika. Schlaich träumt davon, Millionenstädte wie Kairo, Algier und Tunis mit Solarstrom aus seinen Riesenrohren versorgen zu können. 30 Jahre hat er für seine Vision gearbeitet. Jetzt nimmt das Solarmillennium Gestalt an.

Weniger in dicht besiedelten Industriestaaten wie Deutschland, Japan oder Frankreich, aber am Rand der Millionenstädte in Dritte-Welt-Ländern werden solare Großkraftwerke in den Dimensionen eines Fußballstadions mit einem Turm von 1000 Metern Höhe realisiert werden können. Hier gibt es Sonne satt und genügend Arbeitskräfte.

Reales ökonomisches Wachstum ist nur möglich, wenn die Güterproduktion mit solaren Stoffquellen, also erneuerbarer Energie oder neuer Materie erfolgt. Das alte wirtschaftliche »Wachstum« mit fossilen Rohstoffen ist in Wirklichkeit gar kein Wachstum. Denn die Produktvermehrung wird durch Ressourcenvernichtung erkauft.

Ohne Naturökonomie werden wir sicher nicht überleben können. Naturökonomie aber, also wirtschaften im Einklang mit der Natur, setzt eine dauerhafte, sich immer wieder erneuernde Ressourcen- und Energiebasis voraus.

Nachhaltiges Wirtschaften heißt Wirtschaften im Kreislauf der Natur. Das ist nur möglich mit erneuerbaren Energien. Erneuerbare Energien bilden die Voraussetzung für das, was ich in meinem Buch *Das Ökologische Wirtschaftswunder – Arbeit und Wohlstand für alle* genannt habe.

Das ökologische Wirtschaftswunder

So wie die Generation vor uns in Deutschland das klassische Wirtschaftswunder organisierte, haben wir heute die Chance, ein ökologisches Wirtschaftswunder zu schaffen. Dazu gehören:

- die solare Energiewende;
- die ökologische Verkehrswende;
- die biologische Landbauwende;

- eine nachhaltige Waldwirtschaft;
- eine ökologische Wasserwende;
- eine ökologische Steuerreform;
- ökologisches Bauen und Sanieren und
- eine nachhaltige Produktionsweise mit biologischen Rohstoffen.

Beim Bauen, bei der Mobilität und bei der Lebensmittelproduktion erweist sich bei jedem von uns, wie ernst diese Wendeszenarien gemeint sind. Ökologisches Bauen heißt baubiologische, soziale und raumplanerische Kriterien beachten wie:

- nach Süden bauen;
- erneuerbare Energien und biologische Baustoffe benutzen;
- mit möglichst viel heimischem Holz bauen;
- über Wärmedämmung das Gebäude richtig einpacken;
- Kraft-Wärme-Kopplung über ein Blockheizkraftwerk;
- Regenwassernutzung;
- Kompostieren des Abfalls;
- grüne Pflanzenarchitektur beachten;
- in Siedlungen soziale Schichten und Generationen mischen;
- Bürger beteiligen beim Planen und Bauen;
- Fußgänger- und fahrradfreundlich bauen; Anbindung an öffentliche Verkehrsmittel;
- Ruhe einplanen und Lärm reduzieren;
- die Wohnung einbinden in Natur- und Kulturlandschaft;
- Wohnen, Arbeiten, Versorgen und Erholen miteinander verbinden.

Neben der direkten Nutzung der Sonnenenergie in unseren Häusern und Geschäften werden wir künftig auf eine zweite große erneuerbare Energie setzen müssen: den Wind.

Wind statt Kohle und Atom

Wir stehen vor einem Weltkonflikt zwischen zur Neige gehenden atomar-fossilen Rohstoffen und einem weltweit wachsenden Bedarf an Energie. Diese – sehr wahrscheinlich militärischen – Auseinandersetzungen sind so unnötig und unnatürlich wie unmoralisch. Sie finden aber trotzdem statt und sie werden auch in Zukunft stattfinden, weil die Mythen und die Lügen der atomar-fossilen Energiewirtschaft noch immer weltweit wirken.

Ein mythologisch verbrämter Zustand scheint unveränderbar. Aber dass wir in Jahrzehnten verbrennen, was die Natur in Jahrmillionen angesammelt hat, ist absolut unnatürlich. Um diesen völlig unnatürlichen Zustand als ganz natürlich erscheinen zu lassen, müssen die offensichtlichen Alternativen, die es gibt, für »unnatürlich«, »zu teuer«, »technisch nicht ausgereift« und »utopisch« erklärt werden.

Bei der Windenergie wird dann oft noch das scheinökologische Argument »landschaftszerstörend« hinzugefügt. Der Mythos der alten Energiewirtschaft besagt erstens: Natürliches Wirtschaften ist unnatürlich, aber Naturausbeutung ist ganz natürlich. Zweitens: Alternativen gibt es leider nicht, und drittens: Machen wir also weiter so bis zum bitteren Ende. Vielleicht haben wir ja Glück.

Die globale Energiewirtschaft lebt noch von solchen Mythen. Sie erfindet technische und ökonomische Zwänge, um die Alternativen lächerlich zu machen. Der Zug der atomar-fossilen Energiewirtschaft rast zwar auf den Abgrund zu – alle wissen es –, aber die Reisenden sollen wenigstens fröhlich sein und dürfen unter keinen Umständen gestört werden. Gerade hat mir der baden-württembergische Ministerpräsident Erwin Teufel geschrieben, ich würde mit meinen Alternativen nur die Leute verrückt machen. Windräder, welche die Landschaft verschandeln, seien

Entwicklung der Windenergie in Deutschland 1988–2002

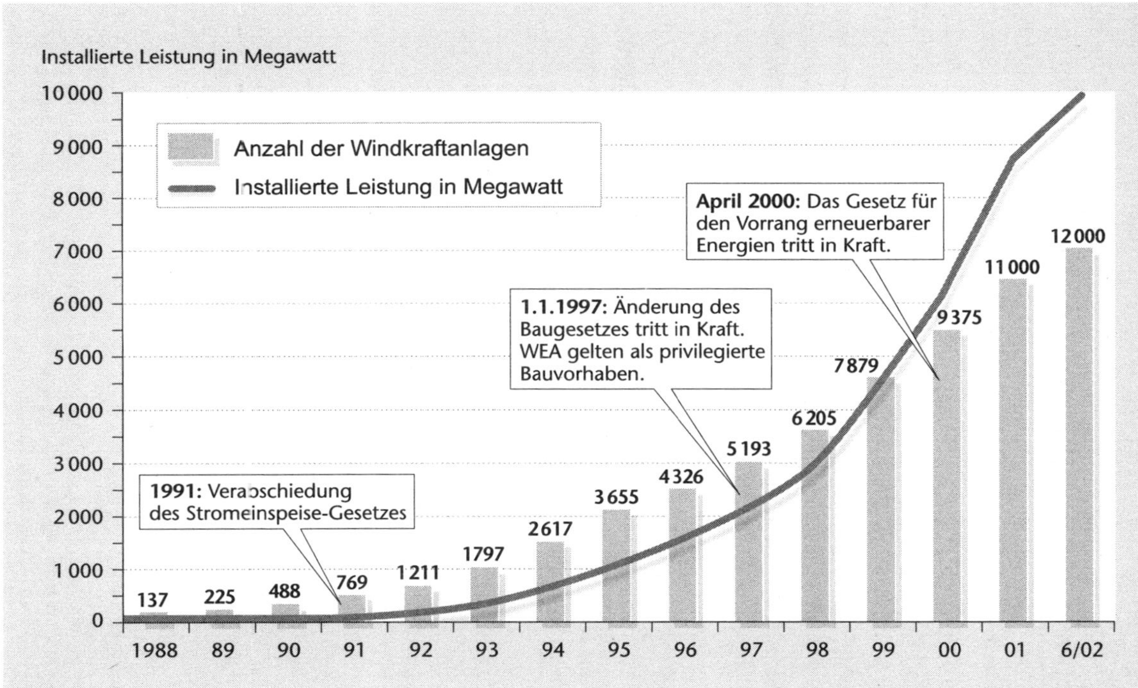

Quelle: Bundesverband WindEnergie e.V.

»gegenüber künftigen Generationen unverantwortlich«. Unsere Tochter Caren hatte nach der Lektüre dieses Briefes nur eine kurze Frage: »Meint der das wirklich ernst?«

Die Mythen der alten Energiewirtschaft

Schon vor hundert Jahren drehten sich an der Nordseeküste zwischen Holland und Dänemark etwa 100 000 alte Windmühlen. Ende des Jahres 2002 werden in Deutschland etwa 14 000 neue Windräder die Energie aus vier Atomkraftwerken ersetzen. Im Jahr 2020 können wir in Deutschland bereits 25 Prozent unseres Stromverbrauchs über leistungsstarke Windräder an Land und im Meer abdecken.

Unser »himmlischer Vater« lässt nicht nur seine Sonne für *alle* scheinen, er macht auch viel Wind. Von 1990 bis 2001 haben wir den Strom aus Windkraftanlagen in Deutschland um

Wachstum der Atomenergie in Deutschland

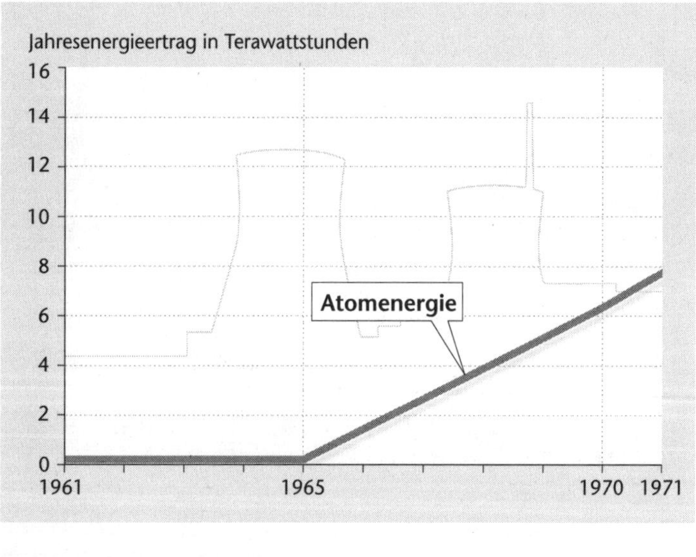

Quelle: Bundesverband WindEnergie e.V.

das 65fache gesteigert und dabei 40 000 neue Arbeitsplätze geschaffen. Diese Erfolgsgeschichte haben selbst die größten Windenergiefans für nicht möglich gehalten. In den ersten zehn Jahren ihrer Existenz ist die Atomkraft in Deutschland nur halb so rasch gewachsen wie 30 Jahre später die Windkraft innerhalb von zehn Jahren. In der über hundertjährigen Geschichte der deutschen Elektrizitätswirtschaft hat es eine ähnliche Erfolgsgeschichte noch nie gegeben. Die unterschiedliche Wachstumsdynamik zwischen der Atomenergie im ersten Jahrzehnt und der Windenergie im ersten Jahrzehnt wird in den beiden Grafiken auf dieser Doppelseite unten deutlich.

Ein Blick auf diese unterschiedlichen Wachstumsdynamiken kann uns aus unseren geistigen Gefängnissen befreien helfen, in denen uns die Mythen der alten Energiewirtschaft noch immer gefangen halten.

Wachstum der Windenergie in Deutschland

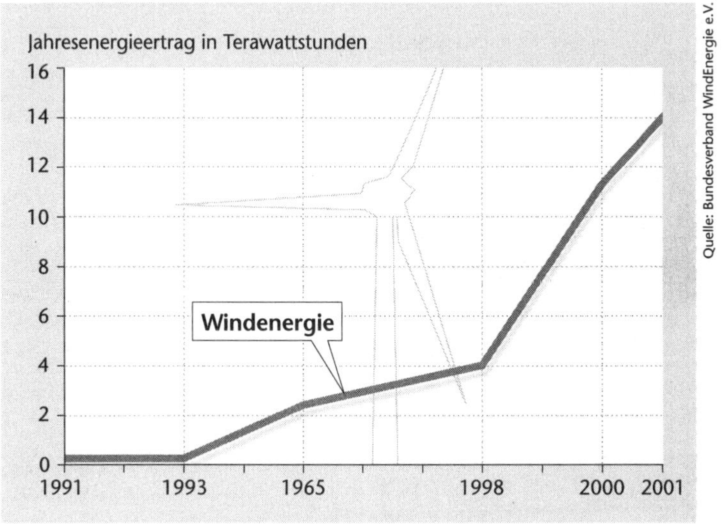

In den letzten zehn Jahren habe ich über 100 Windräder und Windparks mit eingeweiht. Ich weiß, was die angeblich so ineffiziente Windenergie zu leisten vermag. Auf der Ostseeinsel Fehmarn, dem »sechsten Kontinent«, wie die 12 000 Insulaner meinen, drehen sich heute 150 Windkrafträder. Eine Touristenattraktion, wie mir die Bürgermeister der Insel bestätigten und nicht – wie die ewigen deutschen Bedenkenträger immer wieder behaupten – eine Touristenschande.

Die Windkraftanlagen (WKAs) auf Fehmarn erzeugen dreimal so viel Strom, wie alle 12 000 Einwohner und die Feriengäste mit rund drei Millionen Übernachtungen im Jahr zusammen verbrauchen.

Windenergie kann nicht nur an der Ostsee- und Nordseeküste gewonnen werden, sondern auch in sämtlichen deutschen Mittelgebirgslagen. Ich durfte Windräder im Schwarzwald und auf der Schwäbischen Alb, im Hunsrück und in der Eifel, im Thüringer Wald und im Fichtelgebirge, in Küstenländern, aber auch in Sachsen-Anhalt und am Bodensee einweihen.

Trotz aller Mythen und Dogmen der alten Energiewirtschaft wird der Siegeszug der erneuerbaren Energiewirtschaft nicht aufzuhalten sein – so wie in der Natur das Leben immer wieder über den Tod siegt. 1996 konnte ich in der Gemeinde Holtgast in Ostfriesland den damals größten deutschen Windpark mit eröffnen. Die 41 Windräder erzeugen noch immer pro Jahr etwa 50 Millionen Kilowattstunden sauberen Strom – das deckt den Bedarf von 50 000 Menschen. Dieser Windpark erspart der Umwelt jährlich

- 55 700 Tonnen Kohlendioxid (CO_2)
- 355 Tonnen Schwefeldioxid
- 140 Tonnen Stickoxid
- 9 Tonnen Staub und
- 5 Tonnen Kohlenmonoxid

Die Ostwind-Gruppe realisierte diesen Windpark zusammen mit heimischen Landwirten. Ostwind-Geschäftsführer Ulrich Lenz, der inzwischen mehrere Windparks in Ostdeutschland errichtete und demnächst in Frankreich und Polen als Windmüller tätig wird, geht davon aus, dass seine Windräder etwa 25 Jahre laufen.

Windiger Protest

Über 600 deutsche Bürgerinitiativen machen inzwischen mobil gegen Windräder. Ihr ziemlich oberflächliches, aber sehr deutsches Motto: Hauptsache dagegen! Wer gegen Atomkraftwerke kämpft, kann aber sinnvollerweise nicht zugleich gegen Windräder sein. Denn irgendwo muss unser Strom ja herkommen. Diese Initiativen kämpfen den aussichtslosen Kampf der alten Energiewirtschaft. Sie gehören zu den Gefangenen der alten Mythen. Die wesentlichen Argumente, die gegen WKAs auf Flugblättern und in Versammlungen immer wieder vorgebracht werden, sind leicht widerlegbar:

- Windräder bringen angeblich zu wenig Strom – aber heute ersetzen sie bereits vier Atomkraftwerke. In etwa 25 Jahren können sie alle Atomkraftwerke ersetzen.
- Windräder sind angeblich zu laut – das war vor 15 Jahren noch halbwegs richtig, aber heute ist ein Windrad meist leiser als der Wind. 500 Meter Abstand zum nächsten Haus sind gesetzlich vorgeschrieben und sinnvoll.
- Windräder töten angeblich massenhaft Vögel. Eine wissenschaftliche Studie ergab zwar, dass zwei Dutzend Vögel pro Jahr durch Windräder in Deutschland zu Tode kommen, aber durch PKWs werden Millionen Vögel getötet. Wo ist der Ruf nach der Abschaffung der Autos?
- Windräder stören angeblich das Landschaftsbild. Es gibt Ende 2002 etwa 14 000 WKAs in Deutschland, aber 250 000

Hochspannungsmasten. Wo ist der Protest gegen Hochspannungsleitungen? Wie sexy sind Atomkraftwerke in der Landschaft? Wie landschaftsverträglich ist Garzweiler II?

Windkraftgegner messen mit zweierlei Maß. In Deutschland ist kein Argument zu billig, um nicht gegen erneuerbare Energieträger insgesamt und gegen Windkraft im Besonderen ins Feld geführt zu werden. Ein so genannter Landschaftsschutzverband organisiert den Protest gegen die Windkraft. Landschaftsschutzverband! Schon dieser Name ist grotesk! Wie wollen wir eigentlich unsere Landschaft schützen ohne besseren Klimaschutz? Eine solare Energiewende – und dazu gehört auch die Windkraft – ist Voraussetzung für Landschaftsschutz. Ohne Klimaschutz gibt es keinen Landschaftsschutz.

Wer die Landschaft wirklich schützen will, muss sie vor den Emissionen fossiler Kraftwerke, vor dem Braunkohleabbau und vor den Strahlenemissionen von Atomkraftwerken schützen. *Diese* Schäden haben gesundheitliche Auswirkungen auf Mensch, Tier und Pflanze – in übersäuerten Gewässern, im Waldsterben und in der Bodenerosion. Millionen von Allergiekranken sind die Folge.

Unberührte Naturlandschaft kann es erst wieder geben, wenn wir bei einer emissionsfreien Stromerzeugung angekommen sind. Und dazu gehört die Windkraft. Der Naturblick ohne Windräder, den die Gegner der Windenergie wünschen, ist zu eng und zukunftslos. Auch von einem Landschaftsverbrauch durch Windräder kann keine Rede sein. Unter Windrädern ist jede landwirtschaftliche Nutzung möglich.

Eine junge Frau sagte mir einmal nach einer Veranstaltung pro und kontra Windenergie: »Wenn ich ein Atomkraftwerk sehe, fühle ich mich bedroht. Windräder finde ich schön und ästhetisch.« Im Griechischen ist das Wort Wind – *to pneuma* –

identisch mit Geist. Die gegen Windkraft vorgetragenen Argumente sind allesamt geistlos. »Der Geist weht, wo er will«, sagt der ökologische Jesus. Die Geistkraft des Windes, dieses kosmische Geschenk von oben, wird sich auch in Zukunft gegen alle Argumente eines geistvergessenen Materialismus durchsetzen.

Die Geist- und Heilkraft des Windes ist in allen Kulturen bekannt. In Tibet und bei den Navajo-Indianern, in China und Indien gibt es eine besondere Verehrung für die feine Form eines in jedem Lebewesen zirkulierenden Windes. Diese Lebenskraft heißt in China *Chi,* in Indien *Prana,* bei den Navajo *Nillchi'i* und in Tibet *Lung.* Die zarte Windkraft ist überall auf der Welt die Grundlage des Lebens. Windenergie ist Lebensenergie. Die Zukunft gehört dem Wind und dem Geist. Wir werden lernen, ohne den Verbrauch von Materie Energie zu erzeugen: aus Licht und Wind und auch aus Wasserkraft. Es geht also um einen intelligenten Ausbau und Aufbau weiterer Windkraftanlagen und nicht um deren Beschränkung – es sei denn, wir argumentieren geistig beschränkt.

Wir Deutschen aber haben eine ganz besondere Eigenart: Wir sind Weltmeister im Verwalten der Gegenwart, aber Schlusslicht im Gestalten der Zukunft. Wir verwalten die Gegenwart so perfekt wie kaum eine andere Gesellschaft – auch unsere vier Millionen Arbeitslosen! Aber die Zukunft gestalten wir kaum. Es gibt in Deutschland über 1500 Institute, die sich mit der Vergangenheit beschäftigen, aber nur sechs Institute, welche die Bezeichnung Zukunftsinstitut verdienen, hat die Zeitschrift »Zukünfte« festgestellt. Deutschland ist vergangenheits- und gegenwartsversessen, aber zukunftsvergessen. Deshalb tun wir uns auch schwerer als andere mit der Windkraft. Das muss ja nicht so bleiben. Aber warum machen wir uns so unnötig das Leben schwer?

Nach etwa 20 Jahren Laufzeit können Windräder abgebaut und problemlos entsorgt werden. Das Material kann für die nächste Windradgeneration verwendet werden. Es gibt kein Müllproblem bei WKAs, wohl aber bei AKWs – entscheidend ist »nur« die Reihenfolge der Buchstaben: WKA oder AKW? Der Atommüll der etwa 450 weltweit laufenden AKWs strahlt über 100 000 Jahre, lebensgefährliche 100 000 Jahre – 50-mal so lang wie seit Christi Geburt. 100 000 Jahre lang belasten und bedrohen wir die uns folgenden Generationen, weil wir noch immer in den Mythen des alten atomar-fossilen Komplexes gefangen sind. Keine Energiequelle kommt uns so teuer wie die Atomenergie, aber die Atomgemeinde glaubt noch immer an das Märchen vom billigen Atomstrom. Müllprobleme kennt die Windstromerzeugung nicht. Wenn wir ein Windrad wieder abbauen, haben wir eine komplett grüne Wiese oder einen Acker. Die einzige Einnahmequelle unseres Planeten ist die Sonne. Aber die meisten Ökonomen rechnen noch nicht mit der Sonne und auch nicht mit dem kostenlosen Wind. Deshalb haben wir eine Dinosaurier-Ökonomie, welche alle Folgekosten des bisherigen Wirtschaftens auf künftige Generationen abwälzt. Das ist *die* ökonomische Todsünde unserer Zeit.

Technik global – Energie und Rohstoffe regional

Die Probleme der ökonomischen Globalisierung sind weder die Großtechnologien noch multinationale Konzernstrukturen. Das größte Problem der Globalisierung ist die heutige globalisierte fossile Ressourcenabhängigkeit. Erst die Ablösung der fossilen Weltwirtschaft durch eine dezentrale solare Weltwirtschaft mit regionaler Energieversorgung wird die wirtschaftliche Globalisierung langfristig und auf Dauer ermöglichen. Eine globalisierte Technikproduktion ist möglich und sogar sinnvoll, aber eine fossile Energiewirtschaft ist auf Dauer unmöglich. In 200 Ländern auf unserer Erde werden Autos gefahren. Aber Autos müssen nicht in 200 Ländern produziert werden. Allerdings: In 200 Ländern muss künftig die Energie gewonnen werden, die in diesen 200 Ländern gebraucht wird – auch zum Autofahren. Eine zukünftige ökonomische Entwicklung auf der ganzen Welt ist nur möglich mit dezentral organisierten erneuerbaren Energien und erneuerbaren Rohstoffen.

Die Erde ist reich, weil uns die Sonne beschenkt. Aber diese Quelle unseres Reichtums haben wir vergessen und verdrängt. Dies ist und war unsere größte wirtschaftliche Dummheit. Hermann Scheer: »Das fundamentale Problem der gegenwärtigen Weltwirtschaft ist nicht, dass sie sich globalisiert, sondern dass sie diese Entwicklung nicht mit der Sonne als der einzig existierenden globalen Kraft vollzieht, die allen zur Verfügung steht – in einem Überangebot, das nie vollständig genutzt zu werden braucht.« Ähnliches gilt für die Windkraft.

Das künftige Ruhrgebiet liegt in der Nordsee

Das ist die Vision: Die schlanken Flügel zeichnen ihre Kreise in den Himmel, fast das ganze Jahr, bei Tag und Nacht, draußen auf dem Meer, weit genug entfernt vom deutschen Bürgerprotest. Offshore-Windräder, so hoch wie der Kölner Dom, 30 bis 60 Kilometer von den Küsten an Ost- und Nordsee entfernt. Eine Greenpeace-Studie geht davon aus, dass Deutschland mit den Ökokathedralen im Meer über die Hälfte seines Stromverbrauchs durch Offshore-Windparks decken kann. Das wäre die Leistung von etwa 35 Atomkraftwerken, beinahe doppelt so viel, wie heute in Deutschland noch am Netz sind.

Widerstände gibt es inzwischen auch hier: die Bundesmarine besteht auf Übungsgelände, Fischer auf ihren lokalen Fischgründen, Vogelschützer auf Vogelschutzgebieten. Dänische Offshore-Windparks beweisen zwar schon seit Jahren, dass Vögel auch diese Anlagen so sicher umfliegen wie die Anlagen an Land. Aber deutsche Bedenkenträger interessieren sich für diese positiven Erfahrungen kaum. Sie müssen das Rad immer zweimal erfinden. Windiger Protest! Greenpeace hält dagegen: »Wir können doch nicht Strom aus Uran, Kohle und Windenergie gleichzeitig ablehnen.«

Das Ruhrgebiet des 21. Jahrhunderts dürfte in der Nord- und Ostsee liegen. Denn zu offensichtlich sind die Vorteile der Windenergienutzung im Meer: 40 Prozent höhere Stromausbeute als an Land durch gleichmäßigeren Wind. Das kann für die Zukunft der Windkraft ein Aufschwung ohne Ende werden.

Sicher ist: Schon heute ist die Windkraft die am schnellsten wachsende Stromproduktionsquelle, und sie übertrifft die optimistischsten Prognosen der letzten 15 Jahre. Allein für deutsche und dänische Seegebiete sind bereits Windparks für 17 Milliarden Euro geplant.

Wahrscheinlich werden wir eines Tages nicht nur in der Ost- und Nordsee Wind ernten, sondern mitten auf den Ozeanen. Warum sollten wir Erdöl über Erdölplattformen gewinnen, nicht aber auch Windstrom über Windplattformen?

Der Ingenieur Kristian Kusan aus Neuwied hat mit seiner Firma Hydrowind die ersten schwimmenden und halb schwimmenden Inseln für Offshore-Windparks in großen Wassertiefen geplant. Die Vision des Schiffbauingenieurs:

- Windparks auf hoher See, installiert auf schwimmenden Inseln – also ohne tiefe Fundamente.
- Auf diesen schwimmenden Plattformen gewinnen die Anlagen oben Windenergie und unten Strömungsenergie und Wellenenergie der Ozeane.

- Die Windinseln in Werften an Land bauen und mit speziellen Schwimmkränen auf die hohe See schleppen.
- Auf diesen Plattformen in den Ozeanen viel grünen Strom zu günstigen Preisen produzieren und damit auch umweltfreundlichen Wasserstoff als Brennstoff für Autos, LKWs, Eisenbahnen und Flugzeuge der Zukunft.

Wasserstoff auf hoher See

Die nordfriesische Gesellschaft für Energie und Ökologie will aus den Meereswindmühlen nicht nur Strom, sondern auch Wasserstoff gewinnen, *den* Treibstoff für die Mobilität von morgen. Die Offshore-Windenergietechnik ist ein neuer maritimer Industriezweig, der sich erst in der Entwicklungsphase befindet. Kristian Kusan geht davon aus, dass über schwimmende Windinseln auf den Ozeanen eines Tages die Kilowattstunde Strom für zwei Cent produziert werden kann. Ob diese Preisvision aufgeht, ist heute noch eine offene Frage. Doch unabhängig davon meint Greenpeace in einer Studie »Zukunft Windkraft: die Energie aus dem Meer«:

> »Windparks sind eine vielversprechende neue Technologie. Erste positive Erfahrungen mit Demonstrationsobjekten konnten in Dänemark gemacht werden. Aufgrund der erheblich stärkeren Winde auf See können bis zu 40 Prozent mehr Energie gewonnen werden als bei vergleichbaren Anlagen an der Küste. Und das Potenzial ist riesig: Bei Nutzung aller erschließbaren Energiemengen könnte Europa seinen gesamten Strombedarf aus Offshore-Windenergie decken. Allein in Deutschland ließe sich gut die Hälfte des benötigten Stroms ›aus der Nordsee‹ beziehen.«

Der Wind weht weltweit

Nicht nur in Deutschland, sondern europaweit und weltweit drängt es die Windparkplaner mit Macht aufs Meer. 2002 gibt es Planungen für 40 Offshore-Windparks vor Europas Küsten. Beispiele außerhalb Deutschlands:

Die *britische* Regierung will den Anteil der erneuerbaren Energien an der Stromproduktion von heute fünf Prozent bis 2010 auf zehn Prozent verdoppeln. An 13 Standorten sollen sich bald über 500 Windmühlen an Englands windreicher Ost- und Westküste drehen.

Die *Republik Irland* gewinnt heute schon acht Prozent ihres gesamten Energieverbrauchs aus erneuerbaren Energiequellen. In den nächsten Jahren sollen zusätzliche Offshore-Windparks mit einer Leistung zwischen 3000 und 4000 Megawatt errichtet werden. Das heißt: Die gesamte irische Stromproduktion kann über die Windkraft organisiert werden.

Belgien produziert heute noch 58 Prozent seines Stromverbrauchs aus Atomkraftwerken. Die Regierung hat aber den Atomausstieg bis zum Jahr 2025 beschlossen. Dieses Ziel kann nur mit Hilfe der Windkraft erreicht werden: WKAs statt AKWs. Schon 2003/2004 wollen die belgischen Stromproduzenten 50 bis 60 Offshore-WKAs zwischen Ostende und Zeebrügge aufstellen.

Die *niederländische* Regierung verfolgt das ehrgeizige Ziel, bis 2020 über 6000 Megawatt Windenergieleistung zu errichten.

Die rechtskonservative Regierung in *Dänemark* will den von der früheren sozialdemokratisch geführten Regierung beschlossenen raschen Ausbau der Windenergie bremsen. Geplant waren ursprünglich 4000 Megawatt Offshore-Windenergie. Statt der fünf fest geplanten Meereswindparks werden zunächst bis 2008 nur zwei realisiert, drei weitere sollen eventuell später gebaut werden.

In *Schweden* entsteht zurzeit wenige Kilometer von der Öresund-Brücke entfernt ein großer »Eurowind«-Offshorepark. Sieben weitere Windparks sind vor Schwedens Küste längerfristig geplant.

Auch die *polnische* Regierung setzt neben dem Ausbau der Biomasse-Energie auf die zukunftsträchtige Offshore-Windtechnik. Die Regierung in Warschau hat dafür eine Vorrangfläche in der 12-Seemeilen-Zone ausgewiesen. Deutsche Investoren werden hier ab 2004 die ersten Windräder errichten.

In *Spanien* sollen ab 2005 die ersten Offshore-Windparks entstehen. Schweizer, deutsche und spanische Firmen werden sie gemeinsam bauen.

In *Griechenland* ist fünf Kilometer vor der Küste bei Porto Lagos ein 160-Megawatt-Offshore-Windpark geplant.

Auch in *USA* und *Kanada* werden große Windparks im Meer gebaut. 170 Turbinen sollen sich ab 2004 vor der Küste von Massachusetts drehen und etwa doppelt so viele ab 2006 an der Westküste Kanadas.

Eine windige Bürgerbewegung: Butendiek

Acht Nordfriesen und ein Kieler hatten 1994 eine Vision: Wir planen und realisieren einen Bürgerwindpark in der Nordsee. Acht Jahre später bitten sie mich zu einem Vortrag »Vision 2000 – Wind und Sonne schicken keine Rechnung – die Energiewende ist möglich«. 8400 Schleswig-Holsteiner haben bereits 20 000 Anteile zu je 250 Euro für den Bürgerwindpark »Butendiek« gekauft. *Butendiek* ist plattdeutsch und steht für Außendeich.

Im Jahr 2004 soll mit dem Bau von 80 Drei-Megawatt-Windrädern 34 Kilometer westlich von Sylt begonnen werden. Dann erhöhen die Anleger ihre Anteile von 250 auf 5000 Euro. Aus der ersten Vision wird jetzt ein Projekt von 300 Millionen Euro:

100 Millionen Eigenkapital und 200 Millionen Fremdkapital über die Banken.

Das Werk dieser Bürgerbewegung ist ein politisches Beispiel dafür, wie Menschen ihre umweltfreundliche Energieversorgung selbst in die Hand nehmen. Die Anteilseigner kommen aus allen sozialen Schichten – unter ihnen viele Bauern, Steuerberater, Handwerker, Lehrer und etwa 2000 Kinder, deren Eltern ein Zeichen für die Zukunftsfähigkeit einer ländlichen Region gesetzt haben.

Viel Wind für viele Menschen – aus der Region, für die Region. Das bedeutet:

- Jährlich werden 720 000 Tonnen Kohlendioxid (CO_2) eingespart, außerdem entstehen erheblich weniger Schadstoffe wie Schwefeldioxid, Stickoxide und Kohlenmonoxide. So einfach ist Klimaschutz. Die Butendieker haben ihre Planungen mit Umweltverbänden und dem Bundesamt für Seeschifffahrt und Hydrographie abgestimmt. Eine zweijährige Umweltverträglichkeitsstudie wird durchgeführt.
- Mit dem Windpark Butendiek werden 800 000 Menschen mit Ökostrom versorgt. Insgesamt werden jährlich ca. 800 Millionen Kilowattstunden Strom erzeugt. Das sind 15 Prozent des gesamten Stromverbrauchs in Schleswig-Holstein.
- Jede Bürgerin und jeder Bürger, die einen Anteilschein gekauft haben, versorgen künftig 10 Haushalte oder 40 Personen mit regenerativem Strom.
- Außerdem ist die Stromgewinnung aus Offshore-Windanlagen eine lukrative Zukunftsbranche mit guten ökonomischen Gewinnaussichten.
- Nicht die großen Konzerne, sondern die Bürger gewinnen. Sie vertrauen dem Wind, dem himmlischen Kind.

Politiker aller Parteien – die SPD-Ministerpräsidentin Heide Simonis ebenso wie die Husumer CDU-Bürgermeisterin Ursula Belker – unterstützen das Projekt.

Klimaschutz schafft Arbeitsplätze

Das Erneuerbare-Energien-Gesetz garantiert den Anteilseignern eine Rendite für mindestens 20 Jahre. Die 68-jährige Rentnerin Elke Schweighöfer aus Emmelsbüll-Horsbüll sagt: »Wir leben hier mit dem Wind, also können wir auch an ihm verdienen.« Der 36-jährige Tischler Knud Nicolaisen aus Linnau: »Die ganze Familie hat gezeichnet. Windenergie ist zukunftsträchtig.« Die 37-jährige Montagehelferin Gaby Eskildsen aus Ladelund: »Die Idee, dass Bürger sich zusammenschließen, war für mich ausschlaggebend.« Der 37-jährige Berufsschullehrer Erk Roeloffs von Föhr: »Ich möchte vor Ort was machen. Windenergie hat Zukunft und schafft ökologische Arbeitsplätze.«

In Husum haben seit 1990 über 1000 Menschen einen Arbeitsplatz in der Windenergiebranche gefunden, sagt die Bürgermeisterin der Stadt. Nach meinem Vortrag sagt ein etwa neunjähriger Junge zu seinem Vater: »Papi, gut, dass wir dabei sind.«

Was der Windpark für die Butendieker, ist im Schwarzwald die Reaktivierung eines Wasserkraftrades, in Bayern die Errichtung eines Biomasse-Kraftwerks, in Brandenburg eine Biogasanlage oder im Rheintal die Erdwärme. Die Natur schenkt uns alles, was wir brauchen. Und die Sonne scheint überall. Von den Butendieker-Gründungsinitiatoren Hans-Detlef Feddersen und Hans Feddersen will ich wissen, warum sie diese mühsame Arbeit angefangen haben. Ihre Antwort: »Wir engagieren uns für die Zukunft unserer Kinder. Und deshalb macht uns diese Arbeit auch Freude. Es kommt uns so vor, als warte unsere Gesellschaft geradezu auf solches Bürgerengagement. In wenigen Monaten hatten wir mehrere tausend Unterstützer.«

Als ich vor 300 Butendiekern meinen Vortrag hielt, war natürlich von den Widerständen, die anderswo gegen die Windräder auftauchen, wenig zu spüren. Hier war endlich einmal eine Bürgerbewegung nicht *gegen* etwas, sondern *für* etwas entstanden. Der Anwohner eines Windparks berichtete: »Im Lübbe-Koog vor Sylt vertragen sich 186 Bürger eines Dorfes gut mit den dort installierten 82 Windrädern. Die Windmühlen sind eine Touristenattraktion. Die früheren Bedenken sind wie vom Wind weggeweht.« Offshore-Windanlagen im Meer haben eine um 40 Prozent höhere Windernte als WKAs an Land.

Die Butendieker machen deutlich, wie eine ganze Region wieder zukunftsfähig werden kann, weil Bürgerinnen und Bürger es wollen und eine Vision realisieren. In der alten Bundesrepublik Deutschland ist es der Generation unserer Eltern und Großeltern gelungen, zwischen 1945 und 1965 die gesamte Infrastruktur eines modernen Industriestaates – Häuser, Verkehr, Fabriken, Energieversorgung – komplett neu aufzubauen. In 20 Jahren also! So wurde auch Vollbeschäftigung erreicht.

Warum sollte es uns heute nicht gelingen, etwa bis 2030, nur die Energiestruktur komplett neu zu organisieren? Warum setzen wir uns nicht solche Ziele? Warum nehmen wir es hin, dass vier Millionen Menschen arbeitslos sind, anstatt die Arbeit, die auf Millionen Menschen geradezu wartet, endlich anzupacken?

Im Jahr 2002 sind im Bereich der erneuerbaren Energien in Deutschland schon 120 000 Menschen beschäftigt. Das sind bereits heute mehr Arbeitsplätze als bei der Kohle und Atomenergie zusammen. Die Solarbranche rechnet mit 20 Prozent Wachstum an Arbeitsplätzen pro Jahr. Das hieße 460 000 neue Arbeitsplätze allein im Bereich der erneuerbaren Energien bis 2010. Es könnten auch eine Million sein, wenn wir gut sind.

In meinem Buch *Das ökologische Wirtschaftswunder* habe ich aufgezeigt, dass bei einer konsequent ökologischen Politik insgesamt und langfristig bis zu vier Millionen Arbeitsplätze entstehen werden. Von einem ökologischen Wirtschaftswunder spreche ich dann, wenn es uns gelingt, im Einklang mit der Natur nachhaltig zu wirtschaften und dabei zugleich Arbeit für Millionen Menschen zu organisieren.

Die deutsche Arbeitslosigkeit ist im Wesentlichen hausgemacht und eine Folge falscher Politik. Eine verfehlte Bildungs- und Ausbildungspolitik sind ebenso Ursachen wie Fantasielosigkeit gegenüber innovativen Zukunftstechnologien. Zur Bundestagswahl hätten wir einen Innovationswahlkampf gebraucht. Stattdessen haben uns die alten Parteien zwei Dinosaurier aus der Auto- beziehungsweise Atomindustrie geboten – sie verkörpern die Politik von gestern! In Deutschland dominieren noch immer die Bedenkenträger, Realitätsverweigerer und Fatalisten des »Weiter so«.

Der heutige Wohlstand ist nicht unsere Leistung – er ist die Leistung der Nachkriegsgenerationen. Unsere Leistung sind vier Millionen Arbeitslose und ein verrottetes Bildungssystem. »Pisa« liegt in Deutschland. Wir werden heute von den Zynikern der Spaßgesellschaft und Zukunftsverweigerern der Allparteiendemokratie regiert. Deutschland braucht endlich einen Aufklärungs-Wahlkampf über seine Zukunftschancen. Vollbeschäftigung ist möglich. Jede andere Position ist eine Bankrotterklärung der Politik – würde Ludwig Erhard heute sagen. Das heutige politische Deutschland steckt in der Zynismusfalle. Und vier Millionen Arbeitslose sind die Opfer. Den Volksvertretern ist das Volk schon längst davongelaufen. Vielerorts sind die Nichtwähler bereits die stärkste Partei.

VII. KAPITEL

Reichtum für alle

Chancen für China und Indien

In China und Indien drehen sich seit den 90er Jahren die ersten Windkraftanlagen. Den größten Windpark überhaupt habe ich in Südindien gesehen. Nahe der Hauptstadt Trivandrum im Bundesstaat Kerala drehen sich 1700 Windräder, wunderschön eingepasst in eine paradiesische Landschaft zwischen Palmen und Mangobäumen, zwischen Bananenstauden und Niembäumen.

Bei den Fernsehaufnahmen dieses Windparks erzählten mir Bauern stolz, dass Indien das einzige Land der Welt ist, das ein eigenes Ministerium für erneuerbare Energien hat. Und Kerala ist der erste indische Bundesstaat, in dem das Bevölkerungswachstum gestoppt ist. Die Einwohnerzahl steigt nicht mehr – sie stagniert.

Hauptsächlich die Länder der Dritten Welt brauchen im 21. Jahrhundert viel mehr Energie als bisher, wenn sie ihre Wirtschaft und Landwirtschaft so entwickeln wollen, dass niemand mehr hungern oder gar verhungern muss. Ökonomische Entwicklung ist aber nur möglich mit viel Energie aus erneuerbaren Quellen.

Die Armen in »Dritte-Welt-Ländern« werden dann weniger Kinder bekommen, wenn die ökonomischen Voraussetzungen für ein Leben ohne Hunger gegeben sind. Woher soll aber neue Energie kommen, wenn nicht aus regenerierbaren Quellen? Es scheint wie ein Naturgesetz für die ganze Welt: Arme Menschen, die existenziell gefährdet sind, haben viele Kinder. Menschen, die ohne materielle Not leben, haben fast alle wenig Kinder oder nur ein Kind. Der Schlüssel zur Überwindung der Armut ist weltweit die Energie.

Windenergie ist eine kosmische und göttliche Kraft, ein Geschenk des Himmels, das wir bisher ausgeschlagen haben. Nun sind wir endlich dabei, uns überall auf der Welt für die Geschenke von oben zu öffnen.

Die Sonnenstrahlen, auf deren Kraft unsere Kinder voll setzen können, haben eine Geschwindigkeit von 300 000 Kilometern pro Sekunde. Das Licht als Energiequelle funktioniert völlig geräuschlos. Neben dem stillsten aller stillen und zugleich schnellsten aller schnellen Energieträger werden unsere heutigen öl- und kohlebetriebenen Kraftwerke einschließlich unserer Atomkraftwerke sehr alt aussehen. Wir werden lernen, ohne Verbrauch von Materie Energie umzuwandeln. Der Geist weht bekanntlich, wo er will. Und wo er weht, bleibt es stürmisch. Die Zukunft wird denen gehören, die sich den Stürmen stellen und nicht gleich bei jedem Gegenwind Atembeschwerden bekommen. Die Freunde und Freundinnen der Sonne und des Windes werden einen langen Atem brauchen. Das große Geld ist immer noch auf der Seite der fossilen und atomaren Energien. Der Kampf um die Energiepolitik ist noch immer wie der Kampf Davids gegen Goliath. Der Ausgang dieses Kampfes ist allerdings bekannt.

Für eine solare Kultur

Solare und windbetriebene Energieanlagen müssen auf hohem technischem und künstlerischem Niveau geplant und eingesetzt werden. Der Künstler und Professor für Medienkunst, Jürgen Claus, träumt von einer Kunstschule, an der mit erneuerbaren Energien geforscht, gelehrt und gestaltet wird. Ihre Hauptaufgaben sind:

- Entwurf und Ausführung neuer, ästhetischer Windräder, Windkraftanlagen, windorientierter Skulpturen, deren Materialien und Farbgestaltung Auswirkungen auf das ästhetische Empfinden der Menschen haben.
- Untersuchungen von Akustik und Klang, Klang- und Umweltgeräusch-Ökologie.
- Windenergie und urbane sowie Landschaftsplanung, Bezugssysteme Wald, Wiese, Gemeinde, Meer, See, Fluss, Straße für die ästhetisch gelungene Ortung von Windenergieanlagen.*

Ästhetische und ökonomische Argumente sprechen neben den ökologischen für Wind- und Sonnenenergie. Sie sind die Lösung des Energieproblems für alle Zeit. Jeder Tag, an dem wir die solare und windige Energie nicht nutzen, ist ein verlorener Tag für unsere Kinder.

An unserer Lernfähigkeit beim Umgang mit Sonne und Wind, Wasser und Boden zeigt sich das Niveau unserer Kultur und Menschlichkeit. Die Erde ist ein lebendiger Organismus, der durch Sonne, Wind und Wasser lebensfähig ist. Bäume und Pflanzen spielen in diesem Lebensprozess eine zentrale Rolle. Sie verwandeln das Sonnenlicht über die Photosynthese und machen es nutzbar für andere Lebewesen. Pflanzen und Bäume können zwar ohne uns leben, wir aber nicht ohne sie. Pflanzen und Bäume schenken uns Nahrung und Sauerstoff, aber auch viel Energie, Biomasse-Energie, Energie vom Acker und vom Wald.

Über die Nutzung von Sonnen-, Wind- und Pflanzenenergie haben wir die große Chance, den Wert der Natur wieder kennen zu lernen. Wie blind haben wir uns bisher darauf verlassen, dass im Frühjahr die Zugvögel aus Afrika zurückkehren, der Sommer

* Näheres in dem Buch *Windiger Protest,* das ich zusammen mit Jürgen Claus und Hermann Scheer herausgegeben habe.

warm und grün ist, der Herbst die Blätter der Bäume färbt und der Winter Kälte und Schnee bringt. Doch allmählich dämmert uns, dass die Natur keine Maschine ist, deren Ersatzteile wir beliebig austauschen und erneuern können.

Wenn wir unsere Pyromanie nicht überwinden, dann führt unser Weg vielleicht nicht direkt in die Hölle, aber wohl an einen Ort, an dem es ähnlich heiß sein wird. 95 Prozent der Klimaforscher sagen voraus, dass die Pole schmelzen und der Meeresspiegel steigt. Ein Drittel der Menschheit lebt nahe den Küsten in überschwemmungsgefährdeten Zonen. Zum Beispiel die Menschen am Nildelta, am Mekongdelta und am Gangesdelta, aber auch in New York und Amsterdam, in Rio und London, in Venedig und Boston, in Bangkok und Alexandria, in Sydney und New Orleans, in Schanghai und Hongkong, in Singapur und Mogadischu, in Hamburg und Marseille. Einige Inseln im Südpazifik mussten bereits evakuiert werden.

Die Natur ist nicht menschlich und nicht unmenschlich. Sie ist eigen-ständig und eigen-sinnig. Sie hat ihren eigenen Wert und ihre eigenen Gesetze. Wenn wir in Harmonie mit diesen Naturgesetzen leben, wird es uns gut gehen. Wenn wir die Naturgesetze verletzen, wird es uns schlecht gehen.

Die ökonomische Globalisierung der letzten Jahrzehnte ist energetisch eine Katastrophe – hauptsächlich im Güterverkehr. Natürliche Kreisläufe können regional leichter beachtet werden als global. Die Stärkung der Regionen und der regionalen Wirtschaften ist die effizienteste Antwort auf die Herausforderung der Globalisierung. Das ist auch die Philosophie des Solarcomplex-Bürgerunternehmens am Bodensee. Die daran Beteiligten setzen auf heimische Sonne, heimischen Wind, heimische Biomasse und heimische Erdwärme. So werden die Lieferungen von Öl aus Arabien, Gas aus Sibirien und Uran aus Australien schlicht überflüssig und ebenso die alten Energieketten rund um den Globus, die menschliche Verkehrsströme zur Folge haben.

Die Butendieker an der Nordsee setzen überwiegend auf Windenergie. In einem Küstenland wie Schleswig-Holstein kann eines Tages alle elektrische Energie aus der Windkraft gewonnen werden. Am südlichen Ende der Republik ist eher ein intelligenter Energiemix aus mehreren erneuerbaren Quellen gefragt.

Zukunftsfähige Bodenseeregion

Der Physiker und Raketenkonstrukteur Wernher von Braun sagte 1975: »Wir stehen an der Schwelle eines neuen Zeitalters, das als Solarzeitalter bezeichnet werden könnte.« Am Bodensee, wo Wernher von Braun ein Haus hatte, realisieren jetzt mehrere hundert Bürger diese Vision.

Bene Müller holt mich mit seinem Smart am Singener Hauptbahnhof ab. Schon auf der kurzen Fahrt zu meinem Vortrag im Rathaus schwärmt er von der Vision, die er mit seinen Freunden teilt: »In dreißig Jahren wollen wir für die gesamte Hegau-Region alle Energie aus erneuerbaren Energien gewinnen.« Das ist ein ehrgeiziges, aber durchaus machbares Ziel. In der Region Hegau, westlich des Bodensees, leben 265 000 Menschen. Schon einige Tage zuvor durfte ich in der Nachbarstadt Konstanz drei große Solaranlagen auf Schulen einweihen. Der Landrat des Kreises Konstanz hat dabei schon über »nachhaltiges Wirtschaften am Bodensee als Voraussetzung für unseren Tourismus« geschwärmt. »Unsere Natur ist unser Kapital«, hat er erkannt.

In diesem politischen Umfeld wachsen Visionen. Wie also wollen Bene Müller und seine Freunde vom Bürgerunternehmen Solarcomplex es schaffen, dass schon in *einer* Generation die solare Energiewende abgeschlossen sein kann? Darauf war ich gespannt. Vor so ehrgeizigen Solariern hatte ich noch selten geredet.

Die Solarcomplexler haben errechnet, dass im Landkreis Konstanz an Strom und Wärme für 265 000 Menschen (einschließlich Gewerbe und Industrie) 5200 Gigawattstunden (GWh) benötigt werden. Über Photovoltaik, Wasser, Wind, Erdwärme und Biomasse können vor Ort 2170 Gigawattstunden erzeugt werden. Bleibt eine Differenz von rund 3000 Gigawattstunden. In dieser Größenordnung kann ohne Wohlstandsverlust Energie – hauptsächlich Wärme – eingespart werden über eine höhere Energieeffizienz und Energiesparpotenziale.

Die Solarcomplex-Unternehmer vom Bodensee machen auch den Vorschlag, Photovoltaikanlagen auf Garagen anzubringen, und verweisen dabei auf einen überraschenden Verbündeten – den ADAC. Der größte deutsche Autoclub hat selber schon solche Projekte am Bodensee realisiert.

Die Energiewende ist nicht nur eine energetische Herausforderung, sondern ein »Schlüsselelement regionaler Wirtschaftsförderung«, sagt Bene Müller. Die Wertschöpfung bleibt vor Ort, die Arbeitsplätze entstehen in der Region, und Transportkosten entfallen weitgehend bei der Nutzung heimischer Rohstoffe. Das Handwerk erarbeitet sich wieder »goldenen Boden«. Diese Stärkung der Regionen ist eine intelligente Antwort auf die Herausforderung der Globalisierung.

Energieversorgung vom Acker

Als Reaktion auf die BSE-Krise wurde das Füttern von Tiermehl rasch verboten. Als Reaktion auf die Klimakrise müsste nach derselben Logik rasch der Ausstieg aus der Kohle-, Öl- und Gaswirtschaft beschlossen und organisiert werden. Es sieht aber eher so aus, als könnten wir uns das Verbrennen von fossilen

Rohstoffen ähnlich schwer abgewöhnen wie ein Pyromane das Zündeln oder wie ein Trinker den Alkoholkonsum. Die westliche Zivilisation ist besoffen von Öl. Ohne Entziehungskur werden sich unsere kranken Seelen bald nicht mehr am Grün der Gärten und an der Buntheit der Blumen auf unseren Wiesen erfreuen können.

Der Schlüssel zu einer komplett neuen Energieversorgung über erneuerbare Energien ist eine dezentrale, überwiegend regionale Energieversorgung. Und am Beginn der dezentralen Energiewirtschaft steht wieder der primäre Wirtschaftssektor, die Landwirtschaft.

Das Riesenpotenzial an Energie aus nachwachsenden Rohstoffen wird so sehr unterschätzt wie die Landwirtschaft und ihr Anteil an der Gesamtwirtschaft einer Gesellschaft. Die Primärökonomie ist und war immer die Landwirtschaft. Nur was Landwirte und die Natur mit Hilfe der Sonne produzieren, ist Vermehrung der Güter und nicht Abbau und Ausbeutung. Das gesamte so genannte wirtschaftliche Wachstum von heute ist – genau betrachtet – gar kein »Wachstum«, sondern lediglich eine Umwandlung von Ressourcen.

Jede Naturökonomie, also nachhaltiges Wirtschaften, setzt eine regionalwirtschaftlich strukturierte Landwirtschaft voraus. Ohne eine revitalisierte Landwirtschaft kann es keine nachhaltige Wirtschaft geben. Und ohne eine nachhaltige Wirtschaftsweise werden wir Menschen von dieser Erde verschwinden. Naturgesetze können wir nicht ändern.

Eine moderne Landwirtschaft, die Zukunft haben soll und wieder Primärökonomie werden will, wird drei Aufgaben erfüllen müssen.

1. Sie wird ökologische Lebensmittel unter der Vorgabe »Klasse statt Masse« (Renate Künast) produzieren.

2. Sie wird der Gesellschaft neben gesunden Lebensmitteln, die wieder Mittel zum Leben sind, biologische Energie zur Verfügung stellen. Das Energieszenario der EU (Seite 198) sieht vor, dass in wenigen Jahrzehnten 30 Prozent aller Energie vom Acker und Wald kommt.
3. Bauern der Zukunft sind nicht nur Lebensmittel- und Energieproduzenten, sondern Rohstofflieferanten der gesamten Wirtschaft.

Landwirt – das ist der Urberuf einer jeden Gesellschaft. Die Landwirtschaft von morgen ist keine ökonomische Restgröße mehr nach dem Motto der bisherigen EU-Landwirtschaftspolitik »Bauern brauchen wir eigentlich gar nicht – wir haben ja Aldi«, sondern unersetzbare Basiswirtschaft einer jeden zukunftsfähigen Volkswirtschaft und Weltwirtschaft. Die Landwirtschaft von morgen wird ökologisch wirtschaften und außerdem nachwachsende Energie- und Rohstoffbasis in regionalisierten, dezentralen Strukturen sein.

Im Wald wächst Wärme

Wenn Landwirte künftig auch Energie- und Rohstofflieferanten in ökologischen Volkswirtschaften werden, dann bedeutet ihre erweiterte Geschäftsgrundlage auch eine größere Vielfalt auf ihren Äckern. Sie werden verschiedene Sorten von Schilfgras, Leinöl, Hanf, Sonnenblumen, Raps, Flachs und Holz zusätzlich anbauen.

Nachwachsende Rohstoffe werden künftig nicht nur zunehmend zur umweltfreundlichen Energiegewinnung, sondern generell als Rohstoffquelle verwendet. Zum Beispiel beim Bau von Häusern und Autos, Fernsehgeräten und Dämmstoffen sowie als

Verpackungsmaterial für Geräte aller Art, zum Fahrradbau und zunehmend für Produkte der grünen Chemie.

Die rot-grüne Bundesregierung verabschiedet im Sommer 2002 ein Markteinführungsprogramm für natürliche Dämmstoffe aus Schafwolle, Flachs und Hanf. Wer mit Bioprodukten statt mit synthetischen Materialien dämmt, kann sich den Mehrpreis für Bio vom Staat wiederholen. Ein Ökobaustoffsiegel wird für solche Baumaterialien eingeführt, die aus energetischer, ökologischer und gesundheitlicher Sicht unbedenklich sind. Dabei geht es nicht allein um Öko, sondern um Vorteile bei der Wohnqualität durch ein verbessertes Raumklima und durch Vorbeugung bei Allergien. Zudem sind Bioprodukte in der Regel länger haltbar. In biologisch gebauten Häusern riecht es nach Holz und Lehm und Zitronenduft aus Naturfarben.

Dämmstoffe, Fußbodenbeläge, Deckenverkleidungen und Farben sowie Autoteile – zum Beispiel bei DaimlerChrysler – gibt es heute schon zum Teil aus nachwachsenden Rohstoffen. Die neuen Kunden der Landwirte sind Baufirmen, Bauherren, Architekten, Baustoffhändler, Auto- und Fahrradhersteller oder Baumärkte wie Obi.

Schon heute werden Briketts aus Stroh gewonnen, ebenso wie Wärme aus C_4-Schilfgräsern, Strom aus Holz in Blockheizkraftwerken, Autosprit aus Pflanzenöl, Papier, Kleider und Verpackungsmaterial aus Hanf und Biogas aus Luzerne. Es gibt viel zu tun – pflanzen wir's an! Im Wald wächst Wärme. Der Holzweg ist ein guter Weg. Wir können lernen, statt den Tiger die in Holzhackschnitzel und Pellets gespeicherte Sonne in den Tank zu packen.

Obwohl Biomasse-Energie die natürlichste Energiequelle der Welt ist, bleibt Deutschland bis heute ein Biomasse-Entwicklungsland. Hierzulande wird etwa ein Prozent aller Energie vom Acker und vom Wald gewonnen – in Österreich schon 15 Prozent, in den skandinavischen Ländern über zehn Prozent. Bioenergie wächst über Pflanzen und Bäume und Gräser direkt vor unserer Haustür – aber wir übersehen diese erneuerbare Energiequelle mit riesigen Potenzialen noch immer.

Mehrere hundert Millionen Tonnen Treibhausgase können wir jährlich der Umwelt ersparen, wenn wir die Rohstoffe von Forst- und Landwirtschaft endlich energetisch nutzen lernen. Denn Bäume und Pflanzen nehmen beim Wachsen über die Photosynthese genauso viel Kohlendioxid (CO_2) auf, wie sie beim Verbrennen, Verstromen oder Vergasen wieder freisetzen. Wir haben bei der Energiegewinnung aus Biomasse einen geschlossenen CO_2-Kreislauf. Es wird nur so viel verbraucht, wie wieder nachwächst.

Ganz anders die Energiegewinnung aus Kohle, Erdgas oder Erdöl. Dabei wird – wie schon gesagt – in einem Jahr verbraucht, was in 500 000 Jahren »gewachsen« ist.

Gespeicherte Sommersonne für den Winter

Der größte Vorteil des biologischen Weges: Die Photosynthese, also die Umwandlung des Sonnenlichts in Pflanzenenergie, hat etwa 800 Millionen Jahre Erfahrung, die menschliche Technik seit der Entwicklung der Dampfmaschine durch James Watt gerade mal 230 Jahre.

Biomasse ist ein zentraler Sonnenenergieträger, der nachhaltig und ökologisch, zeitlich unbegrenzt, leicht speicherbar und nahezu weltweit dezentral zur Verfügung steht. Die immer wieder nachwachsende Biomasse liefert Energie und Rohstoffe in allen Aggregatzuständen – fest, flüssig oder gasförmig.

Aber im deutschen Wald verrotten zurzeit etwa 40 Prozent des nachwachsenden Holzes zur Freude der Borkenkäfer. Biomasse als Brennstoff – das ist gespeicherte Sommersonne zum Wärmen im Winter.

Jeden Augenblick entsteht neues Leben aus dem Licht der Sonne. Die Sonne bildet jeden Tag so viel neue organische Substanz, dass man damit einen Güterzug füllen könnte, der eine Länge von der Erde bis zum Mond hat. Theoretisch könnten wir über Biomasse zehnmal so viel Energie erzeugen, wie zurzeit alle sechs Milliarden Menschen verbrauchen.

Bäume und Pflanzen sind die effektivsten Sonnenkollektoren. In den meisten europäischen Ländern – hauptsächlich in Österreich und Frankreich – werden bereits Biokraftstoffe als benzinähnliche Produkte in Verbrennungsmotoren eingesetzt. Auch in Deutschland gibt es im Jahr 2002 schon 1200 Biosprittankstellen, wo man verestertes Pflanzenöl oder reines Pflanzenöl tanken kann. In Österreich sammelt McDonalds jährlich 10 000 Tonnen Restspeiseöl ein, um sie in Dieselmotoren als Fahrzeugsprit zu nutzen. An dieser Stelle ist McDonalds vorbildlich.

Biogas – ein Produkt aus Grünmasse oder organischen Reststoffen, aus Küche, Feld und Wald – kann ebenfalls thermische, mechanische oder elektrische Energie erzeugen. 2002 laufen in Deutschland 1600 Biogasanlagen.

In einer Zeit, in der in fast allen Industriestaaten das Bauernsterben fortschreitet und die hiesigen Landwirte durch die EU-Osterweiterung noch mehr Konkurrenten bekommen, bietet umweltfreundliche Energie vom Acker und vom Wald den Bauern endlich eine existenzsichernde Zukunftsperspektive:

- Neue Arbeitsplätze entstehen im ländlichen Raum.
- Die Vegetation wird gefördert statt vernichtet.
- Die Landflucht wird gestoppt, ländliche Räume werden wirtschaftlich wiederhergestellt.
- Organischer Müll, Gülle und Klärschlamm können sinnvoll und gewinnbringend genutzt werden.

Wenn die Landwirte der Zukunft Energie- und Rohstoffwirte werden, bekommt auch die Landjugend wieder eine Zukunftsperspektive.

Der solare Energiemix

Die Butendieker setzen auf Wind, die Solarcomplexler auf einen erneuerbaren Mix und 18 Gemeinden bei Graz in Österreich zu 100 Prozent auf Biomasse-Energie. 18 Bürgermeister in der Steiermark hatten mich schon 1996 eingeladen, eine Aktion zu eröffnen, die zum Ziel hat, dass bis 2012 *alle* Energie in ihrer ländlichen Region vom Acker und vom Wald kommt: Strom, Heizenergie und Fahrzeugsprit.

In diesen Dörfern östlich von Graz wird in keinem Neubau mehr eine Ölheizung eingebaut. Strom und Wärme werden über moderne Holzbriketts – Pellets – oder Holzhackschnitzelanlagen gewonnen und Biodiesel aus Pflanzen. Schon heute liefern Bauern und Förster 60 Prozent des gesamten Energieverbrauchs in dieser Region. »Alles andere ist doch nicht zukunftsfähig«, sagt mir ein Bauer. Ich frage ihn, warum er sich für Biomasse engagiert. »Aus drei Gründen«, sagt er. »Wir wollen unsere Energie aus der Region, die Arbeitsplätze entstehen bei uns in der Region, und das Geld bleibt hier in der Region.«

Im Jahr 2002 sind in Österreich bereits 15 000 Pelletsheizungen installiert. Holzpellets werden aus trockenem industriellem Rohstoff wie Säge- und Hobelspänen hergestellt. Zwei Kilo Pellets, kleine runde Holzstückchen, entsprechen einem Heizwert von einem Liter Heizöl. Pelletsheizungen bieten denselben Komfort wie eine Ölheizung.

Holzhackschnitzel sind maschinell zerkleinertes Holz – in der Regel Rest- und Schwachholz aus dem Wald. Holz, das energetisch genutzt werden kann, fällt nicht nur im Wald an, sondern auch in Tischlereien, Schreinereien, Zimmereien, bei Kistenherstellern, in der Möbel- und Fertigbauindustrie. Die Solarcomplexler am Bodensee haben errechnet, dass im Landkreis Konstanz jährlich mit Holz 185 Millionen Kilowattstunden Strom und Wärme produziert werden könnten. Das entspricht 18 Millionen Litern Heizöl. Hinzu kommen 67 Millionen Kilowattstunden Energie aus Biogas über den Mist der Kühe.

Schilfgras statt Atom

Als ich 1989 in »Report« erstmals das Thema Energie aus nachwachsenden Rohstoffen am Beispiel der C_4-Schilfgräser behandelte und den Biomasse-Fachmann Dr. Wolfgang Ständer aus München dazu interviewte, war die öffentliche Reaktion auch für mich überraschend: tausende von Wissenschaftlern und Studenten, Instituten und Firmen, Politikern und Landwirten wollten mehr wissen. Bundeskanzler Helmut Kohl schrieb mir, er habe drei Ministerien beauftragt, sich mit dem Thema zu befassen. Die damalige Bundesregierung gründete eine »Agentur für nachwachsende Rohstoffe« mit einem Jahresetat von 50 Millionen Mark. 30 Radio- und fünf Fernsehsendungen griffen das Thema allein in Deutschland auf. Es gab Reaktionen aus den USA und von afrikanischen Ländern, aus der Türkei und Japan, von Autoproduzenten und von Energiekonzernen.

Das große Geheimnis der C_4-Pflanzen ist ihre Fähigkeit, Wasser, Licht und Nährstoffe effektiver als die heimischen C_3-Pflanzen zu nutzen. Sie können im Unterschied zu C_3-Pflanzen die Aufnahme von Licht und CO_2 entkoppeln. Sie nehmen auch nachts das CO_2 auf und verbrauchen dabei weit weniger Wasser.*

* Mehr darüber in meinem Buch *Schilfgras statt Atom.*

C_4-Gräser heißen so, weil das erste Molekül nach der Photosynthese aus vier Kohlenstoffatomen besteht und nicht aus drei wie bei den in Europa üblichen C_3-Pflanzen. Das entscheidende Kriterium für den überraschenden Wachstumserfolg der C_4-Pflanzen ist ihre Tag- und Nachtarbeit. Der Einfallsreichtum der Natur scheint unerschöpflich. Wir müssen nur lernen, der Natur wieder über die Schulter zu schauen. Die perennierenden C_4-Pflanzen – also Pflanzen, die immer wieder nachwachsen, nachdem sie einmal gepflanzt wurden – werden in Deutschland bis zu vier Metern hoch. In jedem Frühjahr beginnt aus den Rhizomen des Wurzelsystems ein neues Wachstum. Aus einem Rhizomstück kann nach vier bis fünf Jahren eine Staude mit einem Durchmesser bis zu einem Meter heranwachsen, die 50 bis 100 Triebe entwickelt. In Europa wird nun seit über zehn Jahren mit C_4-Pflanzen experimentiert. Der Münchener C_4-Gasspezialist Dr. Wolfgang Ständer hat herausgefunden, dass es allein 1745 verschiedene C_4-Gräser gibt. Wir können also problemlos Vielfaltkulturen anpflanzen. Die C_4-Gräser bringen etwa zehnmal mehr Biomasse als der Wald. Der Chef der Landesanstalt für Pflanzenbau in Baden-Württemberg, Dr. Paul Schweiger, hat nach zehn Jahren Forschungsarbeit mit C_4-Gräsern herausgefunden: Wenn in einem Dorf zehn Bauern je 15 Hektar C_4-Schilfgras anpflanzen, dann kann so viel Energie erzeugt werden wie mit 2,7 Millionen Litern Heizöl. Das ist der Wärmebedarf

- von 1000 Einfamilienhäusern und
- einem Krankenhaus mit 850 Betten.

Landwirte: die Ölscheichs der Zukunft

Der Anbau von Energiepflanzen könnte hierzulande ein ähnlich starkes Symbol für eine sanfte Energiepolitik werden, wie es das Spinnrad von Mahatma Gandhi in Indien war.

Gandhi war zwar gegen industrialisierte Massenproduktion, aber sehr für die Produktion durch die Massen. Welch eine Chance für die Bauern. Schilfgras statt Atom – Bioenergie statt Kohle und Erdöl.

Aus C_4-Gräsern können wir freilich nicht nur Strom und Wärme gewinnen, wir können daraus auch Treibstoffe für das Auto erzeugen. Für Karosseriebleche von Autos, zur Produktion von Fahrrädern oder für zementgebundene Faserplatten beim Häuserbau können C_4-Gräser ebenso verwendet werden wie als Dämmstoff von Häusern oder zur Produktion von Verpackungsmaterial. Autoteile, aus C_4-Gräsern gebaut, können – wenn das Auto ausgedient hat – zerschreddert und anschließend als Kompost verwendet werden.

Ich habe gelesen, C_4-Gräser seien Wunderpflanzen. Das sehe ich nüchterner. Sie bieten uns natürliche Lösungen für Probleme, die bisher unlösbar schienen. Energie aus Biomasse und Biogas ist ein wichtiger Anteil der gesamten solaren Energiewende. Landwirte gewinnen mehr und mehr Strom, Wärme und Fahrzeugsprit aus Raps, Sonnenblumen, Leindotter, Senf, Hanf, Öllein und in Zukunft auch aus C_4-Gräsern.

Heute sagt die Europäische Kommission in ihrem Energieweißbuch, dass bis zur Mitte des Jahrhunderts etwa 30 Prozent aller Energie aus nachwachsenden Rohstoffen gewonnen werden kann. Auch »Solarcomplex« will künftig im Landkreis Konstanz Energie aus Biomüll, Speiseresten der Gastronomie, schnell nachwachsenden Gehölzen wie Pappeln und Weiden, Chinaschilf und anderen C_4-Pflanzen sowie Stroh und Ölpflanzen gewinnen.

C_4-Pflanzen bringen pro Jahr pro Hektar bis zu 25 Tonnen Trockenbiomasse. Das ist auf einem Hektar so viel Energie wie etwa 14 Tonnen Steinkohle oder 12 000 Liter Heizöl – jedes Jahr! Wolfgang Ständer hat in einem Strategiepapier für den Erdgipfel in Johannesburg vorgeschlagen, große Energiepflanzenplantagen auf stillgelegten Flächen anzulegen und diese mit unterirdischen Bewässerungssystemen zu versorgen. Auf solchen Energieplantagen – angebaut nicht als Monokultur, sondern als Vielfaltkulturen – erzielte Ständer in Mitteleuropa bis zu 45 Tonnen Trockenbiomasse pro Jahr und Hektar und in Griechenland und Nordafrika bis zu 70 Tonnen.

Die Zukunft der Landwirtschaft

Ähnlich ehrgeizige Energiekonzepte für die Landwirtschaft hatte in Brasilien José Lutzenberger, früher Umweltminister des Landes und neben Klaus Töpfer entscheidender Inspirator des Rio-Gipfels 1992, entwickelt. Das Erneuerbare-Energien-Gesetz, das die rot-grüne Bundesregierung geschaffen hat, wird der Energiegewinnung aus Biomasse in den nächsten zehn Jahren eine ähnlich positive Entwicklung bescheren, wie sie die Windenergie in den letzten zehn Jahren erfahren hat.

Die bevorstehende Entwicklung zu einer komplett neuen Energieversorgung ist vergleichbar mit einem ähnlich bedeutenden Schritt der Menschheit vor ca. 7000 Jahren: weg vom Jagen und Sammeln, hin zur Landwirtschaft. Wenn Landwirte auch Energie- und Rohstoffwirte werden, dann steht die gesamte Landwirtschaft vor einer Renaissance. Vor uns liegt ein langer, aber sinnvoller Weg mit viel zukunftsfähiger Arbeit. Wir können das Bauernsterben stoppen. Das wäre ein Segen für die gesamte Gesellschaft. Die EU nimmt an, dass über die Ökologisierung der Landwirtschaft und über Energie von Wald und Acker in Westeuropa zwei Millionen neue Arbeitsplätze entstehen können.

In Nettersheim/Eifel beheizt ein 1,5-Megawatt-Heizkraftwerk 150 Wohneinheiten und zehn kommunale Gebäude über ein Nahwärmenetz. In Gummersbach werden mit Hilfe eines solchen Kraftwerks 90 Privathäuser mit Energie versorgt. Allein im

Jahr 2001 wurden in Nordrhein-Westfalen 287 Holzfeuerungsanlagen in Betrieb genommen und von 90 Landwirten Biogasanlagen neu betrieben. Was heute 90 Landwirte machen, können morgen auch 50 000. Warum eigentlich nicht?

Die herkömmliche Landwirtschaft lässt heute noch 70 bis 80 Prozent der Pflanzen als Reststoffe ungenutzt. Die energetische Nutzung dieser Reststoffe ermöglicht eine Sekundärverwertung der land- und forstwirtschaftlichen Produkte, die klimafreundlich ist und außerdem die Böden entlastet, Monokulturen entgegenwirkt und Arbeitsplätze im ländlichen Raum schafft. Der Fachjournalist für Umwelt und Energie, Walter Graf, zeigt in seinem Buch *Kraftwerk Wiese,* wie über eine konventionelle, aber immer verfügbare Energiequelle durch Grasvergärung und Biogasverwertung aus Gras Strom und Wärme gewonnen werden können.

Die Solarcomplex GmbH hat für den Landkreis Konstanz mit ihrer Potenzialstudie beispielhaft aufgezeigt, wie künftig regionale Energieversorgung zu 100 Prozent organisiert werden kann.* Das Bürgerunternehmen muss sich für die nächsten Jahrzehnte um Arbeitsplätze keine Sorgen machen. Diese Arbeit geht noch lange nicht zu Ende.

Die Mitarbeiter von Solarcomplex halten in ihrer Studie neben der Biomasse die Erdwärme für die am meisten unterschätzte erneuerbare Energiequelle in Deutschland.

Wärme: Je tiefer, desto mehr!

Unter der Erde ist viel Wärme gespeichert. Je tiefer, desto mehr. 99 Prozent unserer Erdmasse ist über 1000 Grad Celsius heiß. Der Ausbruch eines Vulkans verdeutlicht die Urgewalt der Energie im Erdinneren. Im kalten Island werden heute 85 Prozent der

* Studie kostenlos bei: Solarcomplex GmbH, Ekkehardstr. 10, 78224 Singen

gesamten Wärmeversorgung über Erdwärme gewonnen. Öl und Gas für Heizzwecke sind auf der Insel praktisch verschwunden. In Paris werden seit 25 Jahren mehr als 250 000 Wohnungen geothermisch beheizt. San Francisco erzeugt seinen Strom komplett aus Erdwärme. Die Karriere der Erdwärme-Nutzung als Energiequelle begann vor 100 Jahren in der Toskana. In den letzten Jahren wurden in der Schweiz 20 000 Erdwärmesonden installiert. In einigen Regionen vulkanischen Ursprungs wird über Erdwärmekraftwerke der gesamte Stromverbrauch organisiert: auf den Azoren, in Nicaragua und in El Salvador. Auf den Philippinen liefert Erdwärme bereits 23 Prozent des Gesamtenergieverbrauchs, in Neuseeland fünf Prozent des Stroms.

Die alte DDR war in der Erdwärmeforschung und -nutzung weiter als die Bundesrepublik. Mit 10 Megawatt läuft heute in Neubrandenburg die größte Geothermie-Heizzentrale Deutschlands. Thermalbäder nutzen geothermische Potenziale.

Solarcomplex geht davon aus, dass für den Landkreis Konstanz bis zu 60 Millionen Kilowattstunden elektrische und thermische Energie pro Jahr über Geothermie gewonnen werden können. Bei Erdwärme werden drei Grundtypen der Nutzung unterschieden:

- oberflächennahe Systeme ab zehn Metern Tiefe;
- Bohrungen in mittlere Tiefen und
- Tiefenbohrungen mit Temperaturen bis zu mehreren hundert Grad.

Das geothermische Potenzial aus mittleren Tiefen ist insgesamt größer als der Weltenergieverbrauch. Tiefenbohrungen sind allerdings aufwendig und teuer. Das tiefste Bohrloch der Welt ist etwa zehn Kilometer tief. Die Erde hat einen Durchmesser von etwa 12 800 Kilometer. In der Erdmitte ist es bis zu 6000 °C heiß.

Die Ursprungswärme der Erde geht nicht auf die Sonne zurück, sondern auf die Entstehung der Erde vor 4,5 Milliarden Jahren. In einer Tiefe von vier bis sechs Kilometern herrscht eine Temperatur von 150 bis 200 °C. Die Solarcomplex-Studie: »Ein einziger Kubikkilometer heißes Gestein liefert bei Abkühlung von 200 auf 100 °C genug Energie, um 30 Jahre lang ein Heizkraftwerk mit einer thermischen Leistung von 300 Megawatt zu bedienen, der dabei erzeugte Strom versorgt eine Stadt mit 150 000 Einwohnern.«

Städte ab 10 000 Einwohner können künftig mit Erdwärme über Nahwärmenetze kostengünstig versorgt werden. Im Landkreis Konstanz könnte damit die gesamte Wärmeversorgung für die Städte Singen, Radolfzell, Stockach, Rielasingen, Worblingen, Engen und Konstanz über Geothermie erfolgen.

Im Elsass fressen sich Bohrer bereits 5000 Meter tief in die Erde. Ab 2004 soll in Soultz-sous-Forêts das Europäische Geothermie-Projekt 20 Megawatt elektrische Leistung erzeugen. Das ist Strom für eine Stadt mit 50 000 Einwohnern.

Schon seit Jahren setzen viele Bürgermeister auf beiden Seiten des Rheins ihre Energiehoffnungen auf das Projekt im Elsass. Badische und elsässische Kommunen wie Landau und Bühl oder Straßburg wollen künftig Heizenergie aus der Erdwärme gewinnen. Viele Städte und Dörfer können komplett damit beheizt werden, wenn die unterirdischen Wärmevoraussetzungen gegeben sind.

Bei Temperaturen über 100 °C lässt sich aus der Erdwärme auch Strom gewinnen. Kühles Wasser wird über ein Loch in 5000 Meter Tiefe geführt, wo es sich im Granit aufheizt und über ein anderes Loch wieder hochgepumpt wird. Oben treibt eine Turbine damit einen Generator an, der Strom erzeugt.

Gelingt in Soultz die Stromgewinnung, kommen wir der Erschließung einer nahezu unerschöpflichen Energiequelle ein gutes Stück näher. Die Geothermische Vereinigung schätzt, dass mit Erdwärme ein Viertel des deutschen Strombedarfs gedeckt werden könnte – mehrere hunderttausend Jahre lang.* Es ist intelligenter, den Ausbau auch dieser erneuerbaren Energie rasch voranzutreiben, als weitere Kriege um Öl zu führen oder auf den nächsten Atomunfall zu warten.

Der wichtigste Lernprozess im 21. Jahrhundert heißt: Nutzen, was nachwächst, und nutzen, was die Natur uns kostenlos, umweltverträglich und immer wieder neu zur Verfügung stellt – neben der Sonne, der Erdwärme und der Biomasse auch den Wind und das Wasser.

Viele kleine Räder

Heute fließt in Deutschland viel ungenutzte Energie den Bach hinunter. Noch bis vor 100 Jahren gab es rund 100 000 kleine Wasserkraftwerke. Die großen Energiekonzerne haben jedoch die allermeisten kleinen Anlagen vom Markt verdrängt. So verstehen die Energiemultis die Marktwirtschaft. Die wenigen Großen haben Angst vor den vielen Kleinen. Monopole dulden grundsätzlich keine Konkurrenz. Und die großen Energiekonzerne sind trotz Liberalisierung faktisch noch immer Regionalmonopolisten. Das Erneuerbare-Energien-Gesetz kann allerdings auch dazu beitragen, dass in den nächsten Jahren tausende kleine Wasserkraftwerke reaktiviert werden. Und zwar überall, wo in Deutschland Mittelgebirge sind: in Bayern und Baden-Württemberg, in Rheinland-Pfalz und in Hessen, in Thüringen und Nordrhein-Westfalen, in Sachsen und Sachsen-Anhalt. Politiker, die sich für bessere politische Rahmenbedingungen zugunsten erneuerbarer Energien einsetzen, brauchen um ihre Wiederwahl nicht zu fürchten. Schon 1998 ergab eine re-

* Mehr Infos unter *www.soultz.net*

präsentative Umfrage in Deutschland folgende Zustimmungsraten für erneuerbare (Sonne, Wasser, Wind) und nicht erneuerbare (Gas, Öl, Kohle, Kernenergie) Energiequellen:

Wunschenergien der Deutschen

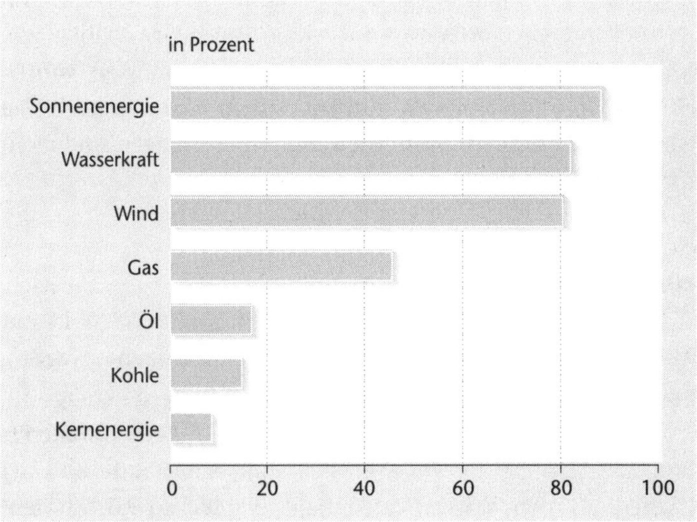

Quelle: Bundesverband WindEnergie e.V.

Wasserkraft liefert in Deutschland etwa fünf Prozent der Elektrizität, weltweit 20 Prozent. In Österreich wird aus Wasserkraft 72 Prozent des Stroms gewonnen und in der Schweiz 50 Prozent. Norwegen, Island und Ghana produzieren ihren Strom zu fast 100 Prozent aus Wasserkraft.

Im südlichen Deutschland liegen riesige Reserven für Wasserkraft brach. Im Gegensatz zu Sonne, Wind und Biomasse-Energie ist der Einsatz von Wasserkraft beschränkt, aber der heutige Anteil von 5 Prozent am Stromverbrauch kann verdoppelt werden.

Global liegen in den Ländern der so genannten Dritten Welt

die meisten Wasserkraftreserven, zum Beispiel in China, Indien, Indonesien, in Lateinamerika oder Bergstaaten wie Nepal und Tibet. Regenerative Energien sind in Dritte-Welt-Ländern Voraussetzung für ökonomische Entwicklung, Gerechtigkeit, Wohlstand und Demokratie.

Allerdings: »Small is beautiful«. Megawasserkraftwerke in China und Indien, Brasilien und Ägypten gegen den Willen von Millionen Menschen, die umgesiedelt werden müssen, führen eher zu Umweltproblemen und zu sozialen Spannungen als zu wirklichen Lösungen. Aber viele kleine Hydroanlagen sind nicht nur »beautiful«, sondern auch »powerful«.

Die Zukunftsfabrik im Südschwarzwald

Am 1. Januar 2000 begann für die Wasserkraftwerke Volk AG im Elztal/Südschwarzwald ein neues Zeitalter. Die erste energieautarke Schwermaschinenfabrik Europas ging in Betrieb. Eine Fabrik, die Schwermaschinen herstellt und dabei mit Hilfe der Wasserkraft mehr Energie erzeugt als verbraucht wird, verdient das Etikett »Zukunftsfabrik«. Die erste »Plusenergiefabrik«!

Auch diese zukunftsweisende Fabrik mit über 60 Arbeitsplätzen im strukturschwachen Gutach im Elztal wäre beinahe an einer seltsamen Koalition aus typisch deutscher Behördenwillkür und deutschem Öko-Fundamentalismus gescheitert. So genannte Umweltschützer hatten den Bau der Zukunftsfabrik, die ihre gesamte Energie über Wasserkraft, Solaranlagen und Wärmepumpen organisiert, um mehrere Jahre verzögert. Das Ökosystem des Flusses Elz werde durch ein Wasserkraftwerk geschädigt, so die Argumentation der »Umweltschützer«. Heute werden hier Wasserturbinen mit der Energie von Wasserturbinen gefertigt und ein Gutachten bestätigt, dass die Wasserqualität dabei noch gewonnen hat. Die Fabrik belastet weder das Wasser der Elz noch die Luft. Selbstverständlich lässt die Nutzung der Wasserkraft auch die Fischwanderung zu. Fischtreppen machen dies möglich.

Der Standort der Wasserkraftwerke Volk liegt nicht in der sonnenverwöhnten Rheinebene, sondern in einem Schwarzwaldtal. Das Baumaterial der Fabrik besteht zu 70 Prozent aus Holz vom heimischen Südschwarzwald. Zur »Zukunftsfabrik« gehören eine automatische Regenwassernutzungsanlage und ein begrüntes Dach von 3442 Quadratmetern Fläche. Die Fabrik ist wärmegedämmt nach dem Standard eines Niedrigenergiehauses, was von vornherein viel Energie einspart.

Der Chef des Wasserkraftwerkes, Manfred Volk, seine Mitarbeiter sowie über 1400 Aktionäre haben vereinbart, dass »mindestens fünf Prozent unseres Gewinns in ökologisch-soziale Projekte«, hauptsächlich in Entwicklungsländern, investiert werden.

Weltweit werden heute erst 18 Prozent des technisch nutzbaren Wasserkraftpotenzials genutzt. Die Wasserkraft könnte Primärenergieträger Nummer eins werden. Aber das muss nicht sein. Denn über die Sonne, den Wind, die Erdwärme und die Biomasse haben wir ebenfalls riesige Energiepotenziale. »Was wir weltweit empfehlen, müssen wir zuerst selbst realisieren«, sagte mir Manfred Volk, als ich ihn nach meiner Einweihungsrede zu seiner Motivation frage. Tausend Besucher waren gekommen: ein Volksfest für die Wasserkraft, das Manfred Volk inszenierte. Als er vor über 20 Jahren die Wasserkraftwerke Volk gegründet hatte, wurde er im Schwarzwald belächelt, heute jedoch wird er manchmal beneidet.

Diese Schwermaschinenfabrik beweist, dass wir nicht nur Wohnhäuser bauen können, die mehr Energie produzieren, als in ihnen verbraucht wird, sondern auch Fabriken. Manfred Volk hat nah am Wasser gebaut. Der heute 49-Jährige war einst Physiklehrer. Seine innere Antriebskraft heißt: »Wasserkraft statt Atomkraft«. Der Atomkraftgegner freut sich über seine Stromjahresbilanz des Jahres 2000 besonders: Lediglich 7000 Kilowattstunden musste er vom Atomstromproduzenten Energie Baden-Württemberg (EnBW) beziehen, aber 1,3 Millionen Kilowattstunden Ökostrom aus Wasserkraft musste dieser von ihm abkaufen. Manfred Volks späte Rache an der Atomwirtschaft! »Mit unserer Firma wird die alte Energiewirtschaft nicht reich«, frohlockt der Wasserkraftunternehmer.

In vier Kontinenten hat Manfred Volk inzwischen 500 kleine und mittlere Wasserkraftwerke verkauft – zuletzt Ecuador, Nepal und Sri Lanka. Weniger als 10 Prozent dessen konnte er in Deutschland installieren. »Eine unheilige Allianz von behördlichen Bedenkenträgern und Naturschützern behindert den möglichen Ausbau der Wasserkraft in Deutschland«, sagt der Öko-Unternehmer, der 1998 als »Ökomanager des Jahres« ausgezeichnet wurde, beinahe resignierend.

Allein in Baden-Württemberg könnten noch 3000 Wasserkrafträder zur umweltfreundlichen Stromgewinnung gebaut werden. Doch die Atomlobby, die in diesem Bundesland zu 70 Prozent den Strom produziert, ist hier besonders stark – noch! Sicher nur bis zum nächsten Atomunfall!

Im Gegensatz zu vielen New-Economy-Projekten gilt die Wasserkraft bei Aktionären als krisenfest. Die zehn größten Wasserstromproduzenten der Welt sind heute: Kanada mit etwa 340 Milliarden Kilowattstunden pro Jahr, Brasilien und USA mit je 305 Milliarden, China mit 230, Russland mit 160, Norwegen mit 120, Japan mit 85, Indien mit 80 sowie Frankreich und Schweden mit je etwa 80 Milliarden Kilowattstunden pro Jahr.

Die Bereitstellung erneuerbarer Energien muss immer Hand in Hand gehen mit einer intelligenten *Nutzung* der Energien.

25 Prozent aller Treibhausgase in Deutschland und Westeuropa entstehen durch unsere Mobilität. Das heißt: Eine wirkliche Energiewende kann es nur geben mit einer ökologischen Verkehrswende.

Die Verkehrswende: Autofahren ist heilbar

Am Beginn der Bundesrepublik Deutschland wurde im Grundgesetz die Todesstrafe abgeschafft. Doch seither wird sie in Deutschland mehr praktiziert als je zuvor. Allein in den alten Bundesländern wurden seit 1949 mehr als 650 000 Menschen im Straßenverkehr getötet. In derselben Zeit wurden auf westdeutschen Straßen über 21 Millionen Menschen verletzt. Hunderttausende dieser Verletzten sind für ihr ganzes Leben behindert und sitzen im Rollstuhl. Und zu diesem Wahnsinn soll es keine Alternative geben? Es gibt sie: Flächenbahn statt Autowahn.

Wissen wir eigentlich, was wir tun, wenn wir ins Auto steigen? Wo bleibt im Autoverkehr das in allen Religionen und Kulturen gültige Gebot: »Du sollst nicht töten?« Wir müssen die Frage nach der Verantwortbarkeit der verschiedenen Reisemöglichkeiten stellen. Mit öffentlichen Verkehrsmitteln zu reisen ist etwa 100-mal sicherer als im Auto.

Weitere Frage: »Was ist eher verantwortbar – mit einem Auto zu reisen, das auf 100 Kilometer acht bis neun Liter Benzin verbraucht und entsprechend die Umwelt belastet, oder mit der Bahn zu fahren, wo auf dieselbe Entfernung höchstens ein Drittel bis ein Viertel der Umweltbelastung entsteht?« Mit jedem Liter Benzin verpesten wir 10 000 Liter Luft. Wie wollen wir das verantworten gegenüber künftigen Generationen, wo es doch häufig Alternativen wie den grundsätzlich umweltverträglicheren und weit sichereren Schienenverkehr gibt?

Der ADAC hat ausgerechnet, dass Zugfahren höchstens ein Drittel dessen kostet, was wir für die gleiche Strecke mit dem Auto ausgeben! Die Umweltverbände und Umweltpolitiker aller Parteien machen uns seit Jahren auf diese Zusammenhänge aufmerksam. Wir wissen längst, was wir tun müssen. Aber warum tun wir nicht, was wir wissen?

Hauptsächlich Männer sind autoverrückt. Am Beginn des neuen Jahrhunderts verbringt ein deutscher Mann im Durchschnitt jährlich mehr Stunden seines Lebens im Stau (nämlich 67 Stunden) als beim Sex (40 Stunden). Soll das modern sein? Ist das die Lebensqualität, von der wir träumen? Ich fahre, also bin ich?

Luftqualität ist Lebensqualität

Mit dem Ziel, die Schöpfung bewahren zu helfen und die Fülle und Freude des Lebens zu genießen, ist das heutige Auto nicht zu vereinbaren. Es stiehlt uns Zeit und Geld und Gesundheit. In der Bergpredigt spricht Jesus die »Sanften« selig, nicht die heutigen Todesfahrer und Drängler auf den Straßen. Was passiert künftig mit unserem Globus, wenn alle Chinesen, Inder und Afrikaner so Auto fahren, wie wir es für uns als selbstverständlich in Anspruch nehmen? Ist es gerecht, dass ein Fünftel der heutigen Menschen, die in den Industriestaaten leben, vier Fünftel aller Ressourcen dieses Planeten verbrauchen, während vier Fünftel der Menschheit sich mit dem Rest zufrieden geben muss? Den schönen blauen Planeten können wir vergessen, wenn demnächst 10 Milliarden Menschen so automobil sein wollen, wie wir es heute sind. Es geht nicht um Verzicht und Askese, es geht um mehr Lebensqualität für alle. Und Luftqualität ist Lebensqualität.

Die von Autos verpestete Luft macht in vielen deutschen Innenstädten krank – hauptsächlich Kinder – und ist sogar zum

Stein-Erweichen, wie viele Denkmalschützer zu Recht beklagen. Das Auto ist wie eine gesellschaftliche Droge. Die Politik hat seit Jahrzehnten Autopolitik gemacht, wo Verkehrspolitik nötig wäre. Im Sommer 2002 trafen beim Bundestagswahlkampf zwei »Auto-Männer« aufeinander. Das sagt viel über unsere gesellschaftliche Befindlichkeit. Ein Bahn-Kanzler oder eine Bahn-Kanzlerin, die wir dringend bräuchten, ist noch immer nicht absehbar.

Die deutsche Autopolitik der letzten fünfzig Jahre hat mehr städtisches Leben zerstört als die Bomben im Zweiten Weltkrieg. Der real existierende PS-Fetischismus auf unseren Straßen ist aggressiv und macht aggressiv. Er ist gewalttätig gegen das Leben. Zu einer wirklichen Lebensqualität gehört eine entspannte Mobilität. Doch auf Autobahnen erleben wir häufig Kriegssituationen.

Zu meiner Vision für ein zukunftsfähiges Deutschland gehört eine Verfünffachung des öffentlichen Verkehrs in den nächsten 25 Jahren. Dann können wir 80 Prozent und mehr unserer Mobilität mit öffentlichen Verkehrsmitteln zurücklegen, und den Rest schaffen wir mit umweltfreundlichen PKWs: Solarautos, Ein-Liter-Autos, Biosprit-Autos, Brennstoffzellen-Autos, die mit solarem Wasserstoff fahren.

Vorbild Schweiz

Nehmen wir ein positives Beispiel: Die Schweizer Bahn feiert 2002 ihr 100-jähriges Jubiläum. Die Eidgenossen fahren beinahe dreimal mehr Bahnkilometer im Jahr als wir Deutschen. Warum machen wir es ihnen nicht nach?

Auch in Deutschland gibt es großartige, intelligente Mobilitätsvorbilder: die Straßenbahnen in und um Karlsruhe und Freiburg, die bewusste Radfahrerpolitik in Münster, Osnabrück und Heidelberg, den Rheinland-Pfalz-Takt der Bahn, die Mobilitätsmöglichkeiten um den Bodensee oder das Bussystem der Stadt Lemgo, wo sich die Zahl der Benutzer in wenigen Jahren verdreißigfacht hat, weil das Angebot, der Takt, der Service und der Preis stimmen.

Die schöne Bodenseestadt Lindau drohte am Autoverkehr zu ersticken. Es gab nur Regionalbusse. Da hat sich die Stadtverwaltung ein neues Stadtbussystem geleistet mit dem traumhaften Ergebnis, dass die Fahrgastzahlen auf das Hundertfache gestiegen sind. Solche Erfolge sind überall möglich, wenn sie politisch gewollt sind und die Verantwortlichen daran glauben.

In Holland werden 42 Prozent aller Wege mit dem Fahrrad zurückgelegt, in Deutschland sieben Prozent. Immerhin gibt es ab 2002 in Deutschland einen Bundesfahrradplan. Die Mittel zum Ausbau der Fahrradwege wurden verdoppelt. In den Niederlanden ist Fahrradpolitik Teil der Regierungspolitik. Bis 2010 sollen 70 Prozent aller Wege mit dem Rad zurückgelegt werden. Wer den Fahrradverkehr in Holland erlebt hat, kommt mit dem Eindruck nach Deutschland zurück, hier in einem Fahrrad-Entwicklungsland zu leben. Dabei wurde das Fahrrad 1817 vom badischen Forstmeister Karl von Drais zuerst als »Laufmaschine« erfunden.

Bahnfahren ist ökonomischer und ökologischer, es ist sozialer und sicherer, und es ist ethisch eher vertretbar als das Auto. Darüber hinaus ist es bequemer, gesünder, angenehmer und bei Fernfahrten entschieden zeitsparender. Ich weiß als Besitzer einer Netzkarte der DB (Jahreskarte), wovon ich spreche. Nicht nur dieses Buch, auch die Moderationen meiner Fernsehsendungen entstehen zum Teil in der Bahn.

Die programmierte Katastrophe

In jeder Sonntagsrede fordern Politiker der großen Parteien gebetsmühlenartig seit Jahrzehnten »die Verlagerung des Verkehrs von der Straße auf die Schiene«. Doch geändert hat sich faktisch nichts. Außer, dass der Güterverkehr auf der Schiene einen historischen Tiefstand erreicht. Das überrascht nur diejenigen, die nicht wissen, dass die Durchschnittsgeschwindigkeit des Schienengüterverkehrs in Deutschland zur Zeit bei 13 km/h liegt.

Der lahmste Lkw ist entschieden schneller. Selbst in den USA werden viermal mehr Güter auf der Schiene befördert als in Deutschland. Ist die erweiterte EU und ihr Zentrum Deutschland darauf vorbereitet, dass sowohl Güter- wie Personenverkehr in Deutschland sich in den nächsten 20 Jahren etwa verdoppeln werden? Durch die EU-Erweiterung wird Deutschland noch mehr als bisher zum Transitland.

Von Nord nach Süd war Deutschland schon bisher Europas Transitland Nummer eins. Jetzt aber bei 25 EU-Staaten wird Deutschland durch seine Lage im Zentrum der EU noch zusätzlich von Ost nach West zum Durchgangsland Nummer eins.

Doch in den Vorbereitungen zur EU-Erweiterung wurde diese Tatsache einfach ausgeklammert. Der verkehrspolitische Kollaps in Deutschland ist vorprogrammiert. Schon heute braucht ein Reisender mit der Bahn von Berlin in die lettische Hauptstadt Talin (1700 Kilometer) über 60 Stunden. Vor 70 Jahren benötigte die Dampflok für dieselbe Strecke 27 Stunden.

Diese Entwicklung zeigt eine doppelte Ignoranz: Die Politik bedenkt gar nicht, dass die Menschen im größeren Europa auch reisen wollen – vor allem die Mittel- und Osteuropäer. Wenn aber der zunehmende Personen- und Güterverkehr ausschließlich per Autos auf Straßen funktionieren soll, folgt dem verkehrspolitischen Chaos die ökologische Katastrophe. Die Europäer können ihre Klimaschutzziele allesamt vergessen. Allein zwischen Deutschland und Polen wird sich der Güterverkehr bis 2020 etwa verdreifachen, sagen die Fachleute.

Es wird höchste Zeit, dass die von Berlin ausgehenden Bahnen nach Danzig, Warschau und in die baltischen Staaten sowie die von Dresden nach Prag, Budapest, Bratislava und Ljubliana führenden Strecken ausgebaut und renoviert werden. Auch die Strecken München–Wien–Budapest sowie Nürnberg–Prag werden von großer Bedeutung. Die Schienennetze von Paris nach Warschau, von London nach Athen und von Helsinki nach Madrid und Lissabon müssen rasch miteinander verknüpft werden. Der Führerschein gilt heute selbstverständlich EU-weit, aber an Landesgrenzen müssen meist noch die Lokführer ausgewechselt werden. Verkehrspolitisch, ökonomisch und ökologisch ein Anachronismus. So verschläft Europa seine Zukunft.

Die schönste Art zu reisen

Bahnfahren ist die schönste, bequemste, sicherste und umweltfreundlichste Form des Reisens: Vor 80 Jahren waren die Salons der Mitteleuropäischen Schlafwagen- und Speisewagen Aktiengesellschaft (MITROPA) eine Legende.

Von Zürich nach Hamburg, von Berlin nach Brüssel und von Wien über Budapest und München nach Paris boten Züge Bequemlichkeit, kulinarisches Vergnügen und weltberühmten Service, welche den verwöhnten Charlie Chaplin 1931 bei seinem Besuch in Deutschland zu höchstem Lobpreis veranlassten. Ganz Europa schwärmte von den Luxuszügen: dem Skandinavien-Schweiz-Express – dem London-Holland-München-Express oder dem London-Berlin-Express.

Heute soll das alles aus und vorbei sein. Bahnchef Mehdorn will die Speisewagen bei der Bahn abschaffen. Anstatt an der ruhmreichen Ess- und Reisekultur der MITROPA orientiert er sich eher an McDonalds. Das ist eine Kulturschande.

Muss Deutschland unbedingt das rückständigste Land in Westeuropa bleiben? Von seiner Bahnpolitik über seine hohen Arbeitslosenzahlen (Schweiz 1,8 Prozent, Österreich 3 Prozent,

Niederlande 4 Prozent, Deutschland 9 Prozent) und der Bildungsmisere (in der »PISA«-Studie liegt Finnland an erster und Deutschland an 22. Stelle) bis zur Biolandwirtschaft (in Europa an elfter Stelle) sind wir nicht auf der Höhe der Zeit.

Deutschlands Manager werden in einem Bestseller zu Recht »Nieten in Nadelstreifen« genannt. Mit dem heutigen Führungspersonal wird das Land nicht zukunftsfähig. Vier Millionen Arbeitslose sind die logische Konsequenz.

Ökologische Ethik meint: So leben, dass künftig alle gut leben können. Und dazu gehört unabdingbar eine ökologische Verkehrswende. Noch vor zwanzig Jahren habe auch ich über 90 Prozent meiner Mobilität in Deutschland mit dem PKW organisiert und nur zehn Prozent mit öffentlichen Verkehrsmitteln. Heute benutze ich zu 97 Prozent die Bahn und brauche nur noch für drei Prozent einen PKW.

Meine Erfahrung also: Autofahren ist heilbar! In meinen Büchern *Der ökologische Jesus* und *Die Sonne schickt uns keine Rechnung* habe ich in zwei Zeitsprüngen ins Jahr 2010 und 2030 meine Vorstellungen einer ökologischen Verkehrswende beschrieben. Wenn wir in den nächsten 25 bis 30 Jahren eine Verfünffachung des öffentlichen Verkehrs schaffen, dann bekommen wir ein ökologisches Verkehrswunder: Die Staus sind weg, Mobilität funktioniert wieder, wir fahren und reisen stressfrei und angenehm, die Luftqualität verbessert sich, und wir haben etwa eine Million neue Arbeitsplätze. Es ist höchste Eisenbahn für eine Verkehrswende, deren Merkmale sein werden: leiser, leichter und langlebiger. »Visionen brauchen Fahrpläne«, hat Ernst Bloch einmal gesagt.

Deutschland ohne Stau

Eine moderne Verkehrspolitik könnte in etwa 25 Jahren – nach dem Verkehrsplaner Heiner Monheim – so aussehen:

- Wie schon heute in der Schweiz, so ist auch in Deutschland im Jahr 2025 die Bahn attraktiver geworden. Der Service stimmt, der Takt und die Vernetzung zwischen Bahn, Bus und Millionen Taxen stimmen und ein attraktiver Familientarif lädt zum Umstieg ein.
- In Deutschland verkehren vier Millionen Car-Sharing-Autos. Viele Menschen teilen sich mehrere Autos. Heute ist ein Auto im Schnitt drei Prozent seiner Zeit in Betrieb und rostet 97 Prozent seiner Zeit vor sich hin. Unwirtschaftlicher geht es nicht. Welcher Unternehmer kann sich eine so schlappe Laufzeit seines Maschinenparks leisten?
- 20 000 Regionalbahntriebwagen bedienen auf dem dichten Schienennetz der Flächenbahn in der Regie privater, innovativer Regionalbahnunternehmen den Regionalverkehr.
- 150 kommunale Unternehmen des Schienenverkehrs lassen 10 000 neue Straßenbahn-, Stadtbahn- und S-Bahnwagen in Mittel- und Großstädten fahren.
- Es gibt zehnmal so viele Haltestellen wie heute als Voraussetzung für maximale Kundennähe.
- 20 000 Mobilitätszentralen mit einheitlicher Telefonnummer und Internetanschluss sorgen für ein modernes Mobilitätsmanagement.
- Ein Generalabo lässt jeden problemlos, preiswert (billiger als ein Auto auf jeden Fall), schnell und bequem in Stadt und Land vorankommen. Auch Taxis und Car-Sharing sind in dieses Abo integriert.

Die vorhandenen Straßen und Parkplätze reichen aus. Der Ausstieg aus der Staugesellschaft ist geglückt. Breitere Gehwege, neue Radwege, viele Busspuren und Bahntrassen können gebaut werden. Es reicht jetzt noch für viele Grünstreifen und Baumpflanzungen im öffentlichen Raum. Alle können aufatmen.

Flächenbahn statt Autowahn

Das einzig wirkliche Problem dabei ist wiederum ein mentales: Die meisten heutigen Verkehrspolitiker und Stadtplaner können sich für 2025 eher einen Urlaub auf dem Mond vorstellen als in Deutschland ein attraktives Verkehrssystem mit weit weniger Autos.

Große Pilotprojekte in den Niederlanden, in Österreich und in der Schweiz oder in Straßburg mit der Straßenbahn belegen längst, dass eine moderne ökologische Verkehrswende möglich ist. Wir müssten uns auch in Deutschland nur zutrauen, dass *überall* geht, was auch hierzulande die Bodensee-Bahnen »Seehas« und »Seehäsle«, die Breisgau-S-Bahn, die Dürener Kreisbahn oder die Saarbrücker Stadtbahn heute schon schaffen.

Eine erfolgreiche Verkehrswende ist keine Strategie gegen den Autoverkehr, sondern für eine effizientere Mobilität. Die Erfolgsfaktoren sind bei den genannten positiven Beispielen im In- und Ausland immer dieselben: motiviertes Personal, neue Fahrzeuge, rationeller Betrieb, offensive Werbung, attraktive Tarife und ehrgeiziger Marktauftritt.

Beispiel Bregenzer Wald: Ein modernes System von Rufbussen und Anrufsammeltaxen wurde mit modernen Land- und Ortsbussen und einer modernisierten Regionalbahn kombiniert. Innerhalb von fünf Jahren schnellten die Fahrgastzahlen von 30 000 pro Jahr auf drei Millionen hoch – das ist eine Verhundertfachung.

Das Wuppertal-Institut für Klima, Umwelt und Energie hält eine Vervierfachung der Bahnleistungen im Personenverkehr, eine Verdreifachung im Güterverkehr und die Halbierung des Autoverkehrs schon bis etwa 2015 für möglich, wenn die Bahn eine Flächenbahn wird. Dabei könnten eine Million neue Arbeitsplätze entstehen.

Was das alles kostet? Heute gibt eine deutsche Familie im

Schnitt 380 Euro pro Monat für ein Auto aus, was als nicht besonders teuer gilt. Für einen gut funktionierenden öffentlichen Verkehr, der das persönliche Auto weitgehend überflüssig macht, müssten nach den Berechnungen von Professor Monheim an der Universität Trier pro Monat etwa 280 Euro ausgegeben werden, was in Deutschland freilich als teuer gilt. Mit Verzicht hat also die Verkehrswende gar nichts zu tun, wohl aber mit Gewinn. Den Stau können wir vergessen, Geld sparen und Lebensqualität sowie Arbeitsplätze gewinnen.

Von Sacramento bis Bangladesch

Es gibt viele Vorurteile über erneuerbare Energien: zu teuer, zu wenig, zu kompliziert, nicht speicherbar. Zwei der populärsten Einwände heißen: »Was nützt es, wenn wir umsteigen, aber die Menschen in China, Indien und Afrika verbrennen weiter alles, was greifbar ist?« Und: »Wer um alles in der Welt soll Milliarden Dritte-Welt-Bewohnern ein Solardach auf der Hütte finanzieren?«

Meine Fernsehkollegen Rolf Schlenker und Jens Dücker haben in so unterschiedlichen Gegenden wie Sacramento/Kalifornien und dem Dorf Palashkanda/Bangladesch Antworten gesucht und gefunden. Der acht Jahre alte Kyle in Sacramento und der 13 Jahre alte Even in Bangladesch hatten so überraschende und überzeugende Argumente gegenüber den Vorurteilen, dass wir den Film »Krieg um Öl? Frieden durch die Sonne!« in zwei Jahren 14-mal ausgestrahlt haben.

Kyle in Kalifornien und seine Familie verbrauchen etwa 150-mal so viel Energie wie Even und seine Familie in Bangladesch. Trotzdem braucht die kalifornische Familie kein schlechtes Gewissen zu haben, denn sie lebt in der solaren Musterstadt Sacramento. Kyle zeigte den deutschen Fernsehzuschauern stolz, dass der Stromzähler seiner Familie rückwärts läuft, das heißt, ihr Haus produziert über eine Photovoltaikanlage mehr Strom, als die Familie verbraucht. »Wir haben ein eigenes Solarkraftwerk«, verkündet der Achtjährige unseren Fernsehzuschauern. »Das ist wichtig gegen den Treibhauseffekt.«

20 000 Kilometer westlich von Kyle lebt Even in Bangladesch. Er hat noch mehr Grund zu Freude und Stolz. Wir besuchen ihn und seine Familie am Tag, an dem bei ihnen eine Solaranlage aufs Dach montiert wird. Vorher gab es keinen Strom. Heute brennt erstmals elektrisches Licht im bescheidenen Haus.

Evens Heimat Bangladesch, das Armenhaus Asiens, bekommt die Folgen des Klimawechsels am stärksten zu spüren. Überschwemmungen und Wirbelstürme gibt es jährlich neu. Die Bangladeschis reden von Hochland, wenn das Land fünf Meter über dem Meeresspiegel liegt. Zyklone pressen schon heute allzu häufig Wassermassen des ständig steigenden Meeresspiegels in das größte Delta der Welt. Die nächste Hungersnot ist in Bangladesch vorprogrammiert.

Auch Even kennt die globale Klimasituation und sagt uns: »Die Menschen verbrennen das ganze Holz. Der Rauch und die schlechte Luft aus den Städten steigen in die Höhe und verdrecken alles. Die Sonnenenergie hilft uns künftig, das zu vermeiden.«

Zurück nach Sacramento zu Kyle: Kaliforniens Hauptstadt ist 1988 als erste Stadt der USA aus der Atomenergie ausgestiegen. Heute wird bereits die Hälfte des Stroms regenerativ erzeugt. Kyle besucht die erste »solare Schule« seiner Stadt. Auch hier spüren wir den Stolz der Schüler und Lehrer, die Ersten in einer neuen Zeit gewesen zu sein, deren Schule komplett mit erneuerbaren Energien versorgt wird. Am Abend kann es Kyle gar nicht erwarten, dem Fernsehteam aus Deutschland das Solarauto seines Vaters vorzustellen. »Wir sind Sonnenpioniere«, strahlt sein Vater.

In Bangladesch erklären Evens Eltern, dass es ein unschätzbarer Vorteil sei, jetzt erstmals elektrische Energie im Haus zu haben. Die Kinder könnten abends mit Solarlicht lesen statt wie bisher bei Kerzen und stinkendem Petroleum. Evens Großvater meint: »Dass wir jetzt Sonnenenergie haben, bedeutet, dass wir uns über ein Fernsehgerät an die Welt anschließen können.«

Die Grameen-Bank in Bangladesch hat nicht nur die Solaranlage für Evens Familie finanziert, sondern inzwischen Zehntausende von Photovoltaikanlagen für die Armen in Bangladesch. Voraussetzung für einen Kleinkredit ist Armut. 96 Prozent der Kreditnehmer sind Frauen. Die Erfahrung dieser »Bank für die Armen«* erklärt Muhammad Yunus, der Gründer:

> »Mit diesen neuen Technologien können wir die Armut abschaffen, für immer und in der ganzen Welt. Wir werden die Armut ins Museum stellen, damit künftige Generationen sehen, wie es früher mit der Armut war.«

Vor allem Banker haben früher diesen Muhammad Yunus belächelt. Heute hat er 16 Millionen arme Kreditnehmer, die zu über 99 Prozent ihre Kleinkredite pünktlich zurückzahlen. Yunus' sensationelle Erfahrung, welche »normale« Banker gar nicht verstehen wollen:

> »Keine Gruppe in der Gesellschaft ist so kreditwürdig wie die Ärmsten. Sie sind beseelt von der Motivation, die Armut zu überwinden. Über Minikredite finden jetzt Millionen Menschen ihre Würde und überwinden die Armut. Wir müssen lernen, an die Würde der Armen zu glauben. Arme brauchen keine Almosen, sondern Kredite.«

* Mehr darüber in dem Buch *Hoffnungsträger* von Frances und Anna Lappé.

In dieser Reportage über Even in Bangladesch und Kyle in Kalifornien sagt uns der Energiemanager der Stadtwerke von Sacramento, Donald Osborn:

> »Sonnenenergie ist eine unerschöpfliche Ressource. Was wir hier machen, kann jede Gemeinde nachmachen: zu 100 Prozent auf erneuerbare Energien umsteigen. Je mehr wir Sonnenenergie nutzen, desto preiswerter wird sie. Wenn wir Sonnenenergie bei uns billiger machen, machen wir sie auch für die Entwicklungsländer billiger. Das ist die eigentliche Leistung, die Sacramento und andere Gemeinden, welche die Sonnenenergienutzung ständig weiter entwickeln, für die Dritte Welt erbringen. Heute haben noch zwei Milliarden Menschen keinen Strom. Das können wir ändern.«

Wie die Zukunft von Kyle und Even wirklich aussehen wird, liegt an uns, den heute Verantwortlichen. Vielleicht kommt es eines Tages doch noch so, wie es sich Kyles Mutter in unserer Sendung gewünscht hat:

> »Unsere Kinder werden mit diesen alternativen Energieformen eine bessere Zukunft haben, eine Zukunft mit weniger Luftverschmutzung und einer gesünderen Umwelt. Und Kriege um Öl brauchen wir schon gar nicht. Die Solaranlage auf unserem Dach hat Kyle sehr energiebewusst gemacht. Er weiß genau, was die Anlage produziert und wie viel Strom wir verbrauchen.«

In Bangladesch bedeutet die Solaranlage für Even *die* Chance seines Lebens:

> »Ich bin jetzt in der achten Klasse. Später will ich Arzt werden, weil die meisten Menschen in Bangladesch sehr arm sind und sich keinen Arzt leisten können. Diesen Menschen möchte ich helfen.«

Wir stehen erst am Beginn der solaren Energiewende. Die vielen positiven Beispiele in diesem Buch zeigen den Anfang, aber noch nicht den Durchbruch ins Solarzeitalter.

Solarkocher in den Entwicklungsländern sowie Solarautos und Solarboote weltweit sind Vorboten der Solargesellschaft. Dazu gehören Flugzeuge, Busse und Bahnen, die mit solarem Wasserstoff bewegt werden. Auch die bioorganische Solarzelle ist keine Utopie mehr. Sie wird an der Universität Mainz entwickelt. Nach dem Vorbild der Photosynthese werden »Biozellen« wachsen.

Drei Milliarden Jahre Evolution können nicht irren. Die Photosynthese der Natur zeigt uns den Weg in die Zukunft. Die Photosynthese produziert im Jahr 10 000-mal mehr Stoffe als die gesamte Produktionsleistung der chemischen Industrie. In jedem grünen Blatt sind Lichtsammelproteine eingewoben, die aus jedem Grashalm, jeder Blume und jedem Baum eine Empfangsantenne für die Botschaften des elektromagnetischen Senders Sonne machen.

Wir wissen heute, dass es in unserer Galaxie etwa 200 Milliarden Sonnen gibt. Das sind etwa 30 Sonnen pro Mensch. Noch vor 400 Jahren dachten unsere Vorfahren, es gäbe eine Sonne und diese drehe sich um die Erde. Fortschritte und neue Erkenntnisse sind und bleiben immer möglich.

Die Technik allein wird uns freilich nicht retten. Wir brauchen eine ökologische Ethik oder eine ökologische Spiritualität. Wie und wo finden wir sie? Wie gelingt es, Ethik und Technik so miteinander zu verbinden, dass uns der Durchbruch zum Solarzeitalter und in eine solare Weltwirtschaft eine Herzensangelegenheit wird?

VIII. KAPITEL

Die Jesus-Buddha-Strategie

Die Politik der Bergpredigt

Die Bergpredigt ist das Grundsatzprogramm Jesu. Sie kann zum ABC einer globalen ökologischen Ethik werden, die Magna Charta des Überlebens im Atomzeitalter. Nichts braucht die Welt am Beginn des 21. Jahrhunderts dringlicher als das, was wir von Jesus im Matthäus-Evangelium im 5. bis 7. Kapitel oder im Lukas-Evangelium im 6. Kapitel (Feldpredigt) hören.

Ethik und Religion sind wertvoll, wenn sie sich im praktischen Leben bewähren. Das ist die ganze Botschaft des Mannes aus Nazareth.

Er sagt uns: Eure Sonntagsreden im Bundestag oder sonst wo über Frieden sind Blabla, wenn ihr dann doch wieder Kriege führt oder eure persönlichen, beruflichen und wirtschaftlichen Probleme mit Gewalt und List anstatt mit Klugheit und Liebe zu lösen versucht. Redet nicht von sozialer Gerechtigkeit, wenn eure Gerechtigkeit darin besteht, dass ihr Deutschen und ihr Amerikaner zwar Milliarden Euro für Kriegführung ausgeben könnt, aber nicht mal die ewig versprochenen 0,7 Prozent eures Bruttosozialproduktes für Entwicklungsprojekte zu zahlen bereit seid.

Jesus würde heute vielleicht hinzufügen: Wenn ihr schon meine Bergpredigt für naiv haltet, dann denkt doch mal über die Worte eures großen Dichters Friedrich Schiller nach und bringt sie in Zusammenhang mit Terrorismus aus der Dritten Welt:

»Die Würde des Menschen: Nichts mehr davon, ich bitt' euch. Zu essen gebt ihm, zu wohnen; habt ihr die Blöße bedeckt, gibt sich die Würde von selbst.«

Und Jesus würde wohl fortfahren: Nach dem Massenmord in New York habt ihr einen Massenmord in Afghanistan und im Irak begangen. Massenmord gegen Massenmord – soll das eure Ethik im 21. Jahrhundert werden? Wollt ihr mit dieser Devise allen Ernstes das Atomzeitalter überwinden? Spürt ihr wirklich nicht die Gefahr, dass mit dieser Ethik sehr schnell alles Leben zerstört werden kann? Ich sage euch heute wie schon vor 2000 Jahren: »Überwindet das Böse durch das Gute.« Einen anderen Weg gibt es nicht. Eure Gewaltillusionen sind noch immer euer größtes psychisches Problem. »Liebt eure Feinde«, und seid klüger als sie! Alle Religionen aller Zeiten in allen Kulturkreisen waren sich darin einig: »Du sollst nicht töten« ist unser Grundgesetz. Wann endlich versteht ihr dieses Ur-Anliegen Gottes?

Jesus würde uns Europäer heute auch fragen: Was macht ihr mit euren südlichen Nachbarn in Afrika? Dieser Kontinent hat einen Anteil von 14 Prozent an der Weltbevölkerung, trägt aber nur mit drei Prozent zum klimaschädlichen CO_2-Ausstoß bei. Und ausgerechnet dieser Kontinent muss heute schon am stärksten unter dem Treibhauseffekt leiden, obwohl er ihn am wenigsten verursacht. Wie lange wollt ihr Europäer verdrängen, dass euer Energieverhalten und euer Mobilitätsverhalten Afrikaner tötet und zu Umweltflüchtlingen macht? Was *ihr* in Afrika bewirkt, ist eine ökologische Aggression.

Habt ihr in dieser Situation keine intelligenteren Ideen, als deutsche Marinesoldaten ans Horn von Afrika zu schicken? Wann beginnt ihr zu verstehen, dass heute Klimaschutz und Entwicklungspolitik Sicherheit und Frieden bedeuten? Euer früherer Umweltminister Klaus Töpfer erinnert doch täglich an diese Zusammenhänge – warum hören eure Politiker nicht mehr auf ihn?

Ganz realpolitisch würde Jesus schließlich darauf hinweisen, dass es heute im Atomzeitalter, in dem auch Terroristen sich irgendwann Atomwaffen beschaffen oder Flugzeuge in eines der 450 laufenden Atomkraftwerke lenken können, zu Verhandlungen und Ausgleich keine Alternative mehr gibt. Wenn das so ist, warum nicht spätestens jetzt damit beginnen? Noch könnten wir Schlimmeres verhindern. Das alles wäre schwierig, ja sogar gefährlich? Sicher! So gefährlich freilich wie George Bushs angekündigter zehn Jahre dauernder Krieg gegen den Terror wäre es nicht.

Jesus ist zutiefst und zuinnerst überzeugt davon, dass den Gewaltlosen die Zukunft gehört. Seine Bergpredigt beginnt so:

> »Als Jesus die Menschenmenge sah, stieg er auf einen Berg und setzte sich. Seine Jünger traten zu ihm. Dann verkündete er ihnen, was Gott von seinem Volk erwartet.
> Er begann:
> ›Freuen dürfen sich alle, die nur noch von Gott etwas erwarten und nichts von sich selbst; denn sie werden mit ihm in der neuen Welt leben.
> Freuen dürfen sich alle, die unter der Not der Welt leiden; denn Gott wird ihnen ihre Last abnehmen.
> Freuen dürfen sich alle, die keine Gewalt anwenden; denn Gott wird ihnen die Erde zum Besitz geben.
> Freuen dürfen sich alle, die brennend darauf warten, dass Gottes Wille geschieht; denn Gott wird ihre Sehnsucht stillen.
> Freuen dürfen sich alle, die barmherzig sind; denn Gott wird auch mit ihnen barmherzig sein.
> Freuen dürfen sich alle, die ein reines Herz haben; denn sie werden Gott sehen.

Freuen dürfen sich alle, die Frieden schaffen; denn sie werden Gottes Kinder sein.

Freuen dürfen sich alle, die verfolgt werden, weil sie tun, was Gott verlangt; denn sie werden mit ihm in der neuen Welt leben.‹«

(Matthäus 5,1–10)

Am Schluss der Bergpredigt macht Jesus deutlich, worauf es ihm entscheidend ankommt:

»›Wer meine Worte hört und sich nach ihnen richtet, wird am Ende dastehen wie ein Mann, der überlegt, was er tut und deshalb sein Haus auf felsigem Grund baut. Wenn dann ein Wolkenbruch niedergeht, die Flüsse über die Ufer treten und der Sturm tobt und an dem Haus rüttelt, stürzt es nicht ein, weil es auf Fels gebaut ist. Wer dagegen meine Worte hört und sich nicht nach ihnen richtet, wird am Ende wie ein Dummkopf dastehen, der sein Haus auf Sand gebaut hat. Wenn dann ein Wolkenbruch niedergeht, die Flüsse über die Ufer treten, der Sturm tobt und an dem Haus rüttelt, stürzt es ein, und der Schaden ist groß.‹

Als Jesus seine Rede beendet hatte, waren alle von seinen Worten tief beeindruckt. Denn er sprach wie einer, der Vollmacht von Gott hat – ganz anders als ihre Gotteslehrer.« (Matthäus 7,24–29)

Ein Zeitgenosse Jesu, Rabbi Nathan, interpretiert, wohin Feindesliebe führen kann, mit folgenden Worten: Der Mächtigste ist der, der den Respekt seines Feindes gewinnt.

Wie ohnmächtig und schwach sind hingegen diejenigen, die mit Bomben ihren Feinden beikommen wollen! Bomben und Bibel passen niemals zusammen.

Noch eine weitere Bergpredigt-Passage macht deutlich, wie falsch und unklug es ist, einen Massenmord mit einem Massenmord zu beantworten:

»Verurteilt nicht andere, damit Gott nicht euch verurteilt. Denn euer Urteil wird auf euch zurückfallen, und ihr werdet mit demselben Maß gemessen, das ihr bei anderen anlegt. Warum kümmerst du dich um den Splitter im Auge deines Bruders und bemerkst nicht den Balken in deinem eigenen? Wie kannst du zu deinem Bruder sagen: ›Komm her, ich will dir den Splitter aus dem Auge ziehen, wenn du selbst einen ganzen Balken im Auge hast?‹ Du Scheinheiliger, zieh erst den Balken aus deinem Auge, dann kannst du dich um den Splitter im Auge deines Bruders kümmern.« (Matthäus 7,1–5)

Mit der Bergpredigt Berge versetzen

Ganz im Sinne dieser Jesus-Philosophie schrieb Mahatma Gandhi 1944 an den US-Präsidenten: »Wir können Hitler nicht mit Hitler besiegen.« 2001 hätten wir daraus lernen müssen: Wir können Bin Laden nicht mit Bin Laden besiegen. Wir haben es nicht gelernt. Und wir werden deshalb die Konsequenzen bald spüren.

Wer sein »Haus auf Sand baut«, darf sich nicht darüber wundern, wenn beim nächsten Sturm sein Haus »einstürzt und der Schaden groß ist«. George W. Bush handelt nach dem Motto: Wer der Böse ist, das bestimme ich, der Sieger. Und wieder einmal erweist sich die Hoffnung, durch Vernichtung des Bösen Gutes zu schaffen, als schlimme Illusion.

Der verstorbene jüdische Theologe Pinchas Lapide sagt in seinem Buch: *Wie liebt man seine Feinde?:* »Das Friedensprogramm der Bergpredigt ist eine Vision, die wir nicht preisgeben dürfen.« Nach dem 11. September haben wir sie schon wieder preisgegeben. Wir haben wieder einmal eine Riesenchance für die Politik der Gewaltfreiheit verspielt.

Solange wir unsere Träume von Frieden und Gerechtigkeit nicht zu realisieren versuchen, bleiben uns nur unsere alten Albträume von Rache und Krieg. Die frühe Kirche war der Bergpredigt in Zeit und Tat näher als wir: In den ersten zwei Jahrhunderten christlicher Zeitrechnung war es unmöglich, Christ zu sein und zugleich Soldat zu werden. Das Kriegshandwerk ist grundsätzlich unvereinbar mit einem Leben im Geiste Jesu. Es gibt keinen Text im ganzen Neuen Testament, der so beliebig interpretiert wurde wie die Bergpredigt, sich aber so wenig zu beliebigen Interpretationen eignet.

Jesus muss das geahnt haben. Deshalb wendet er sich noch in der Bergpredigt gegen die Interpretationsartisten: »Sagt ganz einfach Ja oder Nein; jedes weitere Wort ist vom Teufel« (Matthäus 5,37).

Zyniker sagen, wer naiv an so etwas wie die Bergpredigt glaubt, lebt in seliger Einfalt. Wer die Wahrheit der Bergpredigt am eigenen Leib und Leben verspürt, weiß, dass es tatsächlich genau so ist. In der Schule Jesu wächst Urvertrauen.

Militärische Lösungen waren immer die nächstliegenden, aber zugleich absurdesten, weil erfolglosesten. Der Versuch, Terroristen durch Bomben zu besiegen, ist ja nicht neu. 1914 haben zwei minderjährige serbische Nationalisten den österreichisch-ungarischen Thronfolger erschossen. Die beiden Terroristen hatten Beziehungen zu Belgrader Geheimdiensten und russischen Offizieren.

Damals hat Wien entschieden: Wir räumen auf und marschieren. Schließlich marschierte Berlin mit. Die Folgen sind bekannt: 15 Millionen Tote! Auch George W. Bush wollte nach dem 11. 9. aufräumen. Seine Devise: Vernichten, um sich der Bedrohung zu entziehen! Lieber zehn Jahre Krieg als verhandeln. Und wieder wird alles nur schlimmer. Warum sind wir immer noch unfähig, aus der Geschichte zu lernen? Wie lange wollen wir noch dem Aberglauben anhängen, mit Grausamkeit weitere Grausamkeiten verhindern zu können? Seit Jahrtausenden gehört der Krieg zu den beliebtesten Aktivitäten des Homo sapiens. Die menschliche Spezies findet noch immer Gefallen am Krieg. Zumindest ist sie immer noch zu dumm, sich ernsthaft um Alternativen zu bemühen. Noch immer gilt Krieg als intelligent – aber Friedenssuche im Sinne der Bergpredigt als naiv.

Vor 40 Jahren holte Charles de Gaulle algerische Terroristen aus dem Gefängnis direkt an den Verhandlungstisch – und hatte Erfolg. Algerien wurde unabhängig.

Für Verhandlungen ist es nie zu spät. Wann, wenn nicht jetzt, *vor* dem nächsten großen Terroranschlag?

Ob diese Verhandlungen erfolgreich sein werden, wissen wir nicht. Aber eines wissen wir heute ganz sicher durch die Erkenntnisse der Geheimdienste: Es gibt nach dem Afghanistan- und Irak-Krieg mehr Terroristen im islamisch-arabischen Kulturkreis als vor dem 11. September 2001. Michail Gorbatschow hat einst erfolgreich Politik gemacht nach dem Motto: »Wenn ich Terror mit Terror beantworte, setze ich eine unkontrollierbare Spirale der Gewalt in Bewegung.«

Die ganze westliche Welt hat Gorbatschows Politik bewundert und davon profitiert. Warum lernen wir nichts daraus? Warum bleibt unsere Politik so unsäglich primitiv, wie sie seit 5000 Kriegsjahren ist? Geduld, Gespräche, Geheimdienste, intelligente Polizeimethoden und sicherlich auch Geld sind nötig. Diese Strategie wäre wahrscheinlich erfolgversprechender als Bomben und Schlachten. Besonders schwierig ist es freilich, aus eigenen Fehlern zu lernen und das Böse nicht mehr nur auf andere zu projizieren. Selbsterkenntnis ist der erste Weg zu einer neuen Politik.

Auch heute verhungern über 24 000 Menschen

Die Welt wird wahrscheinlich noch lange nicht so sein, wie sie sich der Bergprediger vor 2000 Jahren erträumte. Ist deshalb der Traum von einer friedlichen und gerechteren Welt illusionär?

1992 beim Erdgipfel in Rio de Janeiro schien die Weltgeschichte für einen kurzen Augenblick auf einem besseren Weg.

Der Kalte Krieg war zu Ende, das viele Geld fürs Militär sollte endlich in soziale und ökologische Projekte fließen. Nachhaltige Entwicklung war weltweit angesagt. Alle versprachen es. Aber die USA, Westeuropa und Japan kümmerten sich weiterhin fast ausschließlich um ihre eigenen Interessen. Weiterhin verbrauchen 20 Prozent der Menschheit beinahe 80 Prozent der Ressourcen. Weiterhin verhungern jede Stunde tausend Menschen.

Das Bruttosozialprodukt Belgiens ist höher als das aller Länder im Südteil des afrikanischen Kontinents. Russland produziert weniger als die Niederlande. Die Armut und das Verhungern; Bürgerkriege und Wasserkatastrophen, Aids, Drogen und Flüchtlingsprobleme: Das alles interessiert die Reichen bis heute nicht wirklich.

Dann kam der 11. September 2001. Jetzt wird der Terrorismus bekämpft. Aber wie? Etwa erfolgreich? Daran muss gezweifelt werden. Terroristen wollen rächen, zerstören, demoralisieren, töten. Weder Osama Bin Laden noch Mohammed Atta lebten im Elend. Aber wo Elend und Verzweiflung ist, werden Terroristen häufig bewundert. Hier haben sie leichtes Spiel.

Die Erfolglosigkeit der Bush-Krieger ist offensichtlich. Von Djerba bis Karatschi und von Kandahar bis nach Palästina haben die Terroranschläge 2002 nicht ab-, sondern zugenommen. Westliche Geheimdienste haben beobachtet, dass saudi-arabische Geschäftsleute 2002 mehr Geld an Terroristen überwiesen als 2001. Wie wollen denn die westlichen Demokraten im Ernstfall zehntausende Kraftwerke, Flugzeuge, Brücken, Wasserreservoirs, Raffinerien, Fabriken und ICE-Züge vor Terroristen schützen?

Vahid Mustafayev ist Chef des Azerbaijan News Service. Er hat in den 90er Jahren über fast alle kaukasischen Kriege auch für die ARD berichtet – über Berg-Karabach und Abchasien, über Südossetien und Tschetschenien: »Bei all diesen Kriegen«, sagt der 35-jährige Kameramann und Journalist, »ist es immer auch um Öl gegangen.« Ölmultis, Anrainerstaaten und Großmächte streiten um die Rohstoffe am Kaspischen Meer. Nur wenige hundert Kilometer nordwestlich von Afghanistan liegen die größten noch unerschlossenen Gas- und Ölreserven der Welt. Als US-Vizepräsident Cheney 1998 noch Chef des Ölfirmen-Zulieferers Halliburton war, sagte er vor Ölindustriellen: »Ich kann mich an keine Zeit erinnern, in der eine Region so schnell strategisch so wichtig geworden ist wie jetzt die kaspische.«

Heute plant Cheney Ölpolitik, notfalls Kriege um Öl.

Krieg oder Frieden?

Sein Chef George W. Bush huldigt der Philosophie: Je militarisierter, desto sicherer. Bushs Regierung will auch noch den Weltraum militarisieren. Der Sicherheitskomplex der US-Regierung birgt Unsicherheit für die ganze Welt. Hinter jedem Sicherheitskomplex steckt eine abgrundtiefe, verdrängte Angst. Je ängstlicher die Politiker, desto grauenhafter ihre Waffen. Alle reden vom Frieden – aber alle bereiten die nächsten Kriege vor. Worte mögen begeistern. Aber nur Taten überzeugen.

Die wesentlichen Ursachen des Terrorismus wie Angst und Ungerechtigkeit, ungelöste nationale wie regionale Konflikte, aber auch fehlgeschlagene Modernisierung und diktatorische Regime werden noch immer übersehen.

70 Prozent aller Militärausgaben auf unserem Globus tätigt heute die NATO. Aber für George W. Bush ist das noch nicht ge-

nung. In seiner Rede im Bundestag im Mai 2002 forderte er erhöhte Rüstungsanstrengungen auch von den westeuropäischen Regierungen.

Die USA weigern sich noch immer, die Atom-Teststopp-Verhandlungen zu unterstützen – aber auch die Regierungen von China, Indien, Pakistan, Nordkorea und Israel haben ein entsprechendes Abkommen nicht ratifiziert. Das Jahr 2001 insgesamt war ein schlechtes Jahr für Rüstungskontrollen und für Abrüstung. Auf die Abrüstung der frühen 90er Jahre, die »Friedensdividende«, folgt jetzt eine Art »Terrordividende« – eine Phase der Aufrüstung und der Remilitarisierung der Politik.

Von 1990 bis 2000 wurden weltweit die Rüstungsausgaben um 30 Prozent reduziert – jetzt werden sie wieder massiv erhöht, am meisten in den USA. Hier hat das Militärbudget wieder den Höchststand aus der Zeit des Kalten Krieges erreicht. Alle Abrüstungsbemühungen nach 1990 waren praktisch umsonst. Heute stehen die Zeichen global wieder auf Rüstung. Auf Rüstung folgt Krieg. Je mehr Rüstung, desto größer die Unsicherheit und die Kriegsgefahr.

Frieden lässt sich nur schaffen durch *immer weniger* Waffen. Auch diese schlichte, aber richtige Erkenntnis stammt von Helmut Kohl aus dem Jahr 1983. Es war seine Antwort auf die damals etwas naive Forderung der Friedensbewegung »Frieden schaffen ohne Waffen«.

Allein für militärische Forschung und die Entwicklung noch grausigerer Waffen werden heute weltweit 60 Milliarden Dollar pro Jahr ausgegeben – davon 70 Prozent in den USA. Die Großkonzerne der Rüstungsindustrie profitieren am meisten vom »Krieg gegen den Terror«.

Die Aktienkurse der Hauptwaffenproduzenten Lockheed Martin, Northrop Grumman und Raytheon wie auch kleiner Hersteller mobiler Kommunikationssysteme, unbemannter Flugzeuge und Präzisionswaffen stiegen sofort nach dem 11. September besonders stark an.

Anstatt Strategien für zivile Konfliktlösung, Armutsbekämpfung, Meinungsfreiheit, eine effiziente Justiz und Respekt vor fremden Kulturen und Religionen zu unterstützen, organisieren wir jetzt eine neue Phase der Kriege und Kriegsvorbereitungen bis hin zum »führbaren Atomkrieg«.

Die Verwilderung der politischen Sitten ist grenzenlos. Die Heiligkeit des Lebens wird ausgerechnet von Vertretern »zivilisierter Gesellschaften« in Frage gestellt. Dabei hat die militärische Bekämpfung des Terrorismus durch die USA schon vor dem 11. September 2001 deren Ineffizienz bewiesen. Erfolgloser und teurer könnten nichtmilitärische Strategien gar nicht sein.

Helmut Kohl hat zu diesem Thema 1986 im Deutschen Bundestag unter dem Beifall aller Fraktionen festgestellt: »Auf Dauer kann man der Hydra des Terrorismus mit militärischen Mitteln nicht begegnen.« Warum soll heute falsch sein, was 1986 sicherlich richtig war?

Assisi oder Pentagon?

24. Januar 2002: Der Papst fuhr mit 240 Vertretern von elf Weltreligionen im Zug von Rom nach Assisi. So viel Religion war wohl noch nie in einem Zug: Buddhisten, Hindus, eine Wodupriesterin, Moslems, Schintoisten, Sikhs, Katholiken, Protestanten, afrikanische Naturreligionen, Juden.

Obwohl sie noch immer in verschiedenen Abteilen saßen, bewegten sie sich doch alle auf demselben Gleis, in dieselbe Richtung: zum heiligen Franz, der auf der ganzen Welt für Frieden mit der Natur, für Gerechtigkeit, für Freundschaft mit den Tieren und für Gewaltlosigkeit steht.

Alle Religionchefs waren sich einig: »Niemand darf im Namen Gottes morden.« Der körperlich gebrechliche Chefkatholik hatte seit dem 11. September nicht nur den Terrorismus verurteilt, sondern zum Entsetzen vieler konservativer Kirchenführer im Vatikan und in den USA auch den Krieg gegen den Terrorismus. Eindrucksvoll und eindeutig sagte Johannes Paul II. in seinem Schlussappell: »Nie wieder Krieg. Nie wieder Terrorismus. Statt dessen Vertrauen, Güte, Gerechtigkeit, Frieden, Liebe.« Pazifismus pur – Bergpredigt ohne Wenn und Aber! Terror und Kriege gegen den Terror sind »eine Beleidigung Gottes«, meinte der Papst, jede Gewalt erzeuge Gegengewalt. Der Schlüssel zum Frieden sei Gerechtigkeit.

Ob George W. Bush und Tony Blair, beide engagierte Christen, diese Politik der Bergpredigt verstehen oder einfach für naiv halten? Da wirkt der Appell aus Assisi doch eher störend, wenn nicht lächerlich hilflos. Die Kerzen und Gebete in Assisi sind für Machtpolitiker wie Bush und Blair allenfalls Folklore – es sei denn, sie brauchen Religionen in Wahlkämpfen zum Stimmenfang.

Global brutal ohne Moral

Noch einmal der 24. Januar 2002: Am selben Tag kündet George W. Bush in einer Rede vor Reserveoffizieren an, er werde seinen Militärhaushalt um 14 Prozent steigern. Das wäre die größte Erhöhung seit 20 Jahren, seit den Zeiten des atomaren Wettrüstens unter Ronald Reagan. In Deutschland fordern Rudolf Scharping, SPD, und Edmund Stoiber, CSU, unisono ebenfalls eine Erhöhung des Militärhaushalts. Sie wollen so viel Geld für Rüstung wie zu den Hoch-Zeiten des Kalten Krieges, obwohl Deutschland nur noch von Freunden umzingelt ist. Wie lange wollen wir Wähler uns diesen politisch gefährlichen und unverantwortlichen Unsinn noch bieten lassen? Der »Kampf gegen den Terror« ist ein propagandistisch überhöhter Eroberungskrieg der amerikanischen Energiewirtschaft. Und Bush junior ist ihr oberster Feldherr. Sein Motto: Global, brutal und ohne jede Moral.

Wenn Worte einen Sinn haben, dann ist diese Politik exakt die »Beleidigung Gottes«, von der Johannes Paul II. in Assisi sprach. Wenige Tage zuvor hatte die Weltgemeinschaft dem zerbombten und geschundenen Afghanistan 4,5 Milliarden Dollar – verteilt auf fünf Jahre – zugesagt. Das heißt: Die ganze Welt gibt jetzt Afghanistan pro Jahr eine Milliarde Dollar für den Wiederaufbau. Aber die USA erhöhen ihren Militäretat in einem Jahr um 48 Milliarden Dollar auf jetzt 379 Milliarden insgesamt. Soll so Frieden möglich werden, für den alle Religionen der Welt so eindringlich beten und demonstrieren?

Europa: Schild statt Schwert

Könnte es einen deutlicheren Kontrast geben zwischen dem Friedenswunsch, den Milliarden Menschen innerlich spüren, und dem tatsächlichen Verhalten unserer politischen Repräsentanten? Wenn im Kampf gegen den Terrorismus die Remilitarisierung der Welt das entscheidende Kriterium bleibt, dann haben wir vom 11. September nichts, aber auch gar nichts gelernt.

Im Gegenteil: Es ist zu befürchten, dass die politischen Repräsentanten, die uns heute regieren, viele neue »11. September« provozieren. George W. Bush schafft eine neue Weltunsicherheitsordnung. Eine neue Weltsicherheitsordnung wird nur gelingen, wenn das geeinte Europa dem Recht des Stärkeren die Stärke des Rechts entgegensetzt. Europa muss sich endlich von der Weltmacht USA emanzipieren. Die europäische Einigung ist dafür freilich unabdingbare Voraussetzung. Bis heute hat Europa im Nahen Osten, in Zentralasien, für den arabischen Raum und für Afrika keine einheitliche Politik. Unser alter Kontinent verfügt über Erfahrungen darin, wie Gewaltverzichtsabkommen und Entspannungspolitik funktionieren können.

Der SPD-Sicherheitspolitiker Egon Bahr meint dazu: Europas Streitkräfte brauchen keine Offensivfähigkeiten. »Sie müssen das Schild Europas sein und nicht das Schwert der USA.«

Doch Bush verfolgt eine ganz andere Strategie: Er erwägt Präventivschläge gegen potenzielle Feinde. Die alte Abrechnung nach dem Motto: »Wer als Erster schießt, stirbt als Zweiter« ist für ihn überholt. »Wir müssen unseren Feinden zuvorkommen«, verkündet die US-Regierung im Sommer 2002. Mit dem Bau und mit dem geplanten Einsatz von kleinen Atomwaffen, »Mini-Nukes«, wird sowohl die Zahl der Atomstaaten steigen als auch das Atomteststopp-Abkommen scheitern.

Mit dieser Politik von George W. Bush waren 30 Jahre Abrüstungsbemühungen umsonst. Es beginnt ein neues Wettrüsten, und ein Teil der Menschheit hungert und verhungert weiter. Die USA sind dabei, internationale Verträge zu brechen. Denn nach dem Abkommen über die Nichtverbreitung nuklearer Waffen sind atomare Angriffe auf Nichtnuklearstaaten eindeutig verboten. Doch in der jetzt geltenden »Nuclear Posture Review«, der neuen US-Militärdoktrin, werden bereits Syrien und Libyen als übernächste mögliche atomare Angriffsziele genannt – nach dem Irak als ersten Kandidaten.

Pentagon oder Assisi? Wer bestimmt unsere Zukunft wirklich?

Die USA reden wieder einmal von Freiheit und Menschenrechten und meinen Öl und Gas. Sie werden den Afghanen ihre lang ersehnte Freiheit nicht bringen können, solange sie nicht ehrlich sind.

Einen ganz anderen Traum über Afghanistans Zukunft hat

Gretchen Dutschke, Rudi Dutschkes Witwe, der »Zeit« im Juni 2002 erzählt:

> »Menschen bauten eine Pipeline. Jedoch nicht für Öl, sondern für Wasser, um die Felder zu begrünen. Jede Familie hatte ihren eigenen Bauernhof, der sie gut ernährte. Die Warlords saßen zusammen ohne Waffen und tranken Afghani-Cola. Aus den Ruinen von Kabul erwuchsen solide Häuser. In dem prachtvollen Palast lebten Hunderte von frohen Frauen und Kindern, die Schulen hatten Bücher, Lehrer und Lehrerinnen. In der Universität saß auf jedem zweiten Lehrstuhl eine Frau, und im Parlament war es auch so.«

»God bless America«, sagt George W. Bush in beinahe jeder Rede. Bevor er nicht aus tiefer innerer Überzeugung zu sagen lernt: »God bless the world«, hat er weder politisch noch menschlich, noch religiös begriffen, um was es heute wirklich geht. Für den Christen George W. Bush ist die Bergpredigt mit ihrer befreienden, Frieden schaffenden Kraft allenfalls ein religiöser Heimatroman. So aber war sie nie gedacht. Jesus sagt in großer Eindeutigkeit: Ihr könnt das Böse nur durch das Gute überwinden.

Wie aber können wir dem Guten zum Durchbruch verhelfen? Was könnte unser ganz konkreter Beitrag dazu sein? Ich komme am Ende dieses Buches noch einmal auf sein Grundanliegen zurück: Frieden durch die Sonne! Also nicht immer weiter nur die Probleme analysieren, sondern sich selbst konkret und praktisch an Lösungen beteiligen. Das macht Lust auf Zukunft.

Sonne: der neue Reichtum

Reichen die Erträge der Weltwirtschaft je für alle aus? Die Antwort auf diese heikle Frage fällt heute leichter als noch vor 20 Jahren. Ja, es reicht für alle, wenn wir komplett auf erneuerbare Energien umsteigen – mit den alten Energieträgern wird es für demnächst acht bis zehn Milliarden Menschen niemals reichen. Es reicht mit erneuerbaren Energien für jedermanns Bedürfnisse, aber nicht für jedermanns Habgier.

Ressourcenkriege sind nicht nur vorprogrammiert, wie im ersten Teil des Buches gezeigt – sie werden schon lange geführt und sie können bis zur Apokalypse gesteigert werden. Es drohen nicht nur Ökozide wie Klimakatastrophe, Wasserkriege, Überschwemmungen, Hungersnöte und weltweite Wanderungsbewegungen mit mehreren hundert Millionen Ökoflüchtlingen, sondern auch Genozide.

George W. Bush sagte am 26. Mai 2002 in der Normandie, wo die Alliierten 1944 gelandet waren, auf dem US-Soldatenfriedhof Colleville sur Mer, »der Kampf für die Freiheit« verlange »ein Opfer wie das unserer Vorfahren. Wir werden dieses Opfer bringen.«

Der Kreuzritter des Guten meint kaum persönliche Opfer von sich selbst, aber für die Interessen der US-Energiewirtschaft ist er bereit, Tausende in den Tod zu schicken.

Den Reichtum der Nationen, und zwar aller Nationen, können wir nur mit Hilfe des Reichtums der Natur realisieren. Wenn wir uns aber weiterhin über die Natur erheben, ihre Gesetze missachten und sie zerstören, kann es nicht nur niemals für alle reichen, sondern wir provozieren dadurch den Krieg aller gegen alle. Wir werden also lernen müssen, mit der Natur zu wirtschaften, und dabei erfahren, dass Naturgesetze wichtiger sind als Marktgesetze. Der Markt ist nicht nur sozial, er ist auch ökologisch blind. Eine ökosoziale Marktwirtschaft, die diesen Namen verdient, muss einen Ordnungsrahmen für die solare Energiewende schaffen.

Mit einer solaren Energieversorgung und mit solarer Ressourcenbasis klinken wir uns ein in den Kreislauf und in die Zyklen der Natur. Die Sonne steht überall auf der Erde im Überfluss zur Verfügung. Sie kommt ohne Stromnetz aus und ist damit in den entferntesten Regionen der Welt und im Weltraum einsetzbar.

Wir können nur verbrauchen, was nachwächst oder was für alle Zeit angeboten wird. Und das reicht für alle – im Übermaß. Auf das Holzzeitalter folgte das Zeitalter der Kohle, danach das des Öls, des Gases und des Atoms. Jetzt steht uns die Energiekrise bevor, weil wir uns abhängig gemacht haben von Ressourcen, die absehbar zu Ende gehen. Der heutige Energiemix hat keine Zukunft. Himmel (= Luft) und Erde (= endliche Reichweite) begrenzen die Förderung. Grenzenlos steht uns nur die Sonnenenergie zur Verfügung. Sonne ist grenzenloser Reichtum: für jeden Kontinent, für jedes Land, für jeden Menschen. Die Energie selbst wird uns kostenlos angeliefert. Die Umwandlungstechnologien müssen wir organisieren. Solartechnologie und Windtechnologie sind bereits herausragende und Gewinn bringende Investitionsquellen.

Das hat inzwischen nicht nur der reichste Mann der Welt begriffen. Bill Gates hat in den letzten Jahren Millionen Dollar in deutsche Solaraktien und US-Windaktien investiert. Auch die Deutsche Bank schrieb im Januar 2001 in ihrer Zeitschrift »Deutsche Bank Research«: »Gerade in sonnenreichen ländlichen Regionen ohne engmaschiges Stromnetz sind Erneuerbare (z. B. dezentrale Photovoltaik-Anlagen) in vielen Fällen heute schon wettbewerbsfähig. Mittels innovativer Finanzierungsmodelle könnten hier Zukunftsmärkte für Regenerative erschlossen und überdies ein Mindestmaß an Zivilisation (sauberes Trinkwasser, Information und Kommunikation usw.) ermöglicht werden. Das Beispiel ›energiebedingte Armut‹ macht deutlich, dass Energiepolitik im globalen Maßstab weit über die klassischen Ziele der Energiepolitik hinausreicht.«

Sonne: die neue Sicherheit

In wenigen Jahrzehnten hat sich wegen der alten Energiepolitik der Atlantik vor Europas Küsten bereits um 0,5 Grad Celsius aufgeheizt, die Gletscher schmelzen weltweit, die Winterperioden in Mitteleuropa treten bereits um bis zu vier Wochen später ein, die Niederschläge in Südeuropa haben um 20 Prozent ab- und in Nordeuropa um 30 Prozent zugenommen. Der Treibhauseffekt ist da! Er wird uns in den nächsten Jahrzehnten böse Überraschungen bereiten und zu sehr viel Armut und Elend führen:

- Das alte Energiesystem produziert massenhaft Verlierer und nur wenige Gewinner. Das erneuerbare Energiensystem lässt immer mehr Menschen zu Gewinnern werden, und nur ganz wenige Profiteure des alten Systems werden verlieren. Wir müssen jetzt rasch den Übergang organisieren.
- Das alte Energiesystem verursacht Kriege. Sonne bedeutet mit Sicherheit Frieden.
- Das Bedürfnis nach Sicherheit wächst. Riesige Energieerzeugungsanlagen wie Atomkraftwerke bilden geradezu eine Einladung an Terroristen. Sonne, Wind, Biomasse, Wasserkraft und Erdwärme zeigen den Ausweg aus der Terrorismusfalle.
- In Zeiten der Globalisierung, starker ökonomischer und energetischer Abhängigkeiten tritt das Grundbedürfnis nach Sicherheit immer stärker in den Vordergrund.

Wenn es mit erneuerbaren Energieträgern für alle reicht, dann können wir in einem bisher nie gekannten Reichtum leben, einem Reichtum für *alle*. Noch mal: Reichtum ist, wenn es für alle reicht.

Die solare Weltwirtschaft

Weltweit tun Politiker und Nichtpolitiker, Investoren und Industrielle noch immer das Gegenteil dessen, was sie wissen und was getan werden müsste. Jedes vierzehnjährige Kind kann die Notwendigkeit einer Energiewende verstehen, aber ganze Heerscharen von Experten und Lobbyisten werden dafür bezahlt, dass sie uns suggerieren, die milliardenschweren Interessen der fossilen Energiewirtschaft seien identisch mit dem Allgemeinwohl.

Von den 50 größten europäischen Unternehmen gehören 43 direkt oder indirekt zur alten Ressourcenwirtschaft: Energie-, Rohstoff- und Chemiekonzerne, Kraftwerkstechnik und Automobilindustrie. Dieser industriell-fossile Komplex wird kontrolliert von den Großbanken und umgekehrt. Dieses undurchdringliche Dickicht von Wirtschaftsinteressen führt zwanghaft zu Zentralismus, Monopolisierung und Globalisierung. Nicht zufällig waren die Ölmultis die ersten »Global Players« – zumindest im Bereich der Ökonomie. Die ältesten »Global Players« im Bereich der Religionen heißen Buddha, Laotse, Jesus und Mohammed.

Die langen Ressourcenketten – von der Ölquelle bis zum Großkraftwerk und unserem privaten Heizkessel oder Auto – verlangen großtechnisch globalisierte Strukturen und finanzstarke Konzerne und Großbanken.

Zur Öl-, Gas-, Kohle-, Atom-, Rohstoff-, Auto-, Chemie- und Finanzwirtschaft kommen noch die Telekommunikations-, Medien- und E-Commerce-Wirtschaft. Aber die fossile Energiewirtschaft ist von zwei Begrenzungen geprägt. Erstens: Die fossilen Ressourcen sind endlich und bald zur Hälfte aufgebraucht. Und zweitens: Es entstehen enorme Umweltschäden, die zur weltweiten Ökokrise geführt haben.

Die Strukturen einer solaren Weltwirtschaft sehen hingegen völlig anders aus: Sonne, Wind, Wasser, Biomasse, Erdwärme, Gezeitenkraft und Wellenenergie gehören allen; sie können nicht potenziert und nicht verkauft werden. E.on und RWE können an Sonne und Wind keine Aktien erwerben. Öl können sie kaufen, Sonne und Wind nicht. Windräder auf der grünen Wiese am Stadtrand oder Meeresstrand oder Sonnenkollektoren auf dem Hausdach, gespeicherte Sonnenenergie in Bäumen und Pflanzen erzeugen Strom und Wärme dort, wo sie gebraucht werden. Die Ketten der solaren Weltwirtschaft sind entschieden kürzer als die der alten fossilen Wirtschaft.

Jede Region mit ihren regionalen, geographischen und klimatischen Besonderheiten gestaltet künftig ihren eigenen Energiemix.

Regionalisierung, bunte Vielfalt und Dezentralisierung sind die Merkmale einer solaren Wirtschaft. Nicht wenige Große, sondern eine große Zahl von kleinen und mittleren Unternehmen tummeln sich auf dem Energie- und Rohstoffmarkt der Zukunft. Bauern haben – endlich – wieder eine Zukunftsperspektive. Millionen zukunftsfähiger und sinnstiftender Arbeitsplätze entstehen, Klima und Umwelt werden geschont, der Fluchtweg aus dem Treibhaus ist gefunden. Entwicklungsländer und Industriestaaten könnten auf gleicher Augenhöhe – zum Beispiel bei der Produktion von solarem Wasserstoff – zusammenarbeiten, Kriege um Öl und Gas werden sinnlos.

Die Vernachlässigung der erneuerbaren Energien ist *das* historische Versäumnis des 20. Jahrhunderts. Die alte Energiewirtschaft konnte sich das Monopol bei Kohle, Gas, Öl und Uran verschaffen. Ein Monopol über die Sonne, den Wind, die Wasserkraft, die Biomasse und die Erdwärme kann es von Natur aus nicht geben. Die erneuerbaren Energien bieten sich jedem selbst an. Sie gehören allen. Über die Dezentralisierung und Regionalisierung einer neuen Energiewirtschaft gelangen wir zu einer neuen Weltwirtschaft. Zur solaren Weltwirtschaft.

Eine solare Weltwirtschaft fördert die Chancen für eine friedliche Welt enorm. Frieden wird möglich – mit Hilfe der Sonne.

Mit Saddam Hussein verhandeln

Das Erdöl reicht noch für wenige Jahrzehnte. Wollen wir wirklich noch mehr Kriege um Öl? Die Sonne scheint noch mehrere Milliarden Jahre. Sollten wir nicht Frieden durch die Sonne anstreben? Heute ist immer der Tag, an dem eine friedliche Zukunft beginnen kann.

Je länger Bushs »Feldzug gegen den Terrorismus« dauert, desto offensichtlicher wird, dass er einen Feldzug um Öl und Gas führt. Niemand möge sagen, das war nicht vorhersehbar. Und schon gar niemand möge sagen, dass es zu diesen Kriegen keine Alternativen gegeben habe. Doch zunächst einmal steckt die ganze Welt in der Bush-Falle.

Die Bush-Falle und die Bush-Strategie heißt in Bushs eigener Rhetorik: »Wir werden alle Terroristen zur Strecke bringen.« Er redet über seine Feinde wie Jäger über Hasen. Bushs engste Mitarbeiter sagen: »Nur wenn sämtliche Terroristen tot sind, ist der Konflikt beendet.« Diese Strategie muss in die Katastrophe führen. Mord ist Selbstmord. Entweder wir übernehmen Verantwortung für das, was wir tun, oder wir nehmen teil an der Zerstörung. Wir sind so lange Teil des Problems, wie wir nicht Teil der Lösung geworden sind. Der Wirtschaftswissenschaftler und Befreiungstheologe Franz Josef Hinkelammert aus Costa Rica formuliert dieses geistige Naturgesetz so: »Wer nicht den Himmel auf Erden schaffen will, der schafft die Hölle auf Erden.« Wie wäre es denn mit Verhandeln?

Verhandeln zum Beispiel mit Saddam Hussein. Wenn sich Washington verpflichtet hätte, Saddams Regime nicht zu stürzen, hätte der Diktator dieses Angebot sofort angenommen. Er hätte im Gegenzug der ganzen Welt versichern müssen, keine Massenvernichtungswaffen zu produzieren und permanent Inspektionen zuzulassen. Er hätte verhandeln können, weil er endlich etwas zu gewinnen gehabt hätte. Beide Seiten hätten gewinnen können. Wenn ein Mensch er selbst ist, vermag er im Dialog mit anderen Wunder zu vollbringen. Mahatma Gandhi, Michail Gorbatschow, Nelson Mandela, aber auch viele Bürgerrechtler in der alten DDR haben solche Wunder in der Politik ganz konkret und praktisch bewirkt.

Die Zusage, Saddam Hussein nicht zu stürzen, war gewiss nicht ohne Risiko. Aber ein Krieg gegen den Diktator war das weit größere Risiko. Zumindest die nächste Ölkrise und eine Destabilisierung des gesamten Nahen Ostens wurden durch diesen Krieg vorprogrammiert. Dem Frieden können wir nicht durch Krieg näher kommen, sondern allein mit Hilfe des Grundsatzes »Diplomatie zuerst«.

Militärische Strategien zeigen keinen Ausweg aus den militärischen Sackgassen. Die Herausforderung im neuen Krieg gegen den Terrorismus besteht darin, politisch attraktivere Strategien zu entwickeln, als dies die Terroristen tun. Sei klüger als dein Feind.

Langfristig freilich brauchen wir für eine friedlichere Welt eine völlig andere Energiepolitik. Die Überlebensarbeit, um die es jetzt geht, beruht auf der Erkenntnis, dass nur eine solare Weltwirtschaft die Selbstzerstörung allen Lebens verhindern kann. Solarpolitik wird zum Schlüssel für ein friedliches 21. Jahrhundert.

Was tun?

Als ich an einem frühen Morgen am Nordufer des Sees Genezareth stand, dort wo Jesus vor 1970 Jahren seine Gleichnisse erzählte, kam mir jene ökologische Parabel über die »hundertfache Frucht« in den Sinn, die der Meister aus Nazareth vom Boot aus seinen Zuhörern am Seeufer erzählte:

> »Hört zu! Ein Bauer ging aufs Feld, um zu säen. Als er die Körner ausstreute, fiel ein Teil von ihnen auf den Weg. Die Vögel kamen und pickten sie auf. Andere fielen auf felsigen Grund, der nur mit einer dünnen Erdschicht bedeckt war. Sie gingen rasch auf; als aber die Sonne hochstieg, vertrockneten die jungen Pflanzen, weil sie nicht genügend Erde hatten. Wieder andere fielen in Dornengestrüpp, das bald die Pflanzen überwucherte und erstickte, sodass sie keine Frucht brachten. Doch nicht wenige fielen auch auf guten Boden; sie gingen auf, wuchsen und brachten Frucht. Manche brachten dreißig Körner, andere sechzig, wieder andere hundert.« Und Jesus sagte: »Wer hören kann, soll gut zuhören.« (Markus 4,3–9)

Genauso, erklärte Jesus seinen Freunden, entsteht das Reich Gottes, also das Paradies auf Erden. Seid Zukunftskörner!

Im vietnamesischen Mekong-Delta steht auf einem Hügel eine gewaltige, 15 Meter hohe Buddhastatue, daneben eine ebenso große Jesusstatue. Jesus und Buddha legen sich einander die Arme um die Schultern und lächeln. Mit Jesu Bergpredigt verwandt ist Buddhas Lehre im *Dhammapada*. Hier lehrt Buddha die Liebe wie Jesus in der Bergpredigt – bis zur Feindesliebe.

> »Der Hass in dieser Welt endet nie mit Hassen, sondern durch Nichtfeindschaft; das ist eine ewige Wahrheit ... Überwinde den Ärger durch Liebe, überwinde das Böse durch das Gute. Überwinde

den Geizhals durch Schenken; überwinde den Lügner durch die Wahrheit.« (*Dhammapada* I,5)

Jesu Lehre von der Liebe ist buddhistisch und Buddhas Lehre von der Liebe ist christlich.

Beide Weisheitslehrer lehren die Macht des Vertrauens und das Vertrauen in die Macht der Schöpfung. Buddha und Jesus sind eines Geistes. In den heiligen Schriften aller Weltreligionen ist die Sonne ein göttliches Symbol. Die Lösung unserer Energieprobleme steht am Himmel.

Buddha wiederum ähnlich wie Jesus:

»Das Licht der Sonne und des Mondes leuchtet die ganze Welt, für diejenigen, die Gutes tun, und für diejenigen, die Böses tun, für die Hochgestellten und für die Niedrigen.«

(*Saddharmapundarika Sutra* Nr. 5)

Es wäre ein nicht unübersehbarer Start ins Solarzeitalter, wenn alle Gotteshäuser aller Konfessionen weltweit sich dem Strom vom Himmel öffnen würden. Dann hätte der Heilige Geist endlich eine zeitgemäße Landemöglichkeit.

Die Jesus-Buddha-Strategie

Der Samen des ökologischen Jesus und des ökologischen Buddha fällt heute weltweit bei Millionen Menschen auf fruchtbaren Boden. Diese neue Vereinigung von ökologischer Weisheit und spirituellem Pazifismus wird die Welt verändern. Über eine neue Kommunion von Technik und Ethik wachsen eine spirituelle Ökologie, eine Tiefenökologie und ein ökologischer Pazifismus heran.

Wir können die Jesus-Buddha-Strategie für eine effiziente Weltveränderung in Zahlen auch so ausdrücken:

Wenn *ein* Mensch mit seiner Solaranlage, seiner Teilhabe an einem Biomasse-Heizkraftwerk oder über seine Windradaktien im Laufe eines Jahres *einen* weiteren Menschen ansteckt, dann sind es nach einem Jahr schon *zwei.* Wenn diese Entwicklung Jahr um Jahr so weitergeht und jede und jeder auch nur einen weiteren gewinnt, dann sind es nach zwei Jahren schon vier Menschen, die ins Solarzeitalter eingestiegen sind. Nach drei Jahren sind es dann *acht,* nach vier Jahren *16,* nach 10 Jahren sind es *1000,* nach 20 Jahren *eine Million* und nach 30 Jahren *eine Milliarde.* Das reicht zur Rettung des Lebens auf unserem Planeten.

Die hier aufgezeigten Quantensprünge im 10-Jahres-Rhythmus, die ich dem Physiker Carl Friedrich von Weizsäcker verdanke, finden eine überraschende Parallele in den Einsichten des Physikers und Psychologen Peter Russel:

> »Die Menschheit hat ihre kritische Masse auf diesem Planeten bei 10 hoch 10 Individuen erreicht (das sind zehn Milliarden Menschen, die wir etwa zum Jahr 2050 sein werden). Mit der Verbindung von 10 hoch 10 Atomen begann das organische Leben und mit 10 hoch 10 Nervenzellen das selbstreflexive Bewusstsein und damit die menschliche Geschichte. Wir gehen jetzt auf 10 hoch 10 Menschen zu und damit auf eine neue Bewusstseinsrevolution.«

Wie aber bildet sich weltweit und jenseits mathematischer Annahmen ein neues Bewusstsein für ein friedliches, sozialökologisches, solares Zeitalter?

Jesus und Buddha empfehlen Vertrauen, Hoffnung und Liebe als Voraussetzung für ein neues integrales Bewusstsein, das Mensch und Natur, Geist und Materie, Profanes und Göttliches, Geisteswissenschaft und Naturwissenschaft, Kommerz und

Kunst, Theorie und Praxis, Individuum und Gesellschaft, Innenwelt und Außenwelt, Religion und Weisheit, Ökonomie und Ökologie, Ästhetik und Ethik, Angst und Abenteuer nicht mehr als getrennt, sondern als eins und damit als göttlich empfindet.

Der Dichter Hölderlin meint im *Hyperion* zum jetzt anstehenden Bewusstseinssprung oder Paradigmenwechsel für einen »Neuen Bund«:

> »Die Liebe gebar Jahrtausende voll lebendiger Menschen; die Freundschaft wird sie wiedergebären. Von Kinderharmonie sind einst die Völker ausgegangen, die Harmonie der Geister wird der Anfang einer neuen Weltgeschichte sein.«

Konkret: Wie entsteht Harmonie oder Interessenausgleich zwischen Osama Bin Laden und George W. Bush? Und noch konkreter: Wie bringen wir den George W. Bush in uns und den Osama Bin Laden in uns in Harmonie?

Auch dazu gibt Jesus einen deutlichen Hinweis:

> »Was nützt es dir, wenn du die ganze Welt gewinnst, aber Schaden nimmst an deiner Seele?« (Matthäus 16,26)

So wie Hitler ohne die vielen kleinen Hitlers niemals hätte sechs Millionen Juden umbringen können, so können die Energiegroßkonzerne ebenfalls nicht funktionieren ohne uns, die Millionen kleinen Helfer, die noch immer Atomstrom, Öl, Gas oder Kohle kaufen, Benzinautos fahren und damit alles Leben gefährden.

Verbraucher haben und sind eine Riesenmacht. Wir können auch im Tagesrhythmus je einen Menschen überzeugen, nachdem wir bei uns begonnen haben.

Alles liegt an uns – an wem denn sonst? Buddha und Jesus rufen uns über die Jahrtausende zu: Verträumt nicht euer Leben, sondern lebt eure Träume! Seid Pioniere des solaren Zeitalters. Die Zukunft ist jetzt.

Zu den in diesem Buch behandelten Themen finden Sie täglich neue Informationen aus der ganzen Welt über

www.sonnenseite.com
oder
www.franzalt.de

VHS-Cassetten mit den Fernsehsendungen von Franz Alt zu den Themen dieses Buches erhalten Sie bei:

fechnerMEDIA GmbH
Schwarzwaldstraße 45
D-78194 Immendingen
Tel.: 0049-7462-923920-0
Fax: 0049-7462-923920-20
E-Mail: info@fechnermedia.de
www.fechnermedia.de

Literaturverzeichnis

Alt, Franz: *Der ökologische Jesus,* Riemann, München 1999

—: *Agrarwende jetzt,* Goldmann, München 2001

—: *Das ökologische Wirtschaftswunder,* Aufbau, Berlin, Neuauflage 2002

—: *Die Sonne schickt uns keine Rechnung,* Piper, München 1999, 2004

—: *Frieden ist möglich,* Piper, München 1983

—: *Schilfgras statt Atom,* Piper, München, Neuauflage 1999

—: Claus, Jürgen/Scheer, Hermann (Hrsg.): *Windiger Protest,* Ponte Press, Bochum 1998

Amery, Carl und Scheer, Hermann: *Klimawechsel,* Kunstmann, München 2001

Aust, Stefan und Schnibben, Cordt: *11. September,* DVA, München 2002

Bahro, Rudolf: *Die Logik der Rettung,* Union Verlag, München 1990

Bastian, Till: *55 Gründe, mit den USA nicht solidarisch zu sein,* Pendo, Zürich 2002

Boff, Leonardo: *Ethik für eine neue Welt,* Patmos, Düsseldorf 2002

Borchert, Wolfgang: *Das Gesamtwerk,* Rowohlt, Hamburg 1949

Borg, Marcus: *Jesus und Buddha,* Kösel, München 1997

Brisard, Jean-Charles und Dasquié, Guillaume: *Die verbotene Wahrheit,* Pendo, Zürich 2002

Broder, Henryk M.: *Kein Krieg, nirgends,* Berlin Verlag, Berlin 2002

Brzezinski, Zbigniew: *Die einzige Weltmacht,* Fischer, Frankfurt a. M. 1999

Chomsky, Noam: *The Attack,* Europa-Verlag, Hamburg 2002

Chossudovsky, Michel: *Global brutal,* Zweitausendeins, Frankfurt a. M. 2002

Creveld van, Martin: *Die Zukunft des Krieges,* Gerling Akademie Verlag, München 1997

Die gute Nachricht – die Bibel in heutigem Deutsch, Dt. Bibelgesellschaft, Stuttgart 1982
Drewermann, Eugen: *Wozu Religion?* Herder, Freiburg 2001
—: *Reden gegen den Krieg,* Patmos, Düsseldorf 2002
Engdahl, F. William: *Mit der Ölwaffe zur Weltmacht,* Böttiger-Verlag, Wiesbaden 2000
Goldsmith, Edmund und Mander, Jerry (Hrsg.): *Schwarzbuch Globalisierung,* Riemann, München 2002
Gore, Al: *Wege zum Gleichgewicht,* Fischer, Frankfurt a. M. 1992
Graf, Walter: *Kraftwerk Wiese,* Books on Demand, Graskraft, Berlin 2001
Hartmann, Thom: *Unser ausgebrannter Planet,* Riemann, München 2000
Herbst, Karl: *Der wirkliche Jesus,* Walter, Zürich 1988
Hölderlin, Friedrich: *Sämtliche Werke,* Cotta, Stuttgart 1962 (Bd. 3, S. 65)
Hosang, Maik: *Der integrale Mensch,* Hinder+Deelmann, Gladenbach 2000
Hübsch, Hadayatullah: *Fanatische Krieger im Namen Allahs,* Diederichs, München 2001
Ihmels, Rolf: *Ökosologie,* Ekkart-Verlag, Osnabrück 2002
Jung, C. G.: *Wandlungen und Symbole der Libido,* dtv, München 1991
Kessler, Hans: *Ökologisches Weltethos,* Wissenschaftliche Buchgesellschaft, Darmstadt 1996
Kronberger, Hans: *Blut für Öl,* Uranus, Wien 1998
Lapide, Pinchas: *Wie liebt man seine Feinde?* Grünewald, Mainz 1989
Lappé, Frances und Anna: *Hoffnungsträger,* Riemann, München 2001
Leakey, Richard: *Die sechste Auslöschung,* Fischer, Frankfurt a. M. 1996
Mattig, Wolfgang: *Die Sonne,* C. H. Beck-Verlag, München 1995
Monheim, Heiner und Monheim-Dandorfer, Rita: *Straßen für alle,* Rasch und Röhring, Hamburg 1990
Neudeck, Rupert: *Die Menschenretter von Cap Anamur,* C. H. Beck, München 2002
Nordmann, Thomas und Schmidt, Christian (Hrsg.): *Im Prinzip Sonne,* Kontrast, Pfalzfeld 2000
Pohly, Michael und Duran, Khalid: *Osama Bin Laden,* Ullstein, München 2001

Radkau, Joachim: *Natur und Macht,* C. H. Beck, München 2002
Roy, Arundhati: *Die Politik der Macht,* btb, München 2002
Sachs, Wolfgang: *Nach uns die Zukunft,* Brandes und Apsel, Frankfurt a. M. 2002
Scheer, Hermann: *Solare Weltwirtschaft,* Kunstmann, München 1999
Schell, Jonathan: *Am Scheideweg,* Rowohlt, Reinbek 1999
Scheppach, Joseph: *Am Himmel ist die Hölle los,* Insel-Verlag, Frankfurt a. M. 2001
Schiller, Friedrich: *Sämtliche Werke,* Hanser, München 1998 (Bd. 1, S. 248)
Sen, Amartya: *Ökonomie für den Menschen,* dtv, München 2000
Shakib, Siba: *Nach Afghanistan kommt Gott nur noch zum Weinen,* Bertelsmann, München 2001
Todenhöfer, Jürgen: *Wer weint schon um Abdul und Tanaya? – Die Irrtümer des Kreuzzugs gegen den Terror,* Herder, Freiburg 2003
Trummer, Peter und Picheler, Josef (Hrsg.): *Kann die Bergpredigt Berge versetzen?* Styria, Graz 2002
Tutu, Desmond: *Keine Zukunft ohne Versöhnung,* Patmos, Düsseldorf 2001
Waldmann, Peter: *Terrorismus,* Gerling Akademie Verlag, München 1998
Werner, Klaus und Weiss, Hans: *Schwarzbuch Markenfirmen,* Deuticke, Wien 2001
Wolff, Hanna: *Jesus als Psychotherapeut,* Radius, Stuttgart 1978

Dank

Dank für die Mitarbeit an diesem Buch möchte ich Annette Gallas sagen. Für das engagierte Mitdenken danke ich Horst Kleinheisterkamp, Elke Kautz, Ralf Schmitz und Gerhard Riemann. Dank auch dem hilfreichen und anregenden Lektor Gerhard Juckoff.

Unseren Töchtern Chris und Caren danke ich für liebevolle Kritik und wertvolle Inspirationen. Meiner Frau Bigi verdanke ich die Tiefenerfahrung, dass ein Leben in Liebe Voraussetzung ist für die Liebe zum Leben.

Liebe zum Leben wünsche ich auch meinen Leserinnen und Lesern.